KB028135

스마트북스는 인문공부의 힘을 믿습니다.

경계인을 넘어서

경계인을 넘어서

박찬운 지음

스마트북스

경계인을 넘어서

초판 인쇄 2016년 3월 25일
초판 발행 2016년 3월 30일

지은이 박찬운
펴낸이 유해룡
펴낸곳 (주)스마트북스
출판등록 2010년 3월 5일 | 제313-2011-44호
주소 서울시 마포구 성미산로 84 (성산동) 월드PGA빌딩 4층
편집전화 02)337-7800 | **영업전화** 02)337-7810 | **팩스** 02)337-7811
홈페이지 www.smartbooks21.com

ISBN 979-11-85541-34-1 03100
원고 투고 : webmars@msn.com

경계인을 넘어서

2016년 새해 첫날이다. 내 나이 쉰다섯. 적잖은 나이다. 이제 나이가 적다고, 경험이 부족하다고 말할 상황이 아니다. 아침 일찍 일어나 세수를 하고 거울을 본다. 거울 속에 한 중년 남자가 있다. 갑자기 그 모습에서 타인을 느낀다. 나는 거울 속 그에게 묻는다. 당신은 누구인가? 당신은 무엇을 할 것인가? 그러자 그가 대답한다.

나는 투사도 연구자도 아니다

나는 젊은 날부터 법률가로 살아왔다. 개인적 양심의 발로로 고통받고 있는 사람들의 아픔에 동참하려고 노력했다. 하지만 민변의 다른 동료 변호사만큼 몸을 던지진 못했다. 어떤 이는 거리로 나가

최루탄을 맞았고, 어떤 이는 길바닥에 누워 민주를 외쳤지만, 나는 그렇게 하지 못했다. 투쟁적 언사를 쓴 바 없고, 때로는 독재자의 하수인에 대해서까지 동정심을 보이기도 했다.

대신 나는 책을 읽었고 글을 썼다. 그것이 나 같은 미지근한 법률가가 할 수 있는 또 다른 길이라고 나를 합리화했다. 이름 덕을 보았는지(내 이름이 빛날 찬, 운수 운이니 그 운이 찬란하다는 뜻일 게다), 운까지 따랐는지 삶의 터전을 학교로 옮겼고 교수가 되었다.

교수가 된 지 10년이 되었건만, 나 스스로 연구자라고 말하지는 못하겠다. 굳이 정의한다면 현실참여형 연구자다. 내 관심사는 책 속의 글자만이 아니라 살아 있는 현재, 투쟁하는 거리다. 연구자 생활을 하면서도 내 귓전에는 거리에서 외치는 동지들의 함성이 들려온다.

나는 지금도 투사와 연구자 사이에서 방황한다. 민중의 분노가 차올라 시청광장에서 규탄대회가 열리는 날이면 고민한다. 나도 한 번 나가서 크게 외쳐 볼까? 그러나 대부분 집회 현장엔 나가지 않는다. 대신 인터넷 기사를 보면서 상황을 체크한다. 물론 가끔은 집회 현장에 나가 보기도 하지만 선두에 서지 못하고 뒤에서 서성이다가 돌아온다. 적잖게 인권활동을 해 왔지만, 그럼에도 '당신은 투사인가'라는 질문에는 그렇지 않다고 대답할 것이다.

나는 주류도 비주류도 아니다

　나는 변호사요 박사요 교수지만 이제껏 이 사회의 주류에 속한다는 생각을 해 보지 않았다. 이 사회를 지배하는 사람들과 학연, 지연, 혈연으로 연결되지 않았다. 그들이 보면 나는 분명 비주류다. 하지만 이 사회의 힘없는 사람들, 백그라운드가 없는 사람들이 본다면 나는 분명 주류다. 이처럼 나는 주류의 세계에선 육두품이지만, 비주류의 세계에선 기득권 계층이다. 이와 같은 모호한 정체성 때문에 나는 주류든 비주류든 어느 쪽에서도 마음이 편하질 않다. 그래서인지 사람들과 어울리기보다는 혼자 있는 삶을 좋아한다. 걸으며 사색하는 걸 좋아하고, 독서를 좋아하는 것은 나 같은 사람에겐 숙명일지도 모른다.

나는 이상주의자도 현실주의자도 아니다

　나는 법률가들 사이에서도 매우 이질적인 사람이다. 대부분의 법률가는 철저한 현실주의자다. 그러나 내 머릿속엔 세계가 있고 우주가 있다. 미술을 좋아하고 여행을 좋아하지만, 이 살벌한 대한민국의 현실은 좋아하지 않는다. 틈만 있으면 배낭을 짊어지고 이 땅을 떠나길 좋아한다. 동료 법률가들이 보기엔 나는 분명히 이상주의자다. 그러나 내가 바라보는 나는 결코 이상주의자가 아니다. 나는 땅을 딛고 사는 사람이지, 허공에 떠 있는 사람이 아니다. 나는 공론에 가까운 교수들의 말과 글을 만나면 유독 현실을 강조하는 사람이다. 따라서 동료 교수들은 분명히 나를 학문의 세계에서 멀리 떨어진 현실주의자라고 볼 것이다.

경계인인 나, 무엇을 할 것인가

이렇게 말하니, 나는 확실히 어느 쪽이라고 분류하기 힘든 경계인이다. 그렇다, 나는 하루하루를 고독한 경계인으로 살아간다. 그게 나의 정체성이다. 그럼에도 나는 이 땅에서 뭔가 의미 있는 일을 하면서 살고 싶다. 나 같은 사람이 이 사회를 위해 할 수 있는 일은 무엇일까?

내게 세상에 기여할 능력이 있는가. 세상 사람들이 말한다. 당신에게는 말과 글을 표현하는 재주가 있다고. 어려운 것을 알기 쉽게 설명하는 능력도 있다고. 그래, 이제 그것을 스스로 인정하고 이 능력을 제대로 사용하여 인생 후반부를 살아야겠다. 내가 아는 것을 정확하게, 양심껏 표현해야겠다. 용기를 갖고 우리 사회가 갖고 있는 부조리를 고발하고 우리가 가야 할 내일을 이야기해야겠다. 그게 바로 내가 해야 할 일이다. 그게 바로 새해 첫날, 내가 결심한 것이다.

세상 사람들과 소통하고 싶다

새해 첫날의 결심은 갑자기 나온 게 아니다. 이런 생각은 2년 전 페이스북에 처음 도전하면서부터 구체화되었다. 나는 페이스북에 개인의 신변잡기를 올리는 것을 되도록 삼가면서 세상 사람들을 향해 마음속 이야기를 전했다. 2년이 채 되지 않은 지금 정리해 보니, 200자 원고지 기준으로 4,000매 이상의 글을 썼다. 얼마나 하고 싶은 말이 많았던 것일까! 정치, 사회, 교육, 문화, 예술 등 내 관심 영역이라면 전공을 불문하고 글을 쏟아 냈다. 나는 그 글들의 대부분을 새벽 4시쯤 여명의 시간에 기도하는 마음으로 썼다.

그 글들 중 나와 우리, 그리고 대한민국에 관한 이야기를 뽑아 엮은 것이 이 책이다. 내가 누구인지, 우리가 어떤 존재인지, 나와 우리가 모여 사는 이 대한민국의 모습은 어떤 것이고 어떤 방향으로 나아가야 하는지에 관한 글이다.

비판, 저항, 창조의 정신으로 이야기하다

내게 소원이 있다면, 그것은 자유롭고 독립적으로 사는 것이다. 어떻게 사는 게 자유롭고 독립적으로 사는 길인가. 곰곰이 생각해 보니 세 가지다.

첫째, 비판정신이 필요하다. 나는 어떤 상황에서도 비판적 자세로 세상을 보려고 한다. 이것이 내가 공부하는 근본 목적이다. 비판적 자세는 삶에 의문을 제기하는 것이다. 나는 누구인가? 우리는 누구인가? 왜 우리는 이렇게 살아야 하는가? 이 책 곳곳에서 내가 살아오면서 느낀 이 의문들에 대해 답해 볼 것이다.

둘째, 저항정신이 있어야 한다. 나는 어떤 권위에도 맹종하고 싶지 않다. 부당한 권위에는 저항하면서 살 것이다. 그것 없이는 누구라도 노예나 다름없다. 저항정신에 금이 간다면 현대 사회에서는 꼼짝없이 24시간 빅브라더의 감시하에 살 수밖에 없다. 그렇게 살순 없지 않은가.

셋째, 창조정신을 가져야 한다. 인류의 역사를 돌아보는 것은 더 나은 나를 창조하기 위한 것이다. 다른 뭇 사람들과 똑같은 목적을 지닌 똑같은 존재로 살아가고 싶지 않다. "나는 다르다, 누구와도 다르다"는 생각을 굳게 갖고 거기에서 새로움을 창조하고 싶다. 그것이 이 극심한 경쟁사회에서 살아남을 수 있는 유일한 원동력임을 믿는다.

이 책은 비판과 저항, 창조의 정신으로 나와 우리, 그리고 대한민국에 대한 생각을 여러 각도에서 써 나간 글들의 모음이다. 글을 썼던 새벽의 기운이 독자들에게 전달될 수 있다면 좋겠다. 또, 독자들에게 성심을 다해 전달하고자 하는 마음이 제대로 읽혔으면 한다. 그리하여 이 글들이 우리와 우리 사회를 변화시키는 데 조금이라도 도움이 된다면 나로선 큰 기쁨일 것이다.

이 책을 내는 데에는 출판기획자 배소라 선생의 힘이 컸다. 내 글의 가치를 발견하고 그 글을 어떻게 독자에게 전달하면 좋을지 많은 아이디어를 주었다. 이 자리를 빌려 감사의 마음을 전한다. 스마트북스 유해룡 사장님 등 관계자 분들은 어려운 출판 현실 속에서도 나를 격려하고 멋진 편집으로 화답했다. 심심한 감사의 말씀을 드린다.

2016년 새해 첫날
박찬운 이 서문을 쓰다.

차 례

1장

세상을 바꾸는
힘에 대하여

인권 감수성에 대하여, 나는 아직도 멀었다

인간이란 자신의 경험에서 한 발짝도 나가지 못한다.

얼마 전 어떤 기사를 읽다가 젊은 시절에 겪었던 아찔했던 사건 하나가 떠올랐다. 아주 오래전 일이지만 나는 그 일을 아직도 생생하게 기억한다. 1984년 2월 어느 날 오전, 나는 사법시험 1차 시험을 보고 있었다. 그런데 시험지를 받고 나서 30분도 채 되지 않는데 몸에서 이상한 조짐이 나타났다. 소변이 마려운 것이다. 여러분은 이런 일을 경험해 본 적이 있는가?

사법시험 1차 시험이란 처음부터 마지막 순간까지 고도의 긴장이 유지되지 않으면 안 된다. 출제자는 매우 디테일한 부분에서 함

16

정을 파 놓기 때문에 수험생은 눈에 불을 켜고 그것을 찾아야만 한다. 그런 상황에서 아래에서 이상한 신호가 온다? 그것 참 미치는 일이다. 시험에 대한 부담으로 전날 잠을 제대로 못 자는 바람에, 시험장에 오기 전에 머리를 맑게 한답시고 카페인이 많은 박카스를 두어 병 들이킨 게 치명적 결과를 불러온 것이다.(30년이 지났지만 내가 박카스를 극도로 싫어하는 이유가 여기에 있다.) 화장실이야 갈 수 있지만 다시는 시험장에 들어올 수 없으니 그것으로 끝이다. 어떻게 할까? 이대로 포기할 수는 없지 않은가. 나는 손을 들고 감독관을 불렀다.

"저 소변이 마려워 큰일입니다. 화장실 좀 다녀와야겠습니다."

감독관이 난감한 표정을 지으며 나지막하지만 단호하게 말했다.

"학생, 그건 규정 위반이야. 나도 어쩔 수 없어."

아, 이것으로 끝이구나! 망연자실, 마음이 급해지니 문제가 아예 보이질 않는다. 그런데 몇 분 후 누군가 내 등을 두드렸다.

"학생, 잠시 뒤로 나와 봐요. 화장실 갈 것 없이 여기서 해결하지 그래."

"에? 여기서요?"

참 난감했다. 앞줄에는 여학생도 한 명 있는데…. 그러나 어찌하랴. 나는 허리띠를 풀었다. 그리고 쓰레기통을 향해 몸속에서 나를 괴롭히던 모든 수분을 분출해 냈다. 아, 몸이 편안해지니 그제야 살 것 같았다. 그 덕에 나는 그해 1차 사법시험을 합격했고 연이어 2차, 3차 시험을 합격해 법률가의 길에 들어섰다. 지금 생각해도 아찔한 순간이었고, 나는 그 감독관에 대해 고마움마저 가지고 있었다.

"감독관님, 감사합니다. 당신이 나를 오늘에 이르게 한 은인입니다!"

그런데 얼마 전 기사를 보니 어떤 사람이 31년 전의 나와 똑같은 상황에 처했던 모양이다. 그는 2014년 국가기술자격시험(기사)을 보다가 소변이 마려웠다. 감독관에게 화장실에 가게 해 달라고 요청했지만 거절당했다. 한국산업인력공단도 시험의 공정한 관리를 이유로 시험 중 화장실 이용을 금하고 있었던 것이다. 화장실에 가면 퇴실 때까지 작성한 답안만 인정하고 다시 시험장으로 입실이 금지되었다. 그는 감독관에게 시험장 안에서라도 소변을 볼 수 없겠냐고 했고 감독관은 응시자들에게 양해를 구했다. 그는 감독관의 선처로 교실 뒤에서 쓰레기통에 실례를 했고…. 어쩜 이리도 똑같을까! 하지만 그 뒤의 이야기는 나와는 하늘과 땅 차이다.

그는 그 순간을 인권침해 상황으로 인식했다. 그래서 국가인권위원회에 그 상황을 인권침해라고 주장하면서 진정을 했다. 진정 내용은 보지 않아도 알겠다. 인간의 생리적 현상을 무시한 시험감독 규정으로 수치심을 느꼈고, 이는 인간의 존엄성에 반한다는 내용이 아니었겠는가. 그럼 그 결과는? 기사에 의하면 국가인권위원회는 '국가고시 시험장에서 용변을 보게 한 것은 인권침해'라고 결정을 내렸단다.

명색이 인권법 교수인 내게 진정인이 이 사건을 가지고 와서, 이게 인권침해냐고 물어 본다면, 무슨 대답을 했을까? 듣는 순간, "아, 지금 세상에도 인간의 생리적 현상을 가로막는 시험감독 규정이 있단 말입니까? 그거야 당연히 인권침해지요"라고 말할 수 있을까? 아니면 내 과거를 생각하면서, "이보세요. 그 감독관에게 감사해야 합니다. 그 감독관이 얼마나 당신을 배려한 줄 아세요? 아, 당신이 화장실에 다녀오면서 부정행위를 할지 누가 압니까? 시험은 공정해야 하지 않겠어요. 거기에 꼭 인권 문제를 갖다 대야겠어요?"라고 했을까.

나는 솔직히 이 문제에 대해 확실한 답을 못 하겠다. 이것이 내 인권 감수성의 한계일지도 모른다. 인간이란 자신의 경험에서 한 뼘도 앞으로 나가지 못한다는 게 바로 이런 것을 두고 말하는 건 아닐까?

세상을 변화시키는 공감과 감성의 힘

세상을 바꾸는 사람들의 공통점은 무엇일까?

　　나의 주 관심사 중 하나는 세상을 변화시키는 사람들을 관찰하는 것이다. (마르크스가 말하길, '세상의 철학은 세상을 해석만 했지 바꾸지는 못했다'고 했는데, 내가 그 꼴인 것 같지만.) 나는 오랫동안 인권의 발전이 어떤 계기를 통해 이루어졌는지를 주의 깊게 관찰해왔다. 여기서는 그 과정에서 발견한 세상을 변화시키는 한 원리를 나누고자 한다. 우선 다음 상황을 보자. 이 상황은 실제 있었던 일이다.

1990년 초 변호사 갑은 국가보안법으로 구속된 A를 변호하고 있었다. 이 변호사는 구치소에 구속되어 있는 A를 만나 사실관계를 파악하기 위해 접견을 신청했다. 그런데 변호인 접견실에 가 보니 교도관이 입회하여 자신과 A의 대화를 듣고 메모를 하는 것이 아닌가. 그는 도저히 A와 자유로운 접견을 할 수 없었다.

변호인과 피의자의 접견에서 가장 중요한 것은 비밀접견이다. 피의자는 자유로운 분위기에서 변호사에게 어떤 말이든 할 수 있어야 한다. 그런데 위와 같은 상황에서 과연 변호인과 피의자의 자유로운 대화가 가능할까. 교도관이 옆에 있는 상황에서는 절대로 불가능하다.

1990년대 초까지만 해도 변호인 접견에 교도관이 입회하는 것은 법령의 규정에 의한 정당한 절차였다. 제도적으로 비밀접견이 보장되지 않았다. 지금은 어떤가? 위와 같은 교도관 입회는 허용되지 않으며, 완전한 비밀접견이 보장된다. 법령이 바뀌었기 때문이다. 이렇게 관련 법령이 바뀐 것은 어떤 이유에서였을까. 그것은 교도관 입회가 위헌이라는 헌법재판소의 결정(1992)이 있었기 때문이다.

여기서 나는 이 헌재 결정이나 법령 개정의 내용을 설명하고자 하는 게 아니다. 어떻게 해서 그런 변화가 가능했는가를 이야기하고 싶다. 이 변화에는 한 변호사의 결단과 행동이 결정적 원인이 되었다. 어떻게 이 변호사는 그런 결단을 했고, 헌법재판소에 그 사건을 가지고 가게 되었을까.

분명한 것은 이 변호사가 돈 때문에 그런 일을 한 것은 아니라는 사실이다. 의뢰인이 돈을 싸 들고 와서 그런 절차를 진행시켜 달라고 해서 한 일도 아니다. 그것은 오로지 그의 결단에 의한 것이었다. 이제 비밀접견이라는 제도 변화를 가져온 그의 행동을 단계별로 분석해 보자.

1단계: 갑 변호사는 비밀접견이 이루어지지 않음으로써 A를 변호하는 것이 어렵다는 것을 느꼈다.
2단계: 당시 법령상으로는 교도관 입회가 적법한 것이었지만, 이 변호사는 이것이 헌법상의 변호인의 도움을 받을 권리를 침해하는 것이라고 생각하였다.
3단계: 그는 이 문제를 해결하기 위해 헌법재판소에 헌법소원을 제기하였다.

우선 이 변호사가 위와 같은 행동을 하기 위해서는 법률가로서의 적절한 전문성을 가져야 한다. 위 사건에서 헌법지식과 헌법재판을 하기 위한 절차적 지식을 갖고 있어야 한다.

그러나 이런 정도의 지식은 법률가라면 대부분 가지고 있는 것이므로 이 변호사의 행동의 결정적 원인은 아니다. 헌법지식을 갖고 있는 수많은 변호사들이 수십 년 동안 비밀접견이 보장되지 않는 상황에서도 아무런 행동을 취하지 않은 게 증거이다. 그가 위와 같은 행동을 하게 된 것은 비밀접견이 이루어지지 않은 현실을 보고 분개했기 때문이다. 이 분개가 결국 그의 머릿속에 저장되어 있던 헌법지식을 끌고 온 것이다.

분개는 곧 감정이니, 이것이 이 변호사로 하여금 이성적 결단(헌법소원)을 가능케 한 것이다. 나는 이 분개의 감정을 '공감 능력'이라고 말하고 싶다. 이것은 피의자가 처한 환경을 이해하고, 피의자가 처한 고통을 함께 느끼는 능력이다. 이성의 힘이 아니라 감성의 힘이다. 이것은 조선시대 성리학의 최대 논변, 사단칠정론의 논쟁(四七論辯)의 연장선에서도 이해할 수 있다. 이 변호사의 행동을 이것으로 분석하면 '분개하는 기에 정의실현이라는 이가 탄 것이다.' 율곡의 말대로 '기가 발하고 거기에 이가 탄 것'이다(氣發理乘)!

나는 여기에서 세상을 변화시키는 사람들의 행동원리를 발견한다.

첫째는 공감 능력이라는 선한 감성이다. 이것이 없으면 아무리 배워도 세상을 변화시킬 수가 없다. 두 번째는 공감 능력을 실천하는 능력이다. 이 능력은 배움에서 오기에 실력을 쌓지 않으면 안 된다. 이것이 없으면 분노는 분노로 끝날 뿐이다.

두 가지 중에서 더 중요한 것은 물론 첫 번째 공감 능력이다. 왜냐하면 이것은 두 번째 실천 능력을 자극하는 요인이 되기 때문이다. 공감 능력이 있는 사람은 배우는 일에도 열정을 발휘할 게 분명하다. 사람들이여! 대한민국의 미래를 위해 공감 능력을 키워 나가자. 그리고 그런 사람을 발견하여 미래를 맡기자. 그것이 바로 우리의 진정한 희망이다.

여의도 국회의사당 vs 독일 의사당

"대한민국은 민주공화국이다"라는 헌법 제1조의 의미, 바로 그것을 여의도 의사당 돔을 바라보면서 생각한다.

88올림픽도로를 타고 여의도를 지나다 보면 우람하게 서 있는 대한민국 국회의사당이 보인다. 여러분은 그 건물을 보면 무슨 생각을 하는가?

나는 그럴 때마다 한마디 한다.

"저 국적 없는 의사당 건물을 보라."

국회의사당이 준공된 것은 1975년. 당시 몇몇 건축가들이 이 의사당 건축에 참여하여 설계안을 제출했다. 결국 최종안은 몇 작품이 절충되어 만들어졌다고 하는데, 그 어떤 응모작품에도 돔 설계는 들어가 있지 않았다.

돔이 들어간 것은 건축가들의 아이디어가 아니라 권력자들의 아이디어였다. 당시 건축에 참여했던 건축가들은 원 설계가 평지붕인데 어떻게 거기에 돔을 올리느냐고 아연실색하며 극력 반대했다. 그러나 칼자루를 쥐고 있는 권력자들의 귀에 그것이 들어갈 리 없었다.

당시 상황을 생생하게 알아보기 위해 오래된 신문을 찾아보았다. 그때의 기사에 따르면(경향신문, 1969. 5. 28.) "외국에 가 보니 돔이 있는 건물이 좋아 보이더라"는 일부 국회의원의 얕은 취향에 의한 일이었다. "애초 평지붕으로 설계되었던 것에 억지로 돔을 올리면 딱한 건물이 되고 말 것"이라는 반대도 소용없었다.

아마도 권력자들이 해외 나들이를 하면서 본 선진국의 돔 의사당이 너무도 부러웠던 모양이다. 그들에겐 우리 건축가들이 만들어놓은 설계안이 심심했던 것이다. 이런 말을 했을지 모른다.

"우리나라 의사당도 미국 의사당처럼 모자(돔) 한 번 씌우지?"

그렇게 해서 언뜻 보면 그리스 신전 모양—의사당의 외부 열주는 경회루의 석주를 본떴다고 하나 전체 모습은 신전 모양이지, 한국의 어떤 전통 건축물도 의사당의 외부 열주를 연상시키는 것은 없다—의 건물에 거대한 돔 하나가 졸지에 올려졌다. 그리스의 신전과 로마의 판테온이 한국에 와서 한국 특유의 비빔밥 문화에 의

대한민국 국회의사당. 내가 직접 찍은 사진이다. 가끔 여의도에 갈 때마다 의사당 사진을
찍고 싶었는데, 그게 쉽지 않았다. 이런 사진을 찍으려면 도로 한가운데에서 찍어야 한다.
신호등에 걸려 잠시 설 때, 재빨리 내려 찍은 사진이다.

해 즉석 결혼을 해 버린 셈이다. 건축도 권력자들의 놀음에 의해 좌
지우지되었던 우리들의 슬픈 자화상이다. 이것이 민주주의가 한국
에 들어와 '한국적 민주주의'로 변형된 모습이다.

대한민국 국회의사당을 보면서 나는 베를린에서 가서 본 독일
연방의회 의사당을 떠올렸다. 옆 쪽의 사진이 바로 그 의사당이다.
여담이지만, 이 사진을 찍기 위해 고생 좀 했다. 의사당 앞 잔디 광
장에서 추위에 떨며 한 시간 이상을 기다렸다. 날이 흐려 내가 가지

27

고 간 스마트폰으로는 도저히 제대로 된 사진이 나오질 않았다. 여하튼 수십 장을 찍고 또 찍으니 그제야 몇 장 쓸 만한 걸 건졌다. 여기 사진은 그중 하나이다.

독일 연방의회 의사당의 전신은 원래 프로이센이 독일을 통일하고 19세기 말에 지은 제국의회 건물이다. 통일 이후 수도를 본에서 베를린으로 옮기면서 연방의회의 의사당으로 리모델링한 것이다. 1990년대 의사당을 리모델링하면서 제일 큰 논란은 종래의 권위적인 의사당 돔을 철거하고 여기에 유리 돔을 얹을 것인가의 문제였다. 결국 이 기상천외한 유리 돔은 1999년 독일 연방의회의 입주와 함께 완성되어 독일 국민, 아니 전 세계 관광객의 눈앞에 나타났다.

지금 이 유리 돔은 누구나 올라가 밑을 내려다볼 수 있다. 그곳에서 내려다보이는 곳이 바로 의사당 대회의실이다. 독일 국민들─물론 나 같은 관광객까지─은 국사에 여념이 없는 독일 국회의원들을 낱낱이 볼 수 있는 것이다. 한마디로 독일 국회의원들은 국민들로부터 철저히 감시받기 위해, 또 그것을 보여 주기 위해, 이 유리 돔을 자진하여 설치한 것이다. 독일 정치인들의 민주의식을 엿볼 수 있는 대목이다.

한국의 여의도 국회의사당의 돔과 독일 연방의회 의사당의 돔, 그 차이는 무엇일까.

베를린 독일 연방의회 의사당.
하늘은 구름으로 가득하고 바람은 불고……
2년 전 겨울에 잔디밭에 한 시간을 돌아다니며 찍은 사진이다.

단지 국적 없는 돔, 건축양식에서 찾아볼 수 없는 돔이 올라갔다는 것, 그것 하나일까? 그것 하나라면 그저 웃고 넘어가면 될 것이다. 하지만 거기에는 그 이상의 의미가 담겨 있다. 민주주의를 바라보는 양국 정치인의 차이가 있는 것이다. 누가 이 나라의 주인인가의 문제이다.

"대한민국은 민주공화국이다"라는 헌법 제1조의 의미, 바로 그것을 여의도 국회 의사당 돔을 바라보면서 생각한다면 그것을 나만의 지나친 생각이라고 쉽게 폄하할 수 있을까?

법의 의미와 우리의 선택

법이 일부의 전유물인 한, 구성원 전체의 자유는 보장될 수 없다. 이것은 역사가 말해 주는 자명한 현실이다.

법을 공부한 지 30년이 넘었지만 법의 진정한 의미를 최근에서야 깨닫기 시작한다. 고시공부를 할 때는 법은 주어진 것이라 생각해 법의 철학적 의미는 관심 밖이었다. 그저 학설과 판례를 외워 주어진 법을 해석하는 것이 나의 일이라 생각했다.

그런데 나이를 먹어 가면서, 특히 학교에서 미래의 법률가들에게 법을 가르치는 입장이 되다 보니 법의 의미가 새삼스럽게 다가온다.

법을 어설피 알 때는 빈곤은 무능하고 게으른 자의 죄라고만 생각했다. 그런데 어느 순간 이런 생각이 들었다. 왜 그는 배를 곯으면서도 가게에 산더미처럼 쌓인 빵을 가져가지 않을까. 배가 고프면 손을 뻗어 그것을 먹으면 되는 것이 아닌가. 그런데 그는 포기한다. 왜? 법 때문이다. 그가 가게에서 돈을 내지 않고 빵을 가져오는 순간, 법은 눈을 부라리며 빵을 내려놓으라고 명령한다. 만일 이를 무시하면 법은 가차 없이 그를 차가운 감방으로 밀어 넣을 것이다. 결국 빈자의 탄생은 법의 존재에서 비롯된 것이다. 부자의 탄생 또한 빈자의 탄생에서 오는 반사이익이다. 법이 지켜 주지 않는 한, 부자는 쌀 한 톨도 자신의 창고에서 지킬 수 없다. 그러니 돈 가진 이여, 기고만장하지 말지어다!

법의 힘은 미국의 서부개척에서도 발견된다. 네바다 주는 척박한 사막지대다. 살 만한 곳이 아니어서, 땅은 넓으나 사람들이 오지 않았다. 이 상황에서 네바다를 만든 선조들은 한 가지 묘안을 짜냈다. 법을 이용하자! 이들은 연방국가에서 각 주에 허용한 입법권을 최대한 이용했다. 청교도 국가인 미국에서 도박을 허용하고 이혼을 쉽게 하는 법을 만든 것이다. 그래서 만들어진 것이 바로 라스베이거스다. 이 도시가 만들어지자 미국 전역에서 도박을 하고자 하는 사람, 이혼하고자 하는 사람들이 몰려왔다. 그리하여 농장도 공장도 없었던 불모지대가 갑자기 불야성을 이루게 되었다. 아, 위대한 법이여!

법의 이런 힘 때문에 법을 차지하고자 하는 경쟁은 언제나 치열하다. 어쩌면 역사는 법의 진정한 주인을 가르는 과정이었을지도 모른다. 정치 공동체가 여러 종류로 나누어진 것도 결국 법을 둘러싼 투쟁의 결과가 아닌가. 법을 1인이 독차지하면 군주정이 되는 것이고, 다수의 시민이 차지하면 공화정이 되는 것이다.

그러니 인간의 자유는 법을 사회 전체 구성원의 소유로 돌리지 않으면 결코 이루어질 수 없는 꿈이다. 법이 일부의 전유물인 한, 구성원 전체의 자유는 보장될 수 없다는 것이 역사가 말해 주는 자명한 법칙이다.

이제 이 땅의 현실을 보자. 우리 헌법은 제1조에서 대한민국은 민주공화국이라고 선언한다. 이 말은 법의 주인이 대한민국의 모든 국민에게 있음을 의미한다. 대한민국의 법은 어느 한 사람의 독점 대상이 아니며 모든 국민의 일반의지이다. 그런데 이 나라 법의 현실이 과연 그런가? 입법 과정에서, 집행 과정에서, 그리고 법을 심판하는 과정에서 주인인 국민의 뜻이 제대로 관철되고 있느냐 말이다. 재벌 그룹 회장을 생각해 보자. 지금 이 나라에서 이들은 어떤 권위도 도전하기 힘든 지엄한 존재, 절대왕정의 군주와 다름없다. 대부분의 재벌이 불법 변칙 상속을 통해 경영권이 승계됐음에도 법은 무력하다. 그 오만은 국민의 도덕관념을 위협한다.

몇 년 전 삼성 이건희 회장은 만인 앞에서 상속다툼 속에 있는 형을 향해 "형은 자신에게 이름도 함부로 부를 수 없는 상대"라며 막말을 뱉지 않았는가. 권력형 비리 사건에서 우리 검찰이 제대로 진실을 밝혀낸 적이 있었던가. 신뢰보다는 불신이 앞서는 것은 검찰의 업보다. 권력이 법 위에 군림하는 것을 수없이 보아 오지 않았는가.

4년에 한 번 국회를 바꾸고, 5년에 한 번 대통령을 바꾸는 것은 이 나라에서 법의 주인이 누구인가를 확인하는 작업이다. 법이 주인의 뜻을 받들지 못하면 그 정치공동체는 파산한다. 이제 다가오는 선택, 이 나라의 민초들은 과연 자신이 법의 주인임을 누구를 통해 확인할 것인가. 후회 없도록 눈을 크게 뜨고 찾아볼 일이다.

자유란 무엇인가

나는 역사 국정교과서 문제의 본질이 자유의 문제라고 생각한다.

　　내 전공은 인권법이다. 자유는 내 연구에서 매우 중요한 부분을 차지한다. 어쩌면 자유는 내 연구 분야의 전부라고 해도 과언이 아니다. 나는 누구보다 자유의 의미에 대해 많이 생각하고 산다. 그럼에도 누군가로부터 자유가 무엇이냐고 질문을 받을 때면 쉽게 답하지 못한다. 자유에는 다양한 의미가 있어 간단히 설명하기 어렵기 때문이다.

　　나는 역사 국정교과서 문제의 본질이 자유의 문제라고 생각한다. 국정화를 주장하는 사람들은 아이들에게 바른 역사를 가르친다며 그것을 애국이라는 이름으로 포장한다. 그러나 자유를 아는 사람들은 그렇게 보지 않는다. 역사에서 바른 역사란 있을 수 없다. 역사를 바른 역사라는 하나의 잣대로 재단해 그것을 학생들에게 전달하는 것은 전체주의 사회에서나 하는 짓이다.

나는 국정교과서 문제를 보면서, 20세기 전반 미국의 저명한 법률가이자 법철학자였던 러니드 핸드(Learned Hand) 판사의 연설문을 꺼내 읽어 보았다. 이 연설문은 제2차 세계대전이 끝날 무렵, 핸드 판사가 뉴욕의 센트럴파크에서 한 짧은 연설이다. 그가 말하는 자유의 중요성과 그 의미는 오늘의 우리에게도 매우 감동적으로 다가온다.

우선 우리들이 자유를 추구한다고 할 때, 그 의미가 무엇일까요? 저는 우리들이 우리의 희망을 헌법이나 법률, 그리고 법원에 너무나 많이 의존하지 않나 우려합니다. 그런 것은 헛된 망상입니다. 제 말씀을 믿으십시오. 정말로 그런 것은 망상입니다. 자유는 사람들의 가슴에 존재하는 것입니다. 만일 그것이 거기에서 죽는다면 어떤 헌법도, 법률도, 법원도 큰 도움이 안 됩니다. 그것이 거기에서 사라진다면 어떤 헌법도, 법률도, 법원도 그것을 살릴 수 없습니다.

(…)

그럼, 자유정신이란 무엇입니까? 제가 그것을 정확하게 정의할

순 없습니다. 다만 제 믿음을 여러분들에게 말할 수 있을 뿐입니다. 자유정신이란 옳다는 것을 너무 확신하지 않는 정신입니다. 자유정신이란 다른 사람들의 마음을 이해하려는 정신입니다.

역사교과서 국정화는 어떤 생각을 과신하는 태도에서 나오는 것이다. 다시 말하건대, 역사에서 바른 역사란 있을 수 없다. 바르다는 말은 주관적 판단이지 객관적 사실이 될 수 없다. 정치 권력자든 누구든 어떤 특정 생각을 과신해 그것을 역사란 이름으로 강요한다면, 핸드가 말하는 자유정신에 반하는 것이다. 국정화를 반대하는 것은 바로 자유정신에 맞지 않는 이 과신을 경계하고, 그 과신을 강요하지 말라는 것이다.

그러나 이 문제를 해결하는 것은, 핸드가 말하는 것처럼 우리가 가지고 있는 법도 아니고, 우리가 가지고 있는 사법제도도 아니다. 이런 것이 우리의 자유를 지켜 줄 것이라는 생각은 꿈에서라도 해선 안 된다. 그것은 오로지 우리의 자유에 대한 의지에 달려 있다. 그것이 없는 한 이 문제를 해결할 수 없다. 우리가 결연한 의지를 갖고 국정화를 반대해야 할 이유가 여기에 있는 것이다.

변호사의 두 가지 문제

돈을 잘 벌면 공익활동은 뒷전이기 쉽고, 공익활동에 열중하면 돈 버는 것은 어려워지는 게 현실이다.

변호사는 제대로 변호사 생활을 하기 위해서 항상 두 가지를 고민한다. 하나는 사무실 유지다. 요즘은 돈을 많이 받는 고용 변호사들도 적지 않지만, 아직도 많은 수의 변호사들은 기본적으로 사무실을 유지, 운영해야 하는 개업 변호사이다. 이들은 사실상 기업의 경영자나 다름없다.

때문에 다른 경영인처럼 적절한 비즈니스를 해서 수입을 얻어 그것으로 직원들 월급, 건물 임대료, 세금 등을 내야 한다. 변호사의 순수입은 그 나머지다. 그런데 이런 사무실 운영이 해가 갈수록 어려워지고 있다. 옛날 변호사들은 그저 사무실에서 의뢰인을 기다리기만 하면 되었다. 변호사 수가 적으니 사건 수임에는 큰 어려움이 없었다. 물론 그때도 변호사들 중에는 사건 수임이 제대로 안 된다고 걱정하는 이도 있었다.

나는 1990년에 개업을 했는데, 당시 전국에는 변호사가 2천 명이 채 되지 않았다. 그럼에도 나는 항상 사건 수임에 어려움을 겪었다. 그때도 나처럼 학연, 지연, 혈연의 도움 없이 사는 사람은 어려웠다는 말이다.

하지만 지금과 비교하면 그 시절 나의 어려움은 실제로 큰 어려움이었다고 말할 수 없다. 그때와 지금은 한마디로 천양지차다! 지금은 변호사가 2만 명이 넘고 서울에만 1만 명이 넘는 변호사가 있다. 나의 개업 시기와 비교하면 열 배 이상의 변호사가 탄생한 것이다. 사법시험 시대에 합격자 수를 1천 명으로 증원한 데다가, 최근 로스쿨 도입 이후 변호사 수가 급증하고 있기 때문이다. 이렇게 가다가는 앞으로 10년 내에 변호사의 수가 3만 5천 명 정도에 이를 전망이다.

이런 상황이니 변호사들에게 먹고사는 문제가 얼마나 심각할까? 그럼에도 언론에서는 여전히 변호사 수입이 변리사와 함께 최고 수준이라는 뉴스를 내보낸다. 주변 동료 변호사들에게 물어 보면 다들 불가사의한 뉴스라고 한다. 내 추측으론, 변호사 사회의 양극화로 인해 대부분의 변호사의 수입은 줄었음에도 통계에 잡히는 변호사의 수입은 늘어난 것이 아닌가 생각한다. 들리는 말에 의하면 요즘 잘나가는 로펌의 경우 변호사들의 수입이 예전보다 훨씬 많다고 한다.

이 말은 법률시장이 성장했지만 그 과실은 대부분 소수의 잘나가는 변호사들의 주머니로 들어가지, 일반 변호사들의 주머니로는 들어오지 않는다는 것을 의미한다. 여하튼 사정이 이렇다 보니 대다수 변호사들의 하루하루는 피곤하다.

또 하나의 문제는 변호사의 사회적 역할이다. 변호사는 어떤 경우에도 일개 장사꾼이 되어서는 안 된다. 고래로 변호사는 사회적 의사라 불린다. 의사는 육체를 고치는 의사, 성직자는 마음의 병을 고치는 의사라고 한다면, 법률가는 사회적 병리현상을 고치는 의사라는 말이다. 그래서 서구 사회에서는 지난 2천 년 이상 이들 셋을 인류 사회에서 없어서는 안 되는 진정한 프로페셔널이라고 불러 왔다.

사회적 병리 현상을 치료해야 하는 변호사의 역할은 변호사들에게 돈만 벌어서는 안 된다는 것을 강조한다. 돈도 벌어야 하지만, 사회 전체의 공익에 관한 일을 해야 한다는 것이다. 공익에 대한 관심은 진정한 변호사가 되기 위한 선택이 아니라 필수라는 말이다. 이런 이유로 변호사법은 변호사의 공익의무를 정하고 있다. 이러한 공익의무는 다른 직종의 직업인에게서는 거의 예를 찾을 수가

없다.

변호사회는 이러한 법에 따라 매년 일정 시간 공익활동을 하도록 세부 규정을 만들어 운용하고 있다. 도저히 공익활동을 할 짬이 나지 않는다고? 그러면 돈이라도 내서 공익활동을 대신해야 한다. 변호사 중에서 가장 바람직한 상은 사무실을 적절히 유지하면서, 또 한편 공익활동을 적절히 하는 변호사이다. 아마도 지금 수많은 변호사들이 이런 변호사상을 그리면서 활동할 것이다. 그러나 현실은 녹록지 않다. 돈을 잘 벌면 공익활동은 뒷전이기 쉽고, 공익활동에 열중하면 돈 버는 것은 어려워지는 게 현실이다.

나는 변호사 초년 시절부터 이 두 가지 문제를 항상 고민해 왔다.

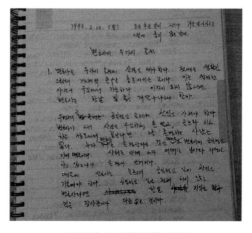

1993년에 쓴 일기장의 한 페이지

이 글을 쓰면서 오래전의 일기장을 꺼내 보았다.

변호사 초년 시절의 모습이 생생히 드러나는 일기장 한 쪽을 공개한다. 1993년 2월 12일에 쓴 것이니, 변호사 생활 만 3년이 되는 시점이다. 나는 그날 이 두 문제에 대해 일기장에 기록해 두었다. 나의 고민을 읽을 수 있을 것이다. 23년이 지난 지금에 보아도 이 두 문제는 여전히 진행형이다. 아마도 모든 변호사들이 변호사로 일하는 동안 고민해야 하는 문제일 것이다.

이 시대 최고의 변호사들

내 양심을 걸고 제대로 된 변호사라고 당당히 추천할 수 있는 변호사, 그가 누구인가?

내가 법조계에 들어온 지 어느새 30년이다. 그러다 보니 지금은 변호사 일을 하지 않지만 지인들로부터 종종 좋은 변호사를 소개해 달라는 부탁을 받는다. 그럴 때마다 난감하다. 좋은 변호사라? 그게 어떤 변호사인가? 그래서 곰곰이 생각해 보았다. 내 양심을 걸고 이런 변호사야말로 제대로 된 변호사라고 당당히 추천할 수 있는 변호사는 과연 누구인가?

생각해 보니 몇 부류의 좋은 변호사가 떠오른다. 그 기준은 변호사가 가져야 할 품성, 혹은 덕성이었다. 몇몇 변호사들은 아래에서 제시하는 여러 품성을 동시에 갖기도 했지만, 어떤 변호사도 그 전부를 갖진 못했다. 만일 그 전부를 가졌다면 당사자로서는 생애 최고의 변호사를 만나는 것이겠지만, 그 변호사 자신은 세상에서 가장 멋없는 사람일지도 모른다. 세상사에서 완벽함은 없다. 완벽함은 그 자체로 허물이기 때문이다.

지금 생각해 보면 오늘 이 이야기의 주인공들은 변호사 시절 내가 되고 싶었던 변호사의 상이었다. 나는 어떨 때는 이런 변호사상, 또 어떨 때는 저런 변호사상의 변호사를 그리면서 하루하루를 살았다.

공감 능력이 뛰어난 변호사

변호사 중에는 유난히 의뢰인의 아픔을 함께하는 이가 있다. 의뢰인의 아픔을 타인의 그것으로 보지 않고 마치 자신의 것인 양 동분서주하는 변호사다. 세월호 사건에서 팽목항에 내려가 유가족과 슬픔을 같이하는 변호사 B, H, P. 그들이 대체로 이 그룹에 속하는 변호사들일 것이다. 이런 변호사들이 맡는 사건은 돈이 되는 사건이 아니다. 반드시 법정에 가서 승소한다는 보장도 없다. 돈도 되지 않고, 법정에 가도 성공하기는 쉽지 않은 사건, 변호사들이 제일 싫어하는 사건들이 이들에게 오는 것이다.

사실 이런 변호사들이 만나는 의뢰인도 사정을 잘 알기에 사건을 맡은 변호사들에게 승소를 강조하지 않는다. 그저 자신의 아픔에 동참하면서 자신의 이야기를 대신해 주길 바라는 마음이 강하다. 그러니 이 변호사들은 어쩌면 다른 변호사들보다 마음은 편할지도 모른다. 돈을 많이 받고 사건을 처리하는 변호사는 반드시 그 대가를 치른다. 그것은 사건 처리에서 의뢰인의 뜻대로 사건이 끝나야 한다는 부담감이다. 이 부담감은 일반인이 모르는 변호사들만의 고민이자 스트레스다. 그런데 이 변호사들은 최소한 이런 부담감에서 해방된다. 그 어떤 변호사보다 의뢰인과의 관계가 떳떳하기 때문이다.

이런 변호사들은 사회적 소수자와 약자의 친구들이라고 할 수 있다. 이런 변호사들이 있기에 세상은 살맛이 난다. 이들은 비록 돈을 많이 벌진 못해도 굶지는 않을 것이다. 적은 돈을 가져오지만 이들을 찾는 이들이 꾸준히 있기 때문이다. 욕심을 버린다면 이런 변호사도 해 볼 만하지 않겠는가?

출중한 실력을 지닌 변호사

변호사 중에는 법리에 밝은 변호사가 있다. 걸어다니는 판례라고 불리는 변호사다. 요즘은 그런 변호사의 이름을 듣기 어렵지만, 20여 년 전까지만 해도 그런 분들이 꽤 계셨다. 한 분을 거명하자. 돌아가신 유현석 변호사다. 이분은 노무현 대통령 탄핵사건 때 노

대통령 변호인단의 좌장을 한 분이었는데, 법조계에서는 법리에 밝은 분으로서 전설적인 인물이다.

어찌나 기억력이 좋은지 50년 전 판례와 법령에 이르기까지 모르는 것이 없는, 한마디로 무불통지(無不通知)였다. 특정 판례를 이야기할 때는 그 판결을 선고한 판사를 거명하면서까지 그의 무능함을 신랄하게 비판하셨다. 후배 변호사들은 이분과 이야기할 때면 그저 입을 벌려 찬사를 연발하거나 자신의 무능함을 탓하지 않으면 안 되었다. 아니 저 연세에 저런 것을 어떻게 아실까? 아니 저게 몇 년 전 일이야, 내가 태어나기도 전 일인데, 저분은 그것을 어제 일어난 것처럼 말씀을 하시니…. 도대체 나는 뭐야, 이래 가지고 변호사 생활을 할 수 있겠나….

유 변호사는 인권 변호사로 생을 마감하신 이돈명 변호사와 막역한 사이였다. 같은 사무실에서 동고동락하였으니 말이다. 이돈명 변호사가 온후한 할아버지 상이었다면, 유 변호사는 고희를 넘긴 연세에도 재기발랄한 영원한 소년이었다.

사건 중에는 법원에 가도 법리논쟁이 예상되는 사건이 있다. 이런 사건은 바로 이런 출중한 실력을 지닌 변호사가 제격이다. 법조계는 의외로 좁아 이런 분들의 명성은 어딜 가나 자자하다. 그러니 이분들이 사건을 맡으면 법관들도 긴장을 하지 않을 수 없다. 자칫 법리 판단을 잘못하면 그 사건은 여지없이 대법원으로 갈 것이고,

거기서 판사의 과오가 심판될 테니 그런 소송을 함부로 진행할 수 없을 것이다.

용기 있는 변호사

변호사라고 해서 모두 용기가 있는 것은 아니다. 대부분의 변호사들은 티가 안 나게 행동한다. 조용히 사건을 수임해서, 조용히 법정에 나가 변론하고, 조용히 결과를 기다린다. 사건을 성공리에 끝내고서도 성공 보수를 못 받는 변호사도 있다. 의뢰인과 다툼을 벌이면 결국 피해자는 변호사라는 생각에 울며 겨자 먹기로 자신의 권리를 포기하는 변호사가 의외로 많다.

사건 중에는 때때로 용기를 필요로 하는 사건이 있다. 과거에는 세무사건도 그중에 하나였다. 세무서의 눈치를 보는 것이다. 털어서 먼지 안 나는 사람 없으니 자칫 내가 맡은 사건이 세무당국의 심기를 건드리면 사무실 세무조사라도 받는 게 아닐까 하는 걱정을 했던 것이다. 시국 공안사건은 과거에는 물론 현재도 대표적으로 용기가 필요한 사건이다. 레드 콤플렉스가 유난히 강한 사회에서 살다 보니 그런 사건을 변호하는 변호사들마저 좌파로 몰려 곤욕을 치르곤 했다. 1970년대는 변호사가 법정에서 변호하다가 바로 감옥에 간 일도 있지 않았는가? 민청학련 사건을 변호한 강신옥 변호사가 대표적 예이다.

정권과 관련된 사건은 말할 것도 없다. 대통령을 상대로 하는 사건이나 정치권의 실세를 상대로 소송을 벌일 때는 사건 수임과 처리과정에서 더욱 신경이 쓰인다. 혹시나 괘씸죄에 걸려 이 정권 내내 고생하는 것은 아닐까 하는 걱정을 하지 않을 수 없다. 이런 사건은 통상 민변 변호사들이 잘한다. 이들이 이런 사건을 잘 맡는 것은 그들의 생각이 진보적인 것도 있지만 역시 조직력이 한몫을 한다. 민변의 수백 명 변호사들은 암묵적으로 그들의 잠재적 지원군이다. 따라서 동료가 자신을 지켜보고 협력을 아끼지 않을 것이라는 믿음이 이들을 용기 있는 변호사로 만든다.

최근 국정원의 간첩조작사건을 담당한 민변 변호사 J, K 변호사를 개인적으로 만나 보라. 한 성격 할 것이라고 생각했다면 오산이다. 매우 온화한 성격의 소유자들이다. 그런 분들이 국정원과 한판 승부를 벌였다니 참으로 대단하다.

민변 변호사들만이 용기 있는 변호사는 아니다. 그런 조직이 없이 홀로 사무실을 운영하면서도 타고난 반골기질과 재야정신으로 똘똘 뭉쳐진 변호사도 있다.

돌아가신 용태영 변호사가 대표적인 분이다. 이분도 대한민국 법조사의 한 페이지를 장식한 분인데, 그 기개가 대단했다. 법조 선후배들은 이분을 '천하의 용 변호사'라 불렀다. 이분이 활동하던 시기는 박정희, 전두환 두 독재자가 기승을 부리던 때인데, 곧잘 정권과 대립각을 세우는 기발한 소송을 많이 했다. 이분 자택이 청와대 근처에 있었다. 당시 경호실에서 이 일대에 사는 주민들을 대통령 경호한답시고 많이 괴롭혔다고 한다. 그런데 이분만은 건드리지 못 했다. 워낙 세게 나오시는 분이라 나는 새도 떨어뜨린다는 권력도 피해 갔던 것이다.

불교계는 이분에게 감사해야 한다. 불탄일이 공휴일이 된 데에 는 이분의 역할이 컸다. 이분이 불자였는데, 당시에 성탄절은 공휴 일이었지만 불탄일은 공휴일이 아니었다. 이분은 여기에 분연히 이 의를 제기했다. 그것도 기발한 착상을 통해서다. 성탄절을 공휴일 로 지정한 것이 평등권을 침해한 위헌, 위법이라 주장했던 것이다. 그 소송의 결과로 불탄일이 공휴일로 지정된 것은 아니지만 그의 소송이 위력을 발휘한 것은 분명하다.

이런 일도 있었다. 지금 서초동 서울법원 종합청사는 권위주의 시대의 전형적 건축이다. 판사 위주로 만들어져 변호사나 민원인들 에게는 대단히 불편하다. 내부구조가 마치 미로와 같아 법정을 찾 아다니기가 불편하고, 1989년 개청 이래 십수 년 동안은 법정을 올 라가는 민원용 승강기마저 없었다. 이분은 이것을 소송으로 가져갔 고, 급기야는 이 공사에 책임 있는 법관들이 변호사로 개업하는 것 을 막는 변호사회의 특별결의를 주도하기도 했다.

지금도 용 변호사님의 모습이 눈에 선하다. 이분은 변호사들 사이에서 베스트 드레서로도 유명했다. 날렵한 몸매에 검은 중절모를 쓰고, 콤비 재킷을 입은 채 법정에 들어서면 방청객들도 와 하고 돌아보았다. 거기에다 번쩍이는 만년필을 꺼내 몇 자 적으시는 모습은 패션과는 관계 없이 사는 나 같은 후배에겐 마치 다른 세상에 사는 분처럼 보였다.

사건에 집중하는 변호사

변호사의 일차적인 의무는 의뢰인에 대한 성실의무다. 사건을 수임하면 의뢰인의 이익을 위해 최선을 다해야 한다. 그러나 실제 상황은 꼭 그렇지만은 않다. 많은 변호사들이 의뢰인들로부터 성실성에서 의심을 받는다. 재판기일을 제대로 챙기지 못해 불출석을 하기도 하고, 기한을 놓쳐 소장이나 상소장을 제출하지 못해 의뢰인에게 치명적 피해를 입히는 일도 있다.

의뢰인들은 자신의 사건에 최선을 다하는 변호사를 만나길 원한다. 내가 아는 L 변호사, 이분은 그리 알려진 유명 변호사가 아니다. 그러나 내가 지난 30년 동안 만난 변호사 중, 적어도 사건 처리의 집중도에서만큼은 이분을 능가하는 변호사를 만나지 못했다. L 변호사는 사건을 맡으면 자나 깨나 그 사건 생각만 한다. 심지어는 밤에 자다가도 그 사건 관련 꿈을 꾼다고 한다. 그러면 바로 깨서 서재로 달려가 꿈결에 생각한 아이디어를 글로 옮겨 놓는다. 아침에 일어나면 지난밤 꿈은 통상 잊기 때문에 그런다고 하는데, 나로서는 참 범접하기 어려운 수준이다.

L 변호사는 동료 변호사들 사이에서도 소문이 날 정도로 사건 성공률이 높다. 그는 동료 변호사를 만날 때마다 사건에 대해 자문을 구한다. 허물없이 지내는 판사 동기는 그의 법률 자문역이라고 말해도 좋을 정도다. 그 분야 최고의 현직 판사도 사석에서 만나면 그의 사건 자문을 해 주어야 할 정도다. 그 정도니 사건을 수임하면 성공하지 않을 수가 있겠는가?

내가 10여 년 전에 변호사를 그만두면서 담당했던 몇 건의 사건도 모두 그에게로 갔다. 의뢰인들에게 욕 안 먹고 사건에서 손을 떼기 위해서는 확실한 변호사를 소개해 주지 않으면 안 되었는데, 그때 내 머릿속을 스친 이가 바로 L 변호사였다.

발 넓은 변호사

우리나라 법조계의 고질적인 폐습이 전관예우다. 이것을 근절하기 위해 여러 제도를 두고 있지만, 아직도 국민 대다수는 이 문제를 법조계 최대의 부조리로 인식한다. 전관예우가 판을 치는 이유는 사건 처리가 변호사에 따라 달리 취급된다는 불신 때문이다. 따라서 전관예우는 없어져야 할 관행이지만, 어느 변호사가 인맥을 잘 관리하여 동료 법조인들 사이에서 좋은 평가를 받는 것까지 막을 방법은 없다. 의뢰인들이 사건을 맡길 때 이런 변호사가 선호되는 것은 어쩔 수 없는 인지상정이다.

내가 아는 M이라는 변호사. 그는 아주 사람 좋고 예의 바르기로 소문난 분이다. 이분은 주변 법조인들에게 특별히 인기가 있는데, 연수원 동기생 300명 대부분에게 생일 때면 꼭 메일 한 통을 보내는 사람이다. 평소에는 특별히 교유가 없더라도 생일날 메일 박스를 열면 한 통의 편지가 와 있다. 그동안 격조했음을 사과하면서 오늘 특별한 날, 축하한다는 말 한마디를 해 온다. 누가 이런 사람을 싫어하겠는가.

이렇게 주변 지인을 챙기는 것은 인간관계에 대한 그의 치열한 자세가 있기 때문에 가능하다. M 변호사는 정치인이 되어도 잘할지 모른다. 사람과의 관계망을 잘 만드는 사람들이 정치를 하는 법이니 M 변호사야말로 제격이 아닌가. 여하튼 M 변호사는 이런 방식으로 동기생, 선후배를 대한다. 그러니 그에게 사건이 많은 것은 당연지사!

나는 로스쿨에서 예비 법조인들을 가르치면서 "여러분은 어떤 법률가상을 그리면서 공부합니까?"라는 질문을 할 때가 많다. 나의 과거를 되돌아봐도 어떤 롤 모델을 가슴에 품고 살아가는 것은 훌륭한 법률가가 되는 데 큰 도움이 된다고 생각한다. 로스쿨에서 공부하는 예비 법조인들, 그들 앞에는 장밋빛 미래만 있는 게 아니다. 때로는 험난한 현실에서 좌절하지 않으면 안 되는 순간도 맛보게 될 것이다. 부디 내 이야기가 후배에게 주는 선배의 간곡한 조언이라 생각하면 좋겠다.

무죄의 조건

돌아보면 절망 속에서도 희망을 이야기할 수 있다. 바로 사람이다.

2011년 10월 27일, 한 노인이 대법원 1호 법정 피고인석
에 섰다. 무거운 정적이 흐른 뒤 재판장으로부터 짧은 한마디가 들
렸다. "검찰의 상고를 기각한다." 피고인에게 무죄가 확정되는 순간
이었다. 그 주인공은 당시 78세의 정원섭 씨다. 실로 얼마만인가.
1972년, 그의 나이 39세에 일어난 사건이니 꼬박 39년 만이다.

법률가인 내가 아무리 자료를 뒤져 봐도 이런 사건은 처음이다.
정치적 사건에서는 간혹 30여 년이 지난 다음에도 재심이 이루어져
무죄가 선고된 적이 있지만, 일반 형사사건에서 40여 년이 지난 다

음 재심에서 무죄가 된 것은 전무후무한 일이다. 그러니 이 사건을 한 개인의 감격으로만 대하기에는 너무도 아깝다. 조금 살펴보는 것이 최소한의 예의가 아닐까. 기록 보존 기간이 넘어 사건 기록마저 남아 있지 않았던 이 사건이 어떻게 망각의 바다를 항해하여 무죄의 항구에 도착했을까.

과거 형사 변호로 이름을 날린 어느 고명한 변호사께서 이런 글을 남겼다.

"법정에서 무죄를 받기 위해서는 세 가지 조건이 있어야 한다. 첫째, 사실 자체가 무죄여야 한다. 진실을 은폐해 무죄가 될 수는 없는 일이다. 둘째, 좋은 판사를 만나야 한다. 아무리 억울하다고 하소연한들 판사가 쇠귀에 경 읽기 식으로 나오면 무슨 소용이 있겠는가. 셋째, 좋은 변호사를 만나야 한다. 피고인이 아무리 무죄를 호소하고 좋은 판사를 만났다 해도, 변호사가 진실을 밝히고자 하는 의지가 없다면 결코 피고인은 무죄가 될 수 없다."

진실 여부는 사실 피고인 본인과 신만이 알 수 있는 것이니 오판 가능성은 항상 있게 마련이다. 이것을 줄이기 위해 정교한 사법제도가 있는 것이나 그것만으로는 부족하다는 말이다. 역시 진실은 사람이 만들어 내는 것이다.

이 사건은 우리 사법제도의 한계를 여실히 드러냈다. 최종 판결문에서 언급했지만, 정 씨는 고문에 의해 허위자백을 했고, 그로 말미암아 원심판결에서 유죄가 선고되었다. 1970년대 초 경찰은 정 씨를 갖은 방법으로 고문해 살인범이라는 자백을 얻어 냈다. 하지만 우리의 사법제도는 무고함을 호소하는 피고인을 철저히 외면했다. 그는 15년이 넘는 세월을 감옥에서 보낸 다음 천신만고 끝에 1999년 재심을 청구했지만 납득하기 어려운 이유로 기각되었다. 결국 사법부에서 진실을 밝히는 것에 한계를 느낀 정 씨는 마지막 희망을 안고 이 사건을 과거사정리위원회로 가져가, 마침내 그곳에서 진실을 규명받기에 이른다. 그리고 사법부에 다시 재심의 문을 두드렸고, 그것이 대법원의 최종 무죄판결로 이어진 것이다.

이런 것을 두고 천신만고라 한다. 하지만 이 사건을 돌아보면 절망 속에서도 희망을 이야기할 수 있다. 바로 사람이다. 고문사건을 만들어 낸 것도 사람들이었지만 결국 진실 규명도 사람들이 해냈기 때문이다. 의로운 사람들의 전폭적인 지원이 없었다면 정 씨가 진실의 기쁨을 누릴 수는 없었을 것이다.

1970년대 이 사건의 항소심 및 상고심 변호인은 재판과정에서 이 사건이 무죄일 수밖에 없는 이유를 낱낱이 밝힌 서면을 남겨 놓았고, 공식적인 기록은 폐기되었지만 수사기록 및 재판기록 대부분을 복사하거나 필사해 보관함으로써 이 사건의 진실 규명에 결정적으로 기여했다. 1999년 이후 정 씨를 지원한 변호인들은 그의 무고함을 믿고 사건 현장을 비롯해 전국을 누비며 증거를 찾아냈고, 긴 세월 동안 정 씨의 곁을 지켰다. 몇몇 언론사는 특집기사로, 특집방송으로 이 사건을 재조명해 사법부에 진실 발견을 촉구했다. 과거 사정리위원회의 담당자들은 정 씨의 호소를 외면하지 않고 이 사건의 진실을 추적했다. 이 모든 것이 합해져 진실이 규명되었고, 난공불락의 사법제도의 한계를 뛰어넘었다.

그러나 뭐니 뭐니 해도 그 중심에는 정 씨 본인이 있었다. 그는 아무런 희망이 없는 상황에서도 결코 좌절하지 않고 진실을 위해 싸워 마침내 햇빛을 보았다. 그에겐 진실 규명이 신앙이었다. 정 씨에게 박수를 보내자. 그의 치열한 삶, 빛나는 승리에 아낌없는 격려를 보내자. 쑥스러움을 무릅쓰고 고백하면, 나는 이 사건의 변호인 중 한 사람이었다.

감옥의 인권 수준이 그 나라의 인권 수준이다

사람으로 태어난 이상, 어떤 경우에도 인간 이하의 대우를 받을 수는 없는 일이다. 이것이 바로 인권이다.

감옥은 대부분의 사람들에게 평생 자신과는 상관없는 곳이라고 여겨질 것이다. 하지만 그곳도 사람이 사는 곳이다. 사람이 자유를 제한받게 되는 경우는 여러 가지이다. 정말 죄를 지어서 그 대가를 치르는 경우도 있을 것이고, 억울하게 당하여 자유를 빼앗기는 경우도 있을 수 있다.

후자는 말할 것도 없지만, 전자라고 해서 사람으로 태어난 이상 어떤 경우에도 인간 이하의 대우를 받을 수는 없는 일이다. 이것이 바로 인권이다.

어떤 나라의 인권 수준을 알려면 감옥에 가 보라는 말은 세상사에서 진리라고 할 수 있다.

A와의 만남

내가 감옥에 관심을 갖고 그 개선을 위해 노력한 것은 한 사건에서 강한 사명감을 느꼈기 때문이다. 나는 1991년 A라는 피고인의 항소심을 맡게 되었다. 이 사건에 대해 자세히 이야기하면 지금도 많은 분들이 기억할 것 같아, 사건 내용은 언급하지 않겠다. 혹시나 그 가족이 이 글을 본다면 얼마나 가슴이 아프겠는가.

A는 1심에서 사형을 선고받았다. 처음으로 그를 면회하는 날, 나는 깜짝 놀랐다. 그는 온몸이 포승줄로 결박된 상태였고, 거기에다 손목에서 팔꿈치까지는 가죽으로 된 수갑(혁수정)이 채워져 있었다.

"아니, 이렇게 하고 어떻게 지냅니까? 밤에도 이 상태로 잡니까?"

"예, 정말로 미칠 지경입니다. 밤에 잠을 잘 때도 이렇게 있으니까 몸이 마비됩니다. 못 살겠다고 발버둥을 치면 방성구(소리가 들리지 않도록 머리에 모자처럼 씌우는 보호구)를 씌웁니다. 가끔 방 안에 있는 동료들이 몰래 수갑을 열어 주기도 하지만…, 죽는 것보다 견디기가 어렵습니다."

이것을 보는 순간 감정이 복받쳤다. 몸이 끓어오르는 것을 느낄

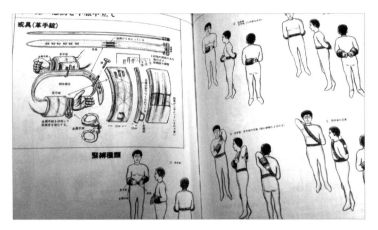

1991년 내가 면회한 A씨가 차고 있었던 혁수정. 일본의 감옥 사전에서 발견한 것으로 이런 것이 모두 일제 강점기의 잔재였다.

수 있었다. 눈을 감고 내 몸이 저렇게 결박된 것을 상상해 보았다. 갑자기 몸이 굳고 공포감이 밀려왔다.

나는 이때부터 감옥에 갇힌 사람들의 처우를 고민했고, 어떻게 하면 그들도 인권의 주체로서 살아갈 수 있을지를 연구했다. 이런 고민을 할 즈음 한국 인권사에 길이 남을 헌법재판소 결정이 하나 선고되었다. 이것은 미결구금 상태의 피구금자(미결수)가 변호인과 접견할 때는 교도관 등이 입회해서는 안 된다는 결정이었다.

변호인의 조력을 받을 권리의 필수적 내용은 신체구속을 당한 사람과 변호인과의 접견교통권이며, 이러한 접견교통권의 충분한

60

보장은 구속된 자와 변호인의 대화내용에 대하여 비밀이 완전히 보장되고, 어떠한 제한·영향·압력 또는 부당한 간섭 없이 자유롭게 대화할 수 있는 접견을 통하여서만 가능하고, 이러한 자유로운 접견은 구속된 자와 변호인의 접견에 교도관이나 수사관 등 관계 공무원의 참여가 없어야 가능하다. (헌재 91헌마111)

지금 생각하면 당연한 것 같지만, 이는 당시로서는 아주 파격적인 결정이었다. 이 결정으로 변호사는 교도관의 어떤 간섭도 없이 자신의 의뢰인을 자유롭게 접견할 수 있게 되었다. 나는 이 결정을 보고 교정시설 내의 처우 중 많은 것들이 법의 심판을 받아야 하고, 그렇게 되어야 제소자들의 인권 개선이 가능할 것이라 믿었다. 나도 그런 일을 하고 싶었다.

감옥 연구에 열정을 태우다

감옥 연구가 본 궤도에 오른 것은 1993년 초 민변의 김창국 변호사님이 서울변호사회 회장으로 당선되고 나서부터이다. 나와 민변의 몇몇 동료 변호사들은 민변 내에 행형제도 연구팀을 만들고, 김변호사님이 회장으로 취임하자마자, 서울변호사회 인권위원회에 행형제도연구소위원회를 둘 것을 제안했다. 나아가 대한변협에도 인권위 산하에 행형제도연구소위를 만들 것을 제안했고, 결국 내가 간사가 되었다.

내가 이렇게 서울변호사회와 대한변협에 행형제도연구소위를 만들도록 제안한 이유는 변호사 단체의 역량을 최대한 활용하기 위함이었다. 서울변호사회는 대한변협보다 예산이 많기 때문에 재정적 지원을 받기가 변협보다 더 쉬웠고, 대한변협은 전국단체이기 때문에 대외적 활동에서는 서울변호사회보다 좋은 점이 있었다.

이렇게 민변을 비롯해 서울변호사회와 대한변협에 행형제도연구소위가 가동되면서 나도 바빠졌다. 우선 우리 행형제도의 문제점이 무엇인지, 그 해결을 위해서는 어떤 방법으로 접근해야 하는지를 알아야 했다. 당시까지만 해도 이런 분야에 대해 연구는 거의 전무한 상태였다. 혹시 형사 정책적 차원에서 다루어진 연구가 있다

1993년 나는 감옥 관련 일로 바빴다. 당시 교정당국은 변호인과 재소자 사이에 아크릴 판을 세워 접견을 제한했는데, 이에 대해 헌법소원이 제기되자 변협에서는 헌재에 의견서를 냈다. 나는 그 의견서를 집필했다. (왼쪽)
그해 영등포구치소에서는 심각한 인권침해 사건이 터졌다. 나는 그 사건의 변협진상조사위원으로 참여진상조사보고서를 제출했다. (오른쪽)

고 해도, 실무자의 눈으로 보면 우리의 제도와 현실을 고치는 데에는 큰 도움이 안 되었다.

나는 일본 상황을 검토했다. 다른 분야도 마찬가지지만, 당시 우리나라의 행형법은 일본의 감옥법에서 유래된 것이고 행형 상황이 기본적으로 일본과 대단히 유사했기 때문에, 일본 상황을 연구하는 것은 우리 제도를 고치는 데 매우 유용하다고 생각했기 때문이다. 마침 일본에서는 오래전부터 감옥법 개정운동이 전개되고 있었다.

이미 일본 법무성이 구금 2법안(감옥법을 두 개의 법으로 나누어 개정 법률을 만든 것임)이라는 것을 내놓고 있었는데, 그 내용이 피구금자의 인권을 침해하는 요소가 있어 변호사 단체가 전면적으로 반대하고 있었다. 이런 정보는 일본변호사연합회(일변연)의 정기월간지 『자유와 정의』를 통해 알 수 있었다.

1993년 6월, 나는 변협에 출장 신청을 했다. 일본을 방문해 일본 상황을 청취하고 자료를 구하기 위함이었다. 여담으로 이야기하자면, 요즘 변호사들은 이런 것이 낯설겠지만—연배가 높으신 변호사들도 경험이 없기는 거의 마찬가지일 것이다—나는 변호사회의 임원도 아니면서 종종 변협과 서울변호사회에 출장 신청을 해 경비를 제공받았다. 변호사가 인권이란 공익을 위해 외국을 나가는데, 인권 옹호를 사명으로 만들어진 변호사회가 그것을 지원하는 것은 당연하지 않은가?

내가 이 출장을 마치고 쓴 보고서가 1993년 6월 『인권과 정의』에 실렸는데, 그것을 보면 당시 출장 목적을 이렇게 쓰고 있다.

변협 행형제도연구소위는 현재 행형제도를 연구함에 있어 1차적인 사업으로 '국제인권 기준에 비추어 본 한국의 행형제도'를 연구하고 있으나 그 자료가 부족한 상태에 있다. 이에 이미 10여 년 전부터 감옥법 개혁운동을 정열적으로 펼치고 있는 일본의 변호사 단체로부터 자료협조를 받고 그들의 경험을 청취하며, 사계의 전문가들을 만나 의견교환을 할 필요성이 있어 방문하게 되었다.(156쪽)

원래 이 출장은 김선수 변호사와 함께 가기로 되어 있었으나, 여행사의 실수로 김 변호사의 비자가 출발일까지 나오지 않아 나 혼자 출발하였다. 나는 이 출장을 통해 일변연과 동경 제2변호사회의 감옥법 개혁을 주도하는 주요 변호사들을 거의 모두 만났다. 거기에다 덤으로 일본의 인권 변호사 중 리더급 변호사들도 만났다. 이것은 지금에 이르기까지 이어지고 있는 나와 일본 인권 변호사들 간의 우정의 기초가 되었다.

귀국하면서 일본 변호사회로부터 꽤 많은 자료를 확보했다. 일본 변호사 단체가 작성한 스물두 개의 논문 또는 보고서, 행형 분야에서 일본의 최고 전문가들이 쓴 아홉 권의 책을 가지고 왔다.

행형 관련 책을 출간하다

이 출장을 다녀온 후 나는 우리의 행형에 크게 세 가지 문제가 있음을 발견했다.

첫째는 우리 행형 현실이 국제인권 수준과는 한참 떨어져 있었다. 둘째는 수용자 처우에 대한 법적 기초가 약했다. 수용자에 대한 처우는 모든 게 소장 마음대로였다. 셋째는 형이 확정된 사람(수형자)에 대한 처우가 사회 복귀와는 거리가 멀었다. 형벌의 취지가 수형자를 교육시켜 사회로 복귀시키는 것이라고 하면서도 내용은 사회와 동떨어져 있었다.

나는 이러한 분석 아래 국제화, 법률화, 사회화라는 세 가지 방향이 우리 행형제도를 개선하는 기본 방향이 되어야 한다고 생각했다. 그리고 이것을 실행하기 위해 우선 변호사회의 행형제도연구소위가 빠른 시간 내에 우리 행형 현실을 국제인권 규범을 기준으로 비판하는 작업을 해 볼 것을 제안했다. 이 제안에 따라 나와 박승옥, 김선수, 유선영 변호사는 수시로 모여 내가 일본에서 가지고 온 자료를 가지고 공부한 다음, 그중에서 우리나라의 행형에 가장 도움이 될 만한 국제인권 원칙을 번역하기로 했다.

거기에다 나와 김선수 변호사는 두 개의 논문을 준비했다. 나는 '국제인권 원칙으로 본 한국 행형제도의 문제점과 개선방향'이란 글을, 김 변호사는 '국제인권법의 성립과 계보 및 효력'이란 글을 썼다. 이렇게 해서 중요 행형 관련 국제인권 원칙 번역문과 두 개의 논문이 마련되었고, 이것은 서울변호사회의 지원을 받아 그해 10월 『국제인권 원칙과 한국의 행형』(역사비평사)이란 책으로 출간되었다. 당시 김창국 회장은 이 책 서문에서 이렇게 쓰고 있다.

우리의 행형제도는 70여 년 전에 만들어진 일본의 감옥법이 그 뿌리이기 때문에, 현재의 국제 수준에 비추어 보면 대단히 뒤떨어진 측면이 많다. 이러한 우리의 제도를 개선하는 방향은 무엇보다 현재 국제적으로 통용되고 인정되는 국제인권법의 수준에 맞추어야 할 것이다.

인권운동가들과 함께 감옥 부조리를 조사하다

행형제도 연구와 관련해 잊을 수 없는 일 중 하나는 1994년 감사원 용역 건이다. 당시 감사원에 부정방지대책위원회라는 것이 만들어졌는데, 그 위원회로부터 '행형제도 부조리 실태 및 방지 대책'이란 제목의 연구용역을 받았다. 그런 용역을 받을 수 있던 것은 그 위원회에 참여하고 있는 김창국 변호사님이 나를 추천했기 때문이었다.

나는 이 용역을 받고 나서 단순히 교정기관 내에서 일어나는 부조리(불법 혹은 부당행위) 현상을 밝히고 그 대책을 만드는 것에 그치지 않고, 행형제도 전반에 걸친 개혁안을 만들기로 결심했다. 행형 현실에 접근하기 위해서는 교정기관 내부에 정통한 사람들을 통하지 않으면 안 되니 뜻있는 교도관들의 참여가 절실했다. 하지만 이런 일에 동참할 교도관을 찾는다는 것은 쉽지 않은 일이었다.

그러나 다행스럽게도 나는 이 일을 당시 막 만들어진 인권단체인 '인권운동사랑방'의 서준식 선생의 도움으로 끝낼 수 있었다. 서준식 선생, 지금 들어도 가슴이 뛰는 이름이다. 1970년대 초, 형 서승 선생과 함께 간첩사건으로 구속되어 20여 년 가까이 구금되어 있다가 전향하지 않고 출소해 인권단체를 만든 바로 그 서준식 선생이다. 다양한 글로 우리에게 잘 알려진 일본 출신 문필가 서경식 교수의 형이기도 하다.

당시 서준식 선생은 오랜 수형생활을 한 경험으로 교도관들을 잘 알고 있었다. 교도관 중에서도 이른바 민주교도관이란 분들이었는데, 이분들이 교정기관의 각종 비리를 생생하게 증언해 주었다.

우리나라 최초의 감옥 백서와 국제인권 원칙

행형제도 연구와 관련해 또 하나 언급할 것은 1999년에 감옥 현실에 관한 보고서 『한국 감옥의 현실』을 발간한 일이다. 감옥 인권 백서라고 할 수 있는 이런 종류의 연구는 민간 차원의 감옥 연구에서는 처음 있는 일이었다. 이것은 내가 미국 유학을 마치고 돌아와서 인권단체 관계자들과 공동으로 작업한 것으로, 우리나라 감옥연구에서도 매우 의미 있는 작업이라 할 수 있다. 인권운동사랑방과 천주교인권위원회가 수감 경험이 있는 사람들을 상대로 상세한 설문조사를 했고, 이것을 토대로 연구자들이 우리나라 행형시설의 인권 수준을 분석하고 그 개선방안을 제안한 것이다.

그러나 나의 행형제도 연구는 여기에서 끝나지 않았다. 나는 국가인권위원회 재직 시절 한 권의 책을 꼭 번역하고 싶었다. 그것은 내가 1990년대 중반 일본을 오가면서 발견한 국제형사개혁위원회(PRI, Penal Reform International)라는 국제 NGO가 만든 『Making Standards Work』라는 책이었다. PRI가 유엔을 중심으로 국제사회가 만들어 낸 각종 피구금자의 처우와 관련된 원칙을 모아 분야별로 체계화하고 설명한 책자였다.

이것은 원래 PRI가 1995년 카이로에서 열린 제9회 유엔범죄방지위원회에서 각국 정부와 NGO에 배포함으로써 국제사회에서 알려진 문건이었다. 일본에서는 이미 1996년에 완역본이 출간되어 행형 관계자들이 행형 관련 국제인권 기준을 알아보고자 할 때 기본서로 사용되고 있었다.

나는 이 책을 인권위원회에서 번역출간하기로 결정하고 번역에 박차를 가했다. 하지만 아쉽게도 내가 인권위원회를 나올 때까지 번역이 완료되지 못했고, 결국 내가 이 책을 손에 넣은 것은 퇴직한

지 1년이 지나서였다. 인권위원회 담당자가 전임국장이 그토록 번역하고 싶었던 책이란 것을 알고 계속 챙겼던 모양이다. 나는 이 책이 나오면 사용할 발간사까지 손수 써 퇴직 전에 담당자에게 맡겼는데, 책을 받아 보고 첫 페이지를 넘기니 내가 쓴 발간사가 그대로 있었다. 이 자리를 빌려 담당자였던 오유진 선생에게 감사의 마음을 전한다.

손두팔과의 약속을 지키다

한 가지 더 꼭 이야기하고 싶은 게 있다. 손두팔이란 사람에 관한 이야기다. 이 사람은 지금으로부터 53년 전에 형장의 이슬로 사라진 재일 한국인이다. 그는 1951년 고베에서 일어난 강도 살인사건의 범인으로 사형선고를 받았다. 그러나 그가 유명해진 것은 그 사건의 범인으로서가 아니라 구치소 내에서 재소자의 인권을 위해 싸운 사람으로서이다.

그는 무학에 가까운 사람이었음에도 불구하고, 1950년대 일본 감옥에서 벌어지고 있는 인권 실태를 고발하고 그것을 법정으로 끌고 갔다. 변호사 없이 스스로 공부해, 자신에게 부과되는 구치소 내의 각종 반인권적 조치에 대해 모조리 법의 심판을 받게 했다.

사형수로 12년 동안 감옥에 있으면서 그는 교정당국을 가차 없이 법정의 피고석에 앉혔다. 그는 일찍이 사형집행이 위헌이라는 확신을 갖고 그 집행정지를 신청한 바 있고, 판사들과 같이 자신이 처형될 교수대를 직접 검증까지 하였다.

손두팔이 벌인 법정소송은 무려 20건이나 되는데, 그중에서도 가장 유명한 게 1958년 오사카지방재판소가 선고한 이른바 히라미네 판결이라는 것이다. 이것은 일본 행형사에서 반드시 거론되는 전설적 판결이다. 나는 이 판결 전문을 1990년대 중반 일본 도쿄의 카이도 류이치 변호사로부터 구했다. 200자 원고지로 500장 이상이 되는 엄청난 분량의 판결문이었다.

당시 나는 그 판결문을 읽어 보고 전체를 조속히 우리말로 번역해 보리라 결심했다. 그것이 손두팔이란 인물에 대한 최소한의 예의라고 생각했기 때문이었다. 하지만 쉽지 않은 일이었다. 한두 차례 손두팔을 소재로 한 글은 썼지만 전문 번역은 사실 엄두를 내지 못했다.

결국 완역이 이루어진 것은 이 판결을 입수한 지 18년 만인 2010년이었다. 내가 센터장을 맡고 있는 한양대 로스쿨 공익인권센터에서 번역한 것이다. 마침 연구원으로 들어온 정해인 박사가 일본어에 능통한지라 이 번역을 맡겼다. 이렇게 해서 히라미네 판결 전문이 번역되었고, 그것을 센터가 발행하는 『공익인권의 이론과 실제』에 실었다. 나는 그 저널에 '히라미네 판결 해제'를 쓰면서 다음과 같이 썼다. 여기에 그 일부를 옮겨 본다.

(이 판결은) 1950년대와 1960년대 초 일본에서 일어난 초유의 감옥 반란사에 관한 이야기다. 놀라지 말라. 그렇다고 감옥에서 무슨 폭동이 일어난 것이 아니니. 사법적 절차 내에서 일어났으니 흔히 말하는 반란은 아니다. 그러나 그는 당시 감옥에서라면 누구나 받을 수밖에 없는 처우에 대하여 반기를 들었고, 그것을 위해 공권력과 처절하게 투쟁하였으니 실질적인 반란이다. 그런 투쟁은 그때까지 없었지만 그 이후도 없었다. 아니 인류사에서 또 다시 있기 어려운 투쟁이라 나는 감히 생각한다.

감옥의 변화에서 보람을 찾다

지난 20년 동안 한국의 행형제도와 상황은 많은 변화를 겪었다. 이제 행형법은 '형의 집행 및 수용자의 처우에 관한 법률'이란 이름으로 바뀌었고 현실도 많이 달라졌다. 이 변화과정에는 국가인권위원회의 활동이 크게 영향을 끼쳤다. 재소자들이 인권침해를 당할 경우 인권위원회에 쉽게 진정할 수 있게 됨으로써 구금시설에는 이제 엄한 시어머니가 생긴 것이다. 이 변화의 과정에서 내가 연구했고 만들었던 여러 가지 제언이 알게 모르게 사용되었으니 나로서는 큰 보람이었다.

지금도 그때를 생각하면 가슴이 뛴다. 내 순수한 열정이 불꽃처럼 피어오르던 시절이었다. 재소자들의 인권을 위해 전국 방방곡곡의 교도소와 구치소를 방문했고, 재소자들을 만나 그들의 어려움을 들었다. 일본을 왕래하면서 감옥 전문가들을 만나 토론을 벌였다. 제도 개선을 위해 책과 논문을 썼다. 이런 일을 함께 했던 친구들의 모습도 하나씩 기억난다. 민변의 동료 변호사들, 서준식 선생을 비롯해 밤잠을 자지 않고 일해 준 인권운동사랑방, 천주교인권위원회의 활동가들…. 그들은 지금 어디에서 무엇을 하고 있을까.

소록도의 기적

지난 10년간 조금씩 정리해 둔, 한일 변호사들의 소록도 보상 소송의 기록을 처음으로 공개한다.

기적

생각해 보면 기적이다. 12년 전 내가 이 일에 뛰어들었을 때만 해도 감히 상상도 하지 못한 일이 일어났다. 한국의 한센인 581명이 일본 정부로부터 과거 일제 강점기 시절 소록도에 강제격리되었다는 사실에 근거하여 보상을 받은 것이다.

이런 일은 단 한 번도 없었다. 일본이 자국의 식민지 통치과정에서 일어났던 일에 대하여 피식민 국가의 국민들에게 자국법에 근거하여 보상한 적이 한 번도 없었다는 말이다.

그런데 그러한 일이 현실화되었다. 그러니 기적이라 말하는 것이다.

소록도와의 운명적 만남

12년 전인 2004년 5월 4일, 나는 광주행 열차에 몸을 실었다. 소록도를 가는 길이었다. 이 열차를 타기까지 나는 많은 번민을 했다. 바로 그 전 해, 그러니까 2003년 가을부터 지인인 한 일본 변호사로부터 소록도 소송에 합류해 달라는 요청을 받았다. 그는 후쿠오카의 오츠카 후사노리 변호사였다.

나는 1994년 후쿠오카 변호사회의 당번 변호사 제도(수사 단계에서 피의자가 체포되었을 때, 변호사회 소속의 변호사가 달려가 조력해 주는 제도이다. 일본 변호사회의 대표적 법률부조 제도로 1990년에 최초로 시작되었다. 한국의 당직 변호사 제도는 바로 이 제도를 본받아 시행하고 있다. 후쿠오카 변호사회는 이 제도를 선도한 변호사회다) 3주년 기념식에 초청되었는데, 오츠카 변호사는 당시 인권위원장을 맡고 있었다. 그 뒤 10여 년 동안 나는 줄곧 오츠카 변호사와 개인적 교유관계를 맺어 왔고, 그 덕에 몇 번이나 후쿠오카 변호사회 인권위원회에 옵서버로 참가하기도 하였다.

그런 그가 소록도 이야기를 하면서, 내게 한국 변호사들을 규합하여 함께 일본에서 보상 소송을 하자고 제안해 왔던 것이다. 그럼

2004년 5월 4일 나는 소록도에 첫발을 디뎠다.
사진은 소록도에 들어가기 전 녹동항에서 찍은 것이다.
12년 전인데, 지금 거울을 보면서 이 사진을 보니…,
나도 늙어 가는구나!

에도 나는 한 귀로 듣고 한 귀로 흘리는 날을 몇 달간 지속했다. 사건의 속성상 한번 발을 디디면 빠져나오기가 힘들다는 생각이 직감적으로 들었던 것이다.

인권사건을 자주 접해 본 사람으로서, 보통 이런 사건은 초기 단계에는 여러 사람들의 관심을 받지만, 세월이 지나면 소리 없이 꼬리를 내리기 마련이다. 나는 그런 것이 싫었다.

게다가 소록도라는 곳의 거리가 너무나 멀었다. 아니, 정확히 말하면 소록도에 대한 마음의 거리가 너무나 멀었다. 한센병, 아니 나병, 문둥병이 내게는 피안의 일이지, 내 일로 생각이 들지 않았던 것이다. 무엇인지 모를 막연한 두려움도 있었다. 아마도 그것은 어릴 때부터 들어 온 한센병에 대한 공포에서 비롯된 것이었다. 그런 일을 함께 하자니 피할 수밖에.

그런데 해가 바뀌어 오츠카 변호사는 또 한 사람의 일본인을 사이에 두고 내게 접근해 왔다. 역시 1994년 후쿠오카 변호사회의 행사에서 처음 만났고, 당시 통역자였던 모토무라 시게모리 씨였다. 한국말을 워낙 잘해서 내력을 물었더니, 한국에서 태어나 대구에서 중학교를 나온 뒤 일본인 부모를 따라 일본으로 돌아갔는데, 일본으로 돌아가기 전까지 자신이 한국인인 줄 알고 지냈다고 한다.

모토무라 씨와 나는 후쿠오카 행사 이후 막역한 사이가 되었다. 그는 한국에 올 때마다 내 사무실을 들르거나 집을 방문했고, 그런 인연으로 나의 후쿠오카 방문도 잦아졌다. 오츠카 변호사는 그런 모토무라 씨를 가운데에 넣어 지속적으로 소록도 보상 소송 합류를 바라고 있었다. 이러한 요구에도 나는 적극적인 자세를 보이기 힘들었다. 고작 광주의 변호사들과 일본 변호사들을 연결해 주는 것으로 내 할 일을 다했다고 생각했다. 광주에서 일하는 민경한, 이상갑 변호사 등이 일본 변호단과 합류하여 소록도를 방문하기 시작한 데에는 이렇게 내 역할도 있었다.

그러다가 2004년 4월 말, 모토무라 씨로부터 다시 연락이 왔다. 한 달 뒤 일본의 변호사 열다섯 명과 구마모토 현민 방송국 관계자가 소록도를 방문하는데, 그 선발대로 자신과 오츠카 변호사, 그리고 방송국의 기자 한 사람이 일본의 골든위크(4월 말부터 5월 초, 일본의 황금연휴)에 맞추어 소록도를 방문한다면서 한번 같이 가자고 간곡히 부탁했다. 이때만큼은 더 이상 변명거리가 없었다. 아니, 정확히 말하면 일본인들의 이런 권유에 약간은 부끄러움마저 들기 시작했다. 모토무라 씨는 결국 인권이란 가치를 누구보다 귀한 가치로 여기면서 산다고 하는 한국의 한 변호사의 자존심을 크게 자극했던 것이다.

이렇게 하여 2004년 5월 4일, 나는 생애 최초로 소록도를 방문하였다. 1박 2일의 소록도 방문은 내게 크나큰 변화를 가져왔다. 자치회 분들, 병력자이신 할아버지와 할머니, 그리고 병원 관계자를 만난 그날 밤, 금산(거문도)이 보이는 화이트 하우스(소록도에 있는 조그만 카페)에서 오츠카 변호사와 모토무라 씨와 환담을 나누었다. 단 몇 시간이 지났지만 나는 변해 있었고, 무엇인가 이들과 함께하지 않으면 안 된다는 굳은 결심을 하게 되었다.

"그래, 하자. 이들과 함께 소록도의 할아버지와 할머니를 위해 무엇인가를 하자. 이들이 하늘나라로 가는 날 천상병 시인의 말마따나 '아름다운 이 세상 소풍 끝내는 날, 가서, 아름다웠더라고 말하리라'라고 고백할 수 있도록 해 보자."

5월 6일, 나는 서울로 오는 열차 안에서 가지고 간 노트북을 켜고 부지런히 보고서를 작성했다. 대한변협 인권위원회에 보내는 것이었다. 이 보고서에서 나는 일본 변호단의 요청사항을 정리하고 소록도 상황을 개관하였다. 그리고 말미에 소록도 소송변호단을 만들어 이를 변협 차원에서 지원하고, 나아가 변협에서 한센인의 인권보호에 앞장설 것을 제안하였다. 이를 위해 변협 인권위에 한센병인권소위원회를 만들 것도 제안하였다. 그리고 말미에 이런 말을 넣었다.

"우리는 과연 소외된 사람들의 심정을 이해하는가. 어느 날 갑자기 소록도의 환자처럼 내 몸속에 한센균이 침범하였다 하자, 다행히도 빨리 치료하였더니 아무런 증상도 없이 완쾌되었다. 그런데 사회는 나병 환자, 문둥병 환자라 하면서 나를 절해고도로 가라 한다. 나의 인생, 나의 미래는 어떻게 될까, 나의 가족, 나의 사랑하는 아들딸, 그들의 인생은 어떻게 될까."

며칠 뒤 변협 인권위는 이러한 제안을 그대로 수용하였다. 아마도 이는 당시 변협 회장인 박재승 변호사와 인권위원장이었던 박영립 변호사의 전폭적인 지지가 있었기 때문에 가능하였을 것이다. 변협은 나의 보고서를 그대로 수락하면서 새롭게 생기는 한센병인권소위원회 위원장을 맡아볼 것을 제안하였다. 피할 수 없는 운명이었고 당연히 내가 감당해야 하는 몫이었다.

한국 변호단 결성

2004년 5월 변협 내에 한센병인권소위원회가 만들어지자 변협 차원의 소록도 보상 소송 지원은 급물결을 탔다. 소위가 우선 할 일은 변협 인권위 관계자들에게 소록도 문제, 나아가 한국의 한센병 문제를 바로 알리는 일이었다. 변호사 사이에 공감대가 형성되지 않으면 이런 일은 지속되지 않기 때문이었다. 이를 위해 소위는 일련의 프로그램을 만들었다. 한센병 인권활동을 위해서는 무엇보다 이 병이 무엇인지 알아야 했다.

이를 위해 이 분야 국내 최고 권위자인 가톨릭 의과대학의 채규태 박사를 모셨다. 한센인들이 지난 한 세기 동안 어떻게 차별을 받아 왔는지도 알아야 했다. 한센복지협회 관계자를 모셔 그들이 살아 온 이야기를 들었다. 그리고 한 달 뒤인 2004년 7월, 드디어 우리 인권위 변호사들은 저주의 땅, 소록도로 향했다.

2004년 7월 10일 저녁, 전남 고흥군 소록도 원생 자치회 사무실. 한센병력자단체인 한빛복지협회의 임두성 회장이 손수건을 꺼내 눈가를 연신 닦으며 지난 세월 한센병력자들이 겪어 온 차별의 역사를 이야기하고 있었다. 내 옆에서 이를 듣고 있던 박영립 변호사도 소리 없이 울고 있었다. 참석한 인권위원 모두 울었다. 우리는 죄인이었다. 우리는 그 차별이라는 범죄의 공범이었다.

내친 김에 일본의 사정도 좀 더 살펴볼 필요가 있었다. 그래서 소위 주요 관계자들이 일본을 방문하였다. 2004년 7월 16일. 한국 변호단 일곱 명의 변호사(박영립, 박찬운, 장철우, 이상갑, 민경한, 차규근, 장완익 변호사를 말한다. 한동안 우리 일곱 명의 변호사들은 일본 변호사들로부터 '7인의 무사'라는 별칭을 들었다. 의협심 강한 사무라이 7인을 주인공으로 한 영화 '7인의 무사'를 빗댄 것이다)는 쿠마모토를 방문하여 그곳에서 일본 변호단과 해후한 후 일본 변호단이 그동안 해 왔던 한센인 소송의 경과를 들었고, 한센인 격리시설이었던 케이후엔을 함께 방문하였다.

그곳에는 2001년 쿠마모토 판결(과거 일본 정부의 정책에 의해 강제 격리를 당했던 일본 한센인들이 국가를 상대로 소송을 벌여 쿠마모토 지방재판소에서 승소한 사건을 말함)의 주인공들 다수가 우리를 환영해 주었다. 그들과의 대화를 통해 우리는 권리란 역시 당사자의 깨어 있는 각성에서 나온다는 사실을 깨달았다. 우리가 한센인을 도와줄 수 있어도 종국적으로 권리를 쟁취하느냐의 여부는 당사자에게 달려 있다는 사실을 확인한 것이다.

소록도 한국 변호단은 이런 과정을 겪어 가면서 결성되었다. 호소문을 만들어 전국 변호사들에게 배포하자 적잖은 변호사들이 뜻을 함께하겠다고 연락해 왔다. 그래서 우선 변호사들 30여 명으로 한국 변호단을 결성하였다. 한국변호단의 단장은 당시 변협 인권위원장인 박영립 변호사가, 사무국장격인 간사는 인권위 부위원장인 내가 맡게 되었다.

우리 변호단은 바로 일본 변호단과 함께 소송을 위한 자료 조사에 들어갔다. 한일 변호단은 7월 말부터 소록도를 들락날락하면서 공동 진술서 작성 작업을 했다. 일본 변호단은 일본 각처에서 소록도로 왔고, 한국 변호단은 대부분 서울에서 소록도로 향했다. 지금보다 훨씬 교통사정이 좋지 않은 때라 쉽지 않은 작업이었다. 이 작업은 2006년 소록도 소송 1심이 끝나고 일본 보상법이 개정된 이후 더욱 잦아졌다. 한일 변호단이 만든 소록도의 기적은 이렇게 만들어져 갔던 것이다.

역사적인 한센병인권보고대회

소록도 보상 소송의 초기 전개과정에서 잊을 수 없는 사건은 한센병인권보고대회였다. 한센병인권소위는 이것을 당시 대한변협 협회장인 박재승 변호사의 전폭적인 지원 아래 준비하였다.

2004년 10월 11일 오후 3시. 국회 의원회관 소회의실 객석은 입추의 여지가 없었다. 전국의 한센인 400여 명이 객석과 복도를 가득 메웠고 일본 변호인단도 이 역사적 행사를 목격하였다. 이것은 유례없는 사건이었다. 이날 행사는 언론의 집중적인 관심을 받았다. 2004년 10월 12일자 동아일보는 다음과 같은 기사를 냈다.

"11일 오후 3시 대한변호사협회(회장 박재승) 인권위원회 주최로 국회 의원회관 소회의실에서 열린 '한센병(나병) 인권보고대회'는 시종일관 숙연한 분위기였다. 행사장 복도에까지 빼곡하게 자리 잡은 한센병 환자 400여 명은 한센병 환자 자활단체인 한빛복지협회 임두성 회장의 차별실태 보고를 들으며 눈가를 훔쳤다. 한센병 환자들이 대외적인 공개행사를 가진 것은 이번이 처음이다…"

전국의 한센인들 수백 명이 서울에서, 그것도 대한민국 정치 1번지 국회에 운집하여 자신들의 지난 삶을 놓고 이야기해 본 것은 정부 수립 이후 처음 있는 일이었다. 이날 한빛복지협회는 한센인의 눈을 통해 지난 한 세기 동안 이 땅에서 벌어진 한센인들에 대한 차별을 고발하였다.

나는 한센병과 인권이라는 주제로 그동안의 실태를 고발하면서
그 대안을 모색하였다. 장완익 변호사는 한센인들이 겪은 과거사
중 주요 인권침해를 고발하였다. 오마도 간척사업이 드디어 도마에
올려졌고 그 피해자인 한센인들에게 보상의 길을 모색하였다. 장철
우, 차규근 변호사는 일본의 한센병 소송 경과를 소개하면서 우리
에게 주는 교훈을 역설하였다.

이 행사는 단순한 행사가 아니었다. 이 행사를 기점으로 한센인
들은 역사의 전면에 나서기로 결심하였다. 자신들의 문제를 자신들
의 목소리로 해결해야 한다는 결기를 다지게 되었다. 이 행사는 한
센인 문제가 우리나라의 소수자 인권문제 중에서 가장 시급히 해결
해야 할 대상임을 분명하게 부각시켰다. 그로 말미암아 각 정당에
서도 한센인 문제가 하나의 어젠다가 되었다. 이것은 2008년 총선
에서 한나라당으로 하여금 한센복지협회의 임두성 회장을 비례대
표 국회의원 후보로 지명하는 일로 연결된다. 한마디로 한센인이
이 사회의 당당한 주역으로 나서는 데 이 보고대회가 하나의 기폭
제가 된 것이다.

소송이 시작되다

2004년 10월 25일 도쿄지방재판소 103호 대법정. 100여 명의 방
청객이 역사적인 소송을 지켜보고 있었다. 나를 포함한 변협 한센

병인권소위 위원들도 자리를 함께하고 있었다. 이름하여 소록도 보상 소송 제1회 변론기일이 열리고 있었다. 2003년 12월부터 3회에 걸쳐 일제 강점기 소록도에 강제수용되었던 소록도 한센병 병력자들이 후생노동성에 일본 정부가 2001년에 만든 한센병보상법에 입각하여 보상금을 지급할 것을 청구한 것에 대해 2003년 8월 16일 기각하자, 청구인들이 도쿄지방재판소에 그 기각처분을 취소하라는 소송이 이제 본격적으로 시작된 것이다.

일본 변호단은 이 소송 준비를 위해 1년간 여덟 차례에 걸쳐 소록도를 방문하여 한국 변호단과 함께 원고들의 진술을 청취하여 진술서를 작성하는 작업을 하였다. 10월 25일의 제1회 변론기일은 그 역사적 의미가 크다는 판단 아래, 한국 변호단은 변협의 적극적 지원 아래 한센병인권소위 위원 전원(박영립, 박찬운, 장철우, 장완익, 민경한, 이상갑, 박종강)이 참석하였다. 물론 당사자인 소록도의 원고들 중 몇 분의 할아버지와 한센병력자단체인 사단법인 한빛복지협회의 관계자들도 참석하였다. 게다가 KBS 및 MBC의 방송 관계자들도 동행 취재를 하는 등 안팎의 뜨거운 관심을 불러일으켰다.

10월 25일 아침 일변연 회관에서 모인 양국 변호인단은 당일의 재판 전략을 논의하고 향후의 소송 진행 방향에 대해 격의 없는 토론을 벌였다. 오후 1시 변호사회관 앞은 약 200여 명의 시민과 변호사, 그리고 원고들이 모였다. 휠체어를 탄 원고들을 앞장세운 채 도쿄지방재판소까지 약 300미터의 행진이 시작된 것이다. 일본 사람들이 중요 사건에서 하는 이른바 '입정행동'이 시작된 것이다. 매스컴의 기자들이 모여들어 연신 사진을 찍고 노상에서 인터뷰를 하는 방식으로 법정까지 걸어갔다. 짧은 시간이지만 매우 효과적인 시위라고 생각되었다. 이것은 달리 말하면 승소를 다짐하는 결의대회이기도 하였다.

오후 1시 30분 재판장과 배석판사가 입정하자 바로 재판이 시작되었고, 원고 강우석 할아버지(80세)의 의견진술이 내 통역으로 시작되었다. 내가 당사자 의견 진술의 통역을 맡은 것은 일본어를 통역할 수 있을 정도로 잘하기 때문이 아니었다. 한일 변호단은 이 역사적 사건에서 양국 변호단이 함께 소송을 진행하는 것을 보여주고 싶었다. 하지만 한국 변호사는 일본에서 소송대리를 할 수 없기 때문에 궁여지책으로 내가 통역 신분으로 법대 앞에 나간 것이다. 이로 인해 나는 법정에서 일본 변호사들과 함께 앉았는데, 이는 유례없는 일이었다.

80세가 넘은 원고가 천천히, 그러나 힘 있는 목소리로 1940년대의 소록도 생활을 이야기하자 법정은 이내 숙연해졌다.(나는 통역을 하면서 그 감정까지 통역을 하고자 노력하였다. 그것이 내가 할 수 있는 최선이었다.) 강 할아버지가 진술 중 소록도 생활 당시 다리를 잘라 낼 수밖에 없었던 상황을 진술하고, 절단된 다리 부분을 보여 주자, 방청객들의 눈가에는 이슬이 맺혔다. 이어서 장기진 할아버지(84세)의 의견진술이 있었는데, 장 할아버지는 소록도 생활 중 손은 모두 절단하였고, 단종 수술까지 당했다고 당시의 상황을 고발하였다. 이 진술에 방청객 중 일부는 흐르는 눈물을 주체하지 못하는 듯하였다.

첫 기일에서 내 기억을 사로잡은 인사는 도쿠다 야스유키 변호사였다. 그는 자신이 소송에 참여하게 된 것은 일본의 한센병요양소에 격리수용된 한 환자의 편지였다고 밝혔다.

편지에는 "나예방법과 같은 세계에 전례가 없는 악법이 이렇게 오랜 세월에 걸쳐 존속된 것에 대해서, 당연히 인권에 대해 깊은 관계를 가지고 있을 변호사회가 침묵한 채 과연 이대로 두는 것이 좋은가?"라는 질책이 있었다고 소개하였다. 그러면서 편지는 "침묵은 지지다"라고 쓰여 있었는데, 도쿠다 변호사는 이 편지를 읽을 때 무엇인가 전신을 뚫고 지나가는 전율을 느꼈다고 소회하였다.

한국에서 간 우리 변호사들 모두도 그 말에 충격을 받지 않을 수 없었다. 이렇게 1회 기일은 흥분 속에 끝났다. 참고로 도쿠다 변호사는 2001년 쿠마모토 한센병 소송을 승리로 이끈 변호단의 단장이었다. 이번 소록도 일본 변호단의 고문격이라고 할 수 있는데, 이분에 대한 일본 변호사들의 존경심은 대단하였다. 겸손함과 성실함, 그리고 따뜻한 마음씨는 그와 함께 일하는 사람들의 든든한 버팀목이었다. 이 자리를 빌려 존경의 마음을 표한다.

소송의 시작은 한국 한센인 인권 역사의 한 장을 여는 출발점이었다. 2004년의 소송은 2005년 어처구니없는 패소로 이어졌으나, 이것은 바로 보상법 개정 운동으로 이어졌다. 어쩌면 문제의 본질적 해결을 위해서는 전화위복이 되었는지도 모른다. 그리고 마침내 보상법의 개정, 이어진 양국 변호단의 보상신청절차로 상황이 연결되면서 소록도의 할아버지, 할머니의 삶에 변화가 오고, 나아가 전국 80여 개의 정착촌 사람들의 의식에 새 변화가 오게 되었다. 절대적으로 고립된 이들에게 마침내 봄이 오고야 만 것이다. 이 모든 변화에서 보상 소송은 첫 출발이었다.

잊을 수 없는 일본 변호단

소록도 보상 소송을 하면서 잊을 수 없는 사람들이 있다. 누구보다도 일본 변호사들을 잊을 수 없다. 단장인 쿠니무네 나오코 변호사, 고문격인 도쿠다 야스유키 변호사, 실무 전위대인 스츠키아츠시 변호사 등등. 이들은 도쿄에서 가고시마까지 일본 전역에서 모여든 변호사들이었다.

이분들에 대하여 꼭 이야기하고 싶은 것은 일본 변호사들의 일하는 방법이라고나 할까, 서로 존중하며 선후배 동료 간의 우애를 돈독히 하는 모습들이 너무나 멋지고 감동적이었다는 것이다. 그러한 관계가 있었기 때문에 그렇게 어려운 사건, 앞이 보이지 않는 사건을 그렇게 오랫동안 함께할 수 있었지 않았나 하는 생각이다.

나는 처음에 쿠니무네 변호사가 일본 변호단의 단장이 된 것을 의아하게 생각하였다. 우리 식으로 보면 쿠니무네 변호사는 도쿠다 변호사에 비하여 경력이나 지명도에서 비교가 되지 않는 인물이었다. 그리고 다가가기에는 인상도 매우 차가웠다. 나는 내심 부드럽고, 가만히 있어도 존경심이 우러나오는 도쿠다 변호사가 일본 측 대표를 맡으면 우리와 소통도 잘 되리라고 생각하였는데, 예상이 빗나가자 한동안 영 기분이 좋지 않았다. 그러나 이런 내 생각은 쿠니무네 변호사를 너무 몰랐던 것에서 오는 기우였다.

쿠니무네 변호사는 한마디로 탱크와 같은 사람이었다. 하나의 목표를 세운 다음 그것을 위해 인생을 바치는 전형적인 사무라이 형이라고 할까. 어렸을 때부터 소수자, 약자에 대한 연민을 느껴 온 뒤늦게 변호사가 되었다. 그리고 변호사가 되자마자 물을 만난 듯 그 뜻을 펼치기 시작하였다. 1980년대 중반 변호사가 된 이후 이날까지 오로지 소수자, 약자를 위한 일해 온 사람이다.

한센인과의 인연은 그녀에게는 운명이었다. 한센인 보상 소송을 하면서 알게 된 한센인 출신 가수 미야사토 신이치와 결혼한 사연은 하나의 소설이다. 미야사토 씨가 세상에 나와 자신의 과거를 이야기하면서 2001년 5월 일본 수상 관저 앞에서 노래한 '5월의 거리'

가 더욱 감동적인 것은 그 뒤에 쿠니무네 변호사가 있기 때문이다. 이런 그녀이기에 일본의 동료 변호사들은 한결같이 그녀를 마치 야쿠자의 보스처럼 여겼다. 그러면서도 그녀는 대선배 격인 도쿠다 변호사를 섬기면서 변호단을 이끌었다. 보스로서의 단장이 아니라 온갖 허드렛일을 감당하는 어머니 같은 역할을 감당했다고나 할까.

일본 변호사들은 서로를 지극히 존경한다는 것을 행동으로 보여주었고, 그것은 우리 한국 변호사들에게 감동으로 다가왔다. 나를 포함하여 한국 사람들은 자기가 주인공이 아니면 나서려 하지 않고, 또 주인공이 아닌 사람을 무시하는 경향이 있다. 이것은 이러한 공익활동을 하는 변호사 세계에서도 예외는 아니다. 그런 우리들에게 일본 변호단의 활동 하나하나는 새로운 것이었다. 보상 소송 1차 변론기일이 끝나고 저녁 시간에 한일 변호단은 도쿄의 한 음식점에 모여 단합을 과시하였다.

그때 우리를 감동케 한 것은 쿠니무네 변호사와 도쿠다 변호사가 후배들에게 보내는 따뜻한 헌사였다. 법정에서 변론한 선배 변호사들에 대한 헌사가 아니라 그날 한국에서 온 할아버지, 할머니를 호텔에서 법정으로, 법정에서 호텔로 안내한 어느 젊은 변호사에게 고마움을 표시하였다. 또 그날 법정에서 당사자 신문을 할 때 할아버지, 할머니의 손발이 되면서 자료를 옆에서 넘겨 준 어느 변호사에게 고마움을 표시하였다. 이들의 헌신적 노력이 없었다면 오늘 변론기일을 제대로 치러내기는 어려웠을 것이라며 박수를 유도하였다. 가슴 뭉클한 순간이었다.

이러한 일본 변호사들의 동료애는 우리 한국 변호단에게 강력한 메시지가 되었다. 나의 기억으로는 변호사 생활 20년 동안 한국의 변호사들이 이런 공익 사건에서 이만큼의 단결력을 과시한 적이 없다. 참여한 변호사 모두가 묵묵히 일했고 서로를 격려했다. 우리에게는 쿠니무네 변호사 대신에 박영립 변호사가 있었고, 도쿠다 변호사 대신에 김성기 변호사가 있었다. 그리고 스츠키 변호사 대신에 이영기, 박종강, 이정일 변호사 등이 있었다.

확언하건대, 소록도 보상 소송은 우리나라 변호사들의 인권활동 역사 중 획을 긋는 사건이다. 그것은 참여 변호사들의 조직력과 헌신성에서 다른 어떤 사건과도 비교할 수 없는 수준을 보였기 때문이다. 그리고 이런 결과가 일본 변호사들과의 동료적 연대에서 비롯되었다는 것이 무엇보다 뜻깊은 일이다.

숨은 공로자

소록도 소송 초기 단계에서 잊을 수 없는 분이 한 분 더 있다. 그 분은 타키오 에이지 선생으로, 히로시마의 인권연구가이다. 내가 이 분을 알게 된 것은 2004년 8월 이분이 동아일보를 방문하여 저서인 『소록도갱생원 강제수용환자의 피해사실과 그 책임소재』라는 책의 한국어본을 기증하였다는 사실을 알고, 동아일보 기자와 함께 만났던 것이 계기가 되었다.

이분을 한마디로 말한다면 '살아 있는 한국 한센인 역사'라고 할 수 있다. 선생은 일제 강점기의 한센인 역사뿐만 아니라 그 이후의 한센인 역사에 관해서까지 모든 자료를 모으고 있었다. 2004년 당시 이미 10년간 매년 3회씩 소록도를 방문하여 그곳 할아버지, 할머니를 만나 일제 강점기의 소록도 역사를 일일이 채록하고 있었다. 그리하여 선생이 저술한 책만 해도 『조선한센병사』, 『식민지하 조선에서의 한센병 자료집성』 등 여러 권이 나와 있었다.

나는 선생을 통해 일본인을 다시 보았다. 일본인은 참으로 이중적이다. 한쪽에서는 열심히 인권을 침해하고 다른 나라를 무자비하게 침략하지만, 또 한쪽에는 이렇게 평생을 다른 나라의 인권을 위해 헌신하는 사람도 있다. 알 수 없는 민족이다. 그렇지만 이들이 있기에 한일 관계는 내일을 기약할 수 있다. 따지고 보면 오늘 소록도 소송이 가능했던 것도 선생과 같은 이가 일본에서 온갖 자료를 모아 왔기 때문에 가능하였다고 본다. 그런 면에서 선생은 소록도 보상 소송의 보이지 않는 주인공이었다.

하여튼 나는 선생을 통해 일본에 한국의 한센인 문제를 심도 있게 전할 수 있었다. 위에서 본 대로 2004년 10월 국회 한센인인권 보고대회에서 발표한 내 글이 일본의 잡지에 실릴 수 있게 된 것

도 선생의 힘이었고, 더욱이 일본 진보 잡지의 대표격인 『세계』에서
까지 한국의 한센인 문제가 다루어진 것도 전적으로 선생의 힘이
었다.

선생은 2004년 10월 소록도 소송 1회 기일이 있은 다음날, 『세계』
의 편집실이 있는 이와나미서점(출판사)의 본사 건물로 나를 초대하
였다. 그곳에서 나와 선생, 그리고 도쿠다 변호사가 함께 3인 대담
을 진행하면서 소록도 소송의 의미를 짚어 보았다(이 대담은 『세계』
2005년 5월호에 실렸다). 나로서는 개인적으로 대단히 영광스러운 자
리였다.

국가인권위원회 시절

나는 소록도 보상 소송 2차 변론기일이 있었던 2004년 12월 17
일 이후 이 작업에서 조금씩 멀어져 갔다. 그렇지만 이 기간 중 놓
쳐서는 안 되는 일이 하나 있다. 한일 양국에서 벌어진 시민대상 서
명운동이다. 양국 변호단이 소록도 보상 소송이 갖는 의미를 양국
의 시민사회에 알리고 그 지지를 재판부에 전달하는 것이 필요하다
는 생각을 갖게 된 것이다. 처음에 우리는 양국에서 100만 명의 서
명을 받아 재판부에 제출하기로 하였다.

하지만 그것은 쉽지 않은 일이었다. 변호사회에 호소하고, 교육
기관과 종교계에 호소하였다. 계획대로 되어 가지는 않았지만 양국

변호단은 최선을 다했다. 약 10개월 동안 양국 변호단의 노력으로 일본에서 13만여 명, 한국에서 11만여 명의 시민이 이 서명에 참여하였다. 기대에는 못 미쳤지만, 재판부에 양국 시민사회의 관심을 전달하는 데에는 부족한 숫자는 아니었다. 사실 이것만으로도 적지 않은 결실이었다.

2005년 초 나는 변호사 생활을 잠시 접고 국가인권위원회에서 일을 하기로 결심하고, 그해 2월 인권위의 인권정책국장으로 자리를 옮겼다. 소록도 보상 소송을 시작한 사람으로서 실무에서 손을 뗀다는 것이 못내 아쉬웠고 동료들에게 미안했다. 하지만 이것은 오히려 전화위복이 되었다. 나의 후임자라고 할 수 있는 조영선 변호사가 합류하는 계기를 만들었기 때문이었다.

조 변호사는 법조 경력이 일천하였지만 또 다른 탱크였다. 한번 결심한 것은 어떻게 해서라도 실천하는 의지의 인간이었고 부지런했다. 그리고 이 사회의 약자에 대하여 무한한 연민을 가지고 있었다. 그것은 아마도 집안의 내력인 모양이다.[조 변호사는 1980년대부터 노동운동을 하며 글을 써온 노동자 시인 조영관 시인(1957~2007)의 친동생이다.]

거기에 오하나 간사가 합류하였다. 오 간사는 사회학을 연구하는 사람으로 학창시절부터 소수자 문제에 많은 관심을 가졌으며, 아주 헌신적인 사람이었다. 이들 두 사람의 합류로 한국 변호단의 실무력은 초기보다 훨씬 강화되었다. 나로서는 감사한 일이었다.

2005년 나는 국가인권위원회 인권정책국장이 되자마자 한센인 인권실태조사를 실시했다. 이 실태조사는 우리나라의 한센인 인권 상황을 종합적으로 조사하고 인권증진 방안을 보고하는 것으로, 후일 인권위의 한센인 인권 정책권고에 큰 영향을 끼쳤다.

변호단 활동을 함께하지 못하였지만 나의 역할은 끝나지 않았다. 국가인권위원회라는 새로운 장을 활용하여 한센인 문제를 해결하는 데 도움이 되어야겠다는 데 생각이 미친 것이다. 나는 인권정책국장에 임명되자마자 한센인 인권문제를 인권위의 주요과제 중 하나로 설정하였다.

당시 조영황 위원장은 이것을 전폭적으로 지지해 주었다.(아마도 조 위원장이 이 문제에 관심이 있었던 것은 그의 고향이 전남 고흥이라는 것도 하나의 원인이 될 것이다. 고향 앞바다에 소록도가 있었으니 어려서부터 한센인 문제에 남다른 관심을 가질 수밖에 없었다.) 조 위원장은 인권위원들과 함께 한센인 정착촌을 방문하여 그들의 지난한 삶을 직접 청취하였다. 나는 조영황 위원장과 상임위원들을 안내해 2005년 6월 29일 소록도를 방문했다. 조 위원장은 소록도 방문에서 "그동안 국가는 무관심했으며, 저는 국가기관의 책임자의 한 사람으로서 진심으로, 그리고 정중히 국가의 책임을 다하지 못한 데 대하여 여러분께 사과의 말씀을 드립니다. 죄송합니다. 그리고 심심한 위로의 말씀을 함께 드립니다"라는 발언을 하였다. 건국 이후 최초로 국가기관의 장으로서 머리 숙여 한센인들에게 사과하고 국가의 책임을 언급한 것이다. 뿐만 아니라 인권위는 2005년 인권상황실태 조사 용역 사업으로 한센인 인권 분야를 채택하여 대대적인 조사작업에 들어갔다. 이 용역사업은 2001년 국가인권위원회 출범 이후 가장 큰 사업이었다. 통상 한 건당 3천~4천만 원의 용역 비용이 들어가는데, 이 사업은 1억 원이 배정되었다.

이 작업에는 소록도 보상 소송 한국 변호단이 대거 참여하여 중심적인 역할을 하였다. 인권위는 일본 변호사들도 초청하여 일본의 한센인 문제도 다시 조명하고, 우리에게 어떤 시사점이 있는지 살펴보았다. 이러한 일련의 작업은 2006년 6월 한센인 인권상황 개선을 위한 종합적인 권고로 나타났다. 이 권고에서는 한센인의 질곡의 삶을 그대로 지적하고 그 개선을 위해 정부의 획기적인 결단을 촉구하였다. 이 권고는 앞으로도 한센인 인권증진을 위한 하나의 교과서와 같은 역할을 하리라 생각한다. 나는 바로 이 한가운데에 있었고, 그 모든 과정에 참여하였다. 변호사로서, 인권 전문가로서 그 이상의 보람은 없었다.

나의 이디스에게

참으로 아름다운 사랑의 열정이 변화의 원동력이라는 것을 잊지 말자.

　　내가 버트런드 러셀을 좋아하는 이유 중의 하나는 그가 지극히 인간적이기 때문이다. 이것은 그가 "사랑의 열정이 나를 지배한 첫 번째 열정이었다"라고 한 것에서 알 수 있다. 만일 러셀의 생애가 뛰어난 지성만을 보여 주었더라면, 나는 그를 존경하기는 했겠지만 좋아하지는 않았을 것이다.

　　러셀은 빅토리아 여왕이 통치하는 영국의 귀족 집안에서 자랐다. 당시 영국 사회의 도덕률은 지금과는 사뭇 달랐다. 인간의 본능은 중시되지 않았고 이성의 통제 대상으로만 생각되었다. 하지만 그것은 허위의식에 가득 찬 도덕관념에서 비롯된 것이었다. 이런 가운데서도 러셀은 본능에 기초한 남녀의 사랑을 강조했다. 자유연애를 지지했고, 사랑하는 사람들 사이를 가로막는 어떤 가식도 허용하지 않았다.

도덕주의자들은 러셀이 이혼을 몇 번이나 하고 주변에 여러 여인을 거느린 것을 두고 부도덕한 사람이라고 비난했지만, 그는 인간의 사랑의 감정은 그렇게 단순한 것도 아니고, 그렇게 단순한 도덕기준에 의해 사라지는 것도 아니라고 했다. 러셀은 연인과의 사랑이야말로 성인들과 시인들이 그려 온 천국의 모습이라고 찬미했고, 연인과 나눈 그 짧은 사랑마저 세상의 무엇과도 바꿀 수 없는 소중한 것이었다고 고백했다.

사랑의 희열이 얼마나 대단한지 그 기쁨의 몇 시간을 위해서라면 여생을 모두 바쳐도 좋으리라… 생각했다.(버트런드 러셀, 『러셀 자서전』, 송은경 옮김, 사회평론, 2003년, 서문)

그러나 이것은 기억하자. 러셀은 무분별한 자유연애주의자가 아니었다. 그는 분명히 말한다. 연인 사이에 아이가 있는 경우 그 아이에 대한 책임은 무한한 것이라고. 그러니 책임 있는 사랑을 해야한다고. 그리고 그는 말한다. 진정으로 가치 있는 성적 관계는 두 사람의 모든 인격이 융합하여 새로운 공동의 인격을 형성하는 관계라는 것을.

행복하게 서로 사랑하는 사람끼리의 깊은 친밀감과 굳센 일체감을 맛보지 못한 사람은 인생을 논할 수 없다. 우리가 긴 인생을 살수 있는 것은 바로 그런 감정이 있기 때문이다. 러셀은 나이 아흔이 넘어 이것을 진실한 마음으로 고백한다. 일흔이 넘어 마지막 연인으로 만난 이디스(Edith)에게 자서전의 첫 장에서 감동적인 시로 사랑을 표현한다.

이디스에게

오랜 세월
평온을 찾아 헤맸소.
인생의 환희도, 고통도 만났다오.
인간의 광기를 목도했고
고독함이 무엇인지도 알았소.
내 심장을 갉아먹던 그 외로움의 고통도 느꼈다오.
그러나 나는 결코 평온을 발견하지는 못했소.
이제, 나, 늙고 갈 날이 얼마 남지 않았는데
당신을 알아

인생의 환희와 평온을 찾았다오.

그리고 쉼을 얻었소.

그토록 외로운 세월 끝에

인생이, 사랑이 무엇인지 드디어 알았다오.

나, 이제 잠든다 해도

여한은 없을 것이오. *

　죽기 전에 우리도 이런 시를 쓸 수 있다면 얼마나 좋을까. 그러니 이런 시를 바칠 수 있는 연인이 있다면 정녕 감사하라. 이런 연인이 없다면 어딘가에 있을 그 연인 찾기를 쉬지 말라. 참으로 아름나운 사랑의 열정이 우리 삶의 원동력이라는 것을 잊지 말자.

　사랑의 열병으로 밤을 지새운 분들에게 이 글을 바친다.

---

* 이 시는 번역본을 보고 쓴 것이 아니라, 나이 아흔이 된 러셀의 심정으로 내가 다시 직접 번역했다.

용기에 대한 기억

딱 한번만이라도 미친 척하고 소리를 질러봬

광장 공포증에 걸려 있는 사람들

학교에 있다 보니 수줍은 학생들을 많이 본다. 이들은 매우 수동적이다. 교수 방은 언제나 열려 있음에도, 교수가 일부러 찾기 전엔 졸업할 때까지 절대로 노크하지 않는다. 강의실에서는 언제나 맨 뒷자리에 앉는다. 엉덩이를 뒤로 뺀 채 수업을 듣다가 시간이 끝나면 바로 도망치듯 강의실을 빠져나간다. 이들에게는 발표수업이나 토론시간은 고역 중의 고역이다.

나는 강의실에 들어갈 때마다 좋은 학점을 받으려면 강의실 맨

앞자리에 앉을 것을 권한다. 강의 중에 내 눈을 피하지 말라고 한다. 수업 중 의문이 있을 때는 언제라도 손을 들고 질문을 하고, 그래도 부족하면 교수 연구실로 찾아와 추가 질문을 하라고 말한다. 하지만 이런 내 요구와 제안에 따라오는 학생들은 극히 드물다.

내가 보기에는 학생들 대부분이 광장 공포증(agoraphobia)에 걸려 있다. 수많은 사람들이 에워싼 광장에 나오는 순간 오금이 저리고 입이 닫히는 증상에 시달리고 있는 것이다. 그리고 대부분의 학생들은 이 증상을 졸업을 하고 나서도 평생 고치지 못한다.

나는 적극적인 사람을 좋아한다. 솔직하게 자신을 표현하는 사람을 좋아한다. 그런 사람이 많을수록 우리 사회의 민주주의는 성숙할 것이다. 그런 사람이 많을수록 저 식물인간 상태의 국회, 토론 없이 받아쓰기만 하는 국무회의는 종언을 고하게 될 것이다.

내가 뭐 대단한 사람은 아니지만 한 가지 내세울 게 있다면, 어디를 가도 내 목소리를 내고 살아 왔다는 점이다. 어떤 면전에서도 할 말은 한다. 침묵이 흐르는 그 엄중한 순간, 기라성 같은 선배들이 권위로 누를 때도 하고 싶은 말을 한다. 그것이 없었다면 나라는 사람은 존재하지 않을 것이다.

그럼, 어떻게 이렇게 될 수 있었을까? 그것은 광장 공포증에서 일찍이 해방되었기 때문이다. 거기에는 몇 번의 계기가 있었다. 내게는 기억 속에 영원히 사라질 수 없는 매우 중요한 과거다. 그것을 소개하고 싶다.

야! 너희들 부끄럽지도 않아!

첫 번째 일화는 지금으로부터 40여 년 전인 중학교 3학년 때 교실 한가운데에서 일어났다. 당시 나는 서울의 S중학교를 다녔는데, 반장이 되었다. 요즘처럼 선거운동을 한 것도 아니고 그저 공부를 좀 한 덕에 선생님이 지명했던 것으로 기억한다. 어느 날 자습시간이었는데, 그날따라 유난히도 친구들이 떠들었다.

반에는 불량한 친구들이 몇 명 있었는데, 누구도 그들의 도 넘는 행동을 저지하지 못했다. 반장도 별수 없었다. 그런데 부반장이었던 Y가 불쑥 일어서 교단으로 나가면서 괴성을 질렀다. "야!" 아이들은 깜짝 놀라 Y를 바라보았다.

"야, 너희들은 아침에 어머니로부터 도시락 싸 달라고 해서 고작 이렇게 떠들려고 학교에 왔단 말이야? 도대체 이게 뭐냐? 부끄럽지도 않니?"

중학교 3학년 아이들 사이에서 나올 수 있는 말은 아니었다. 그런데 내 친구 Y의 입에서 나온 것이다. 그것도 쩌렁쩌렁한 목소리로 말이다. 이날 친구들이 받은 충격은 매우 컸다. 일시에 사태가 진정되었다. 뒤에서 노는 친구들마저 뭔가 부끄러운 듯이 더 꼬리를 내렸다.

그 순간 내 심정은 어땠을까? 자존심이 무척 상했다. 반장이 했어야 할 일을 부반장이 했으니 자존심이 여지없이 땅에 떨어졌다. 그렇다고 Y를 미워할 수도 없고…. 이 기억은 지금도 선명하다. 그때 결심했다. 앞으로 어디를 가도 필요할 때 이렇게 행동하자.(사실 나는 고교 시절 이 연설을 한두 번 교실에서 해 본 적이 있다. 중학교 때와 똑같은 상황에서 말이다. 효과? 백 퍼센트였다!)

"야! 너희들 아침에 어머니가 도시락 싸 주시면서 학교 보낼 때 이렇게 떠들려고 온 거야?"

야! 일류 학교 별게 아니야!

두 번째 일화는 고교시절 운동장 한가운데에서 일어났다. 2학년이 되던 해, 우리 H교 축구팀이 서울시 축구대회 4강에 올랐다. 준결승을 앞두고 1,2학년 학생들이 모여 응원연습을 했다. 응원단장은 배재중학교 출신의 내 단짝 L이었다. 1,200여 명이 운동장에 모여 손발을 맞추는 것은 쉽지 않은 일이었다.

가장 큰 문제는 이른바 '지방방송'이 많았던 것이다. 삼삼오오 떠들고 딴짓을 하느라 응원단장의 지시가 잘 먹혀들어가지 않았고, 응원연습은 시간만 가고 진척이 없었다. 점점 열이 오르고 가슴이 뛰었던 나는 어느 순간 임계점을 넘자 운동장 한가운데로 달려갔다. 그리고 L이 가지고 있는 마이크를 낚아채고는 큰 소리로, 내가 낼 수 있는 최고의 톤으로 "야!"를 외쳤다. 순간 운동장에는 정적이 흘렀다.

"나는 2학년 박찬운이다. 한마디만 묻자. 너희들에게는 우리 학교가 일류 학교인가, 이류 학교인가? 아마 스스로 이류 학교라고 할 것이다. 내가 지금 봐도 그렇다. 내가 일류 학교 되는 방법 알려줄까? 그것은 간단하다. 오늘 같은 날 응원단장 지휘 아래 질서 있게 연습하고 빨리 교실로 들어갈 수 있으면 그게 일류 학교다. 그거 별거 아니다."

친구들과 후배들이 그날 받은 충격이 컸나 보다. 응원연습? 물론 쌈박하게 끝났다. 내 말을 듣고 자존심이 발동했는지 스스로 수치심을 느꼈는지, 지방방송은 꺼졌고 L의 지휘통솔은 일사천리로 먹혔다.

단 한 번만 외쳐보자, "야!"

이 두 개의 기억이 지금까지 선명한 것은 그만큼 상황이 극적이었기 때문이었다. 감히 말하건대, 나는 이 두 개의 에피소드 이후 광장 공포증을 극복했다. 내 머릿속에는 이 두 개의 사건이 언제나 잠재해 있어 유사한 상황이 발생하면 그런 행동으로 이어진다. 얼마 전 미얀마에서 한국으로 돌아오던 항공기 내에서의 일장 연설도 그 맥락 속에서 일어난 행동이다.

104

항공사의 말도 안 되는 서비스(아무 설명 없이 네 시간 지연 이륙)에 많은 승객들이 분노했지만, 어느 누구도 공개적으로 그것을 표현하지 않았다. 그 순간 나는 고교시절 운동장에서의 그 일이, 아니 중학교 시절 그 수치스러웠던 일이 생각났다. 그래서 어느 순간 일어나 승객들에게 이런 일에 대해 참지 말고 항공사에 사과를 받아 내자고 기내 연설을 했다.(결국 항공사는 며칠 후 공식적으로 승객들에게 서면사과를 했다.) 나이는 먹어 머리는 이미 반백이 되었지만 마음은 그때나 지금이나 그리 달라진 것은 없었다.

나는 지금도 강의실에서 곧잘 이 이야기를 들려준다. 그리고 학생들에게 인생에서 한 번쯤은 미친 척하고 소리를 질러 볼 것을 권유한다.

"많은 사람들이 너를 바라볼 거야. 바로 그때가 기회야. 그때 딱 한 번만 네가 가지고 있는 모든 용기를 발휘해 소리쳐 봐. 그렇게 하면 모든 게 달라질 거야. 세상은 바로 네 것이 될 거야. 누구도 무섭지 않을 거야. 제발 그 딱 한 번의 기회를 가져 봐!"

만년필과 잉크에 담긴 추억

어떤 삶을 살아야 할까? 다른 것은 몰라도 정성스럽게 사는 것 그 자세를 양보하면 안 되겠다는 생각이다.

내 책상 속에는 귀한 만년필 한 자루가 있다. 가격도 꽤 나가겠지만 추억이 가득 담긴 만년필이다. 나는 그것을 특별한 경우에 사용한다. 내 저서를 누군가에게 선물할 때, 마음먹고 손편지를 쓸 때. 이 만년필에 사용하는 잉크 또한 특별하다. 자그마치 17년이나 된 잉크다. 살 때도 슈퍼 블랙이었는데, 오랜 시간이 지나면서 농도가 더욱 더 진해졌다. 슈퍼 슈퍼 슈퍼 블랙이 되었음이 분명하다.

아주 오래된 이야기다. 사법시험을 치르기 위해 수험생 생활을 한참 할 때이니 약 34년 전 일이다. 그때 주변에 A라는 선배가 있었는데, 선후배 모두로부터 최고의 실력자로 인정받던 사람이었다. 나는 운 좋게도 그 선배와 같이 공부하고 함께 잠을 잤다. 선배의 영향을 받지 않을 수가 없었다.

내가 시험에 합격한 원인을 분석하면 그중 하나가 그 선배로부터 배운 글쓰기였을 것이라 생각한다. 당시 우리는 2차 시험(논술시험)에서 예쁜 글씨로 깨끗하게 쓴 답안은 그렇지 못한 답안보다 상대적으로 좋은 점수를 받는다는 믿음을 가지고 있었다. 따라서 내가 당시 더욱 관심을 가졌던 것은 문장론적 글쓰기가 아니라 채점관이 잘 알아볼 수 있는 명료하고 깨끗한 글쓰기였다.

선배가 가르쳐 준 글쓰기에서 가장 잊을 수 없는 것은 정성스러

내 책상 속의 귀한 만년필 한 자루와 17년 된 슈퍼 블랙 잉크.

운 태도였다. 지금도 그때의 정경은 오롯이 내 기억 한편에 각인되어 있다.

선배는 2차 시험을 6개월 앞두고, 당시 학생 신분으로는 거금을 들여 파커 만년필 두 자루(두 자루를 산 이유는 시험장에서 일어날 만일의 사태를 위한 준비였다)를 구했다. 그리고 국산으로서는 최상급이었던 모나미 슈퍼 블랙 잉크 한 병을 샀다. 선배는 잉크병을 연 다음 반투명의 얇은 화장지로 덮고, 고무줄로 동여매어 볕이 잘 드는 학습실 창가에 두었다. 사흘이 지나니 잉크는 반으로 졸아들어 농도는 처음보다 두세 배가 진해졌다. 선배는 이 잉크를 사용하여 두 자루의 파커 만년필을 수시로 길들였다.

선배가 2차 시험 답안 작성을 위해 보인 정성은 마치 옛날 어머니가 뒤뜰에서 정화수를 떠 놓고 천지신명에게 기도하는 것이나 진배없었다.

나는 선배의 그 모습을 두말없이 따랐다. 없는 살림에 용돈을 모아 파커 만년필 두 자루와 모나미 슈퍼 블랙 잉크를 샀고, 틈나는 대로 그것들을 길들이며 글씨 연습을 해 나갔다.

마지막으로 선배는 이렇게 말했다. "잉크는 한 해로 족하다. 만일 아깝다고 시험장에서 가지고 오면 시험에 떨어진다."

나는 그의 말대로 2차 시험을 끝내고 운동장 한가운데로 나가 아까운 슈퍼 블랙 잉크를 남김없이 쏟아부었다. 사법시험 아듀! 그리고 그해 합격자 명단에서 나는 내 이름 석 자를 발견했다.

내 책상 속의 만년필, 그것은 바로 추억을 살려 주는 소중한 나의 재산목록 1호다. 오래전에 내 삶을 알아주는 귀한 친구로부터 선물로 받은 것이다. 슈퍼 블랙 잉크, 그것은 1998년 헤이그 구 유고슬라비아 국제형사재판소에서 연수하던 중에 옛 추억을 기념하며 다시 마련한 것이다.

오늘 아침 오랜만에 그 만년필에 그 잉크를 넣어 일기를 쓴다. 어느 대학 운동장 한가운데에서 잉크를 쏟고 있는 내 모습이 머릿속에 떠오른다. 어떤 삶을 살아야 할까? 다른 것은 몰라도 정성스럽게 사는 것, 그 자세를 양보해선 안 되겠다는 생각이다.

2장

역사 앞에서

생명의 가치를 그린 예술가들

인간의 탐욕은 가장 소중한 가치인 그 자신의 생명마저 무가치하게 파괴했다.
인간은 절규하면서도 이런 역사를 지금도 반복하고 있다.

　　모든 인간은 존엄하며, 그 생명은 신성하다. 이 믿음이
바로 인권사상의 주춧돌이다. 다른 모든 인권은 여기에서 파생하는
권리다. 그런 이유로 세계인권선언은 인간의 존엄성(제1조)과 생명
권(제3조)을 최우선 권리로 선언하고 있다.(우리 헌법은 제10조에 인
간 존엄성을 선언하고 있지만 생명권은 명문으로 규정하지 않고 있다. 하
지만 생명권이 인간 존엄성에서 파생하는 기본권이라는 데에는 이론이
없다.)

112

예술사에서 인간 생명의 고귀함을 창조적 예술로 승화한 예는 근대 이후에나 발견된다. 19세기 낭만주의는 인간이 갖는 극단적인 감정, 기쁨과 환희, 사랑과 애증, 고통, 광기와 연관된 인간 행위를 여과 없이 표현했다. 이러한 표현방법으로 이 시기에 몇몇 화가들에 의해 인간 생명의 고귀함이 생동감 있게 표현되었다.

19세기 낭만주의를 대표하는 스페인의 화가 고야(Francisco José de Goya Lucientes, 1746~1828)는 「벗은 마야 부인」으로 유명한데, 일찍이 20세기 현대미술을 예상한 천재적 상상력의 화가였다. 그가 그린 「아들을 잡아먹는 사투르누스」는 인간의 사악한 본성을 폭로한 괴기한 그림으로, 동시대에 이와 비견될 수 있는 그림을 찾을 수 없다. 사실주의적 그림을 그리면서도 한 세기 후의 추상화를 보는 듯한 창조성이 돋보이는 그림이다.

그런데 나는 스페인의 프라도 미술관에 걸려 있는 그의 여러 작품 중 유독 한 작품에 눈이 간다. 바로 「1808년 5월 3일」이라는 그림이다. 1808년 5월 2일 마드리드 시민들은 봉기를 일으켜 나폴레옹 군대에 항거한다. 그러자 나폴레옹 군대는 이에 대한 보복으로 시민들을 무자비하게 학살한다. 이 그림은 그 만행을 그렸다.

그림을 보면 처형하는 자들은 총을 들고 있지만 얼굴을 알 수 없다. 그들의 살인행위는 기계적이다. 반면에 처형당하는 시민들의 얼굴은 보는 이의 모골을 송연케 한다. 공포에 질린 눈망울이 한눈에 들어온다. 죽는 사람들은 이들만이 아니다. 손 든 사람 옆을 보라. 죽음을 기다리는 긴 행렬이 보인다. 저 밤이 가기 전에 저들은 모두 저 살인기계들에 의해 저세상으로 가게 될 것이다.

그런데 그림을 유심히 보면 뒤 배경으로 큰 건물이 하나 보인다. 성당이다. 고야는 야심한 밤에 이루어지는 참상을 그리면서 왜 이 성당을 굳이 그려 넣었을까? 악행을 범하는 인간들에 대해 하느님이 보고 있다는 경고일까? 아니면 양민이 아무 이유 없이 죽어 감에도 신은 아무 일도 하지 않는다는 종교에 대한 조롱일까?

이 그림을 보고 있자면 또 하나의 그림이 생각난다. 파리의 피카소 미술관에서 만날 수 있는 「한국에서의 학살」이라는 작품이다. 파블로 피카소는 내가 알기로는 한국을 소재로 한 그림을 딱 한 점 그렸다. 그것도 매우 비극적 그림을 그렸다.

피카소는 이 그림을 그릴 당시 이미 입체파의 대가로 국제적 유명세를 타고 있었다. 이 그림은 1951년 1월에 그린 것으로 알려졌다. 때는 한국전쟁이 한참 진행되고 있을 시기였다. 전쟁의 참상은 시시각각 파리에 있는 피카소에게도 알려졌다. 누구는 이 그림이 한국전쟁 중 황해도 신천에서 미국에 의해 저질러진 민간인 학살을 모티브로 그려진 것이라고 설명한다. 하지만 그림에서 총을 겨누는 사람들이 미군이라는 단서를 찾긴 어렵다. 시기적으로 보면 개연성은 있지만, 나는 사실 여부를 여기에서 확인하고 싶지는 않다. 내가

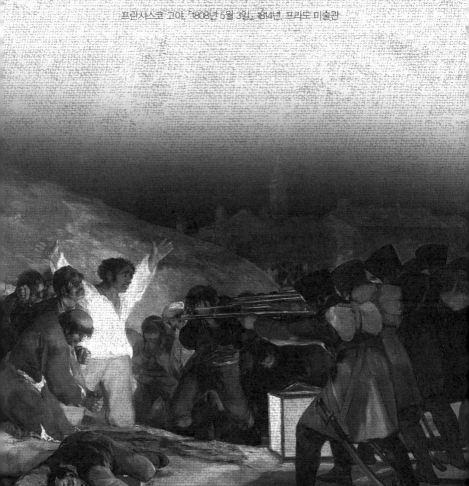

프란시스코 고야, 「1808년 5월 3일」, 1814년, 프라도 미술관

이야기할 수 있는 것은 피카소가 한반도에서 일어난 전쟁의 만행을 그려 세상에 고발했다는 것이다.

그림을 보면 총을 겨누는 이들은 철가면을 썼기 때문에 표정을 읽을 수 없다. 그들은 고야의 그림에서와 마찬가지로 살인기계다.

죽음을 당하는 사람들은 남자가 아닌 연약한 여인들이다. 그녀들은 모두 벌거벗은 상태다. 임산부, 가녀린 소녀, 아기를 안고 있는 여인이 바로 그들이다. 그런데 꼬마 녀석 둘은 지금 무슨 일이 일어나는지도 모른 채 천진난만하게 장난을 하고 있다. 전쟁은 이렇게 순박한 양민을 죽였다. 그 어떤 고상한 말로도 전쟁을 미화할 순 없다.

피카소가 이런 그림을 그린 것은 자유주의자로서의 그의 사상에서 비롯되었다. 그는 90세가 넘는 긴 생애를 살면서, 한국전쟁 이전에 두 번의 세계전쟁과 스페인 내전을 목도했다. 그는 그 과정에서 파시즘에 저항했고 그림으로 그것을 표현했다. 잘 알려진 대표작「게르니카」가 바로 그 진수를 보여 준다. 이 그림은 지금은 마드리드의 소피아 왕비 미술관에서 볼 수 있지만, 피카소 생전에는 스페인에서 볼 수 없었다. 그가 독재자 프랑코가 지배하는 스페인에 이 그림이 가는 것을 원하지 않았기 때문이다.

1937년 히틀러와 무솔리니는 프랑코를 지원하기 위해 바스크 지방의 도시 게르니카에 무차별 폭격을 감행했고, 그로 인해 1,500명

파블로 피카소 「한국에서의 학살」, 1951년, 파리 피카소 미술관

이나 되는 양민이 죽음을 당했다. 「게르니카」는 그것을 그린 것이다. 이 그림은 나치즘과 파시즘에 미술로 저항했던 피카소의 반전 선언문이었다.

「게르니카」는 입체적인 그림이기에 무엇을 표현했는지 바로 알기 어렵다. 하지만 흑백의 톤만으로도 무거운 분위기는 쉽게 감지된다. 상상력을 동원하여 그림을 자세히 보면 불이 난 집, 죽은 아이를 안고 절규하는 여인, 멍한 황소의 머리, 비탄에 빠진 여자들이 엉키어 있다. 피카소가 표현하고자 한 것은 아비규환 속에 있는 인간의 절규다.

인간에게 가장 소중한 게 무엇인가. 누구나 생명이라 할 것이다. 하지만 인간의 역사는 그렇지 못했다. 인간의 탐욕은 가장 소중한 가치인 그 자신의 생명마저 무가치하게 파괴했다. 인간은 절규 속에서도 이런 역사를 지금도 반복하고 있다.

역사의 진실을 가릴 순 없다

테오도르 제리코의 「메두사호의 뗏목」

정권이 진실을 가리려 했지만 그것을 영원히 가두지는 못했다.
그게 역사의 순리이기 때문이다.

데자뷰(déjàvu)라는 심리학 용어가 언젠가부터 심심치 않
게 지상에 보인다. 굳이 번역하면 기시감(旣視感)이란 뜻이니, 처음
보는 것 같지만 어디선가 이미 본 것처럼 느끼는 정신현상을 말한
다. 이 말이 일상용어가 되었다는 것은 그만큼 사람들의 뇌리 속에
남는 유사한 대형사건이 우리 사회에서 반복해 일어난다는 것을 의
미한다. 세월호 사건이 일어났을 때 그림 공부를 좀 한 사람이라면

데자뷰를 경험했을 것이다. 나도 그랬다. '저 사건을 전에도 어디서 본 듯한데… 그게 무엇일까.' 미술사에서 세월호의 데자뷰? 그게 무엇일까?

1819년 프랑스 낭만주의 회화의 천재라 불리는 테오도르 제리코 (Theodore Jean Douis Gericault, 1791~1824)가 그린 「메두사호의 뗏목」이란 작품이다. 루브르 박물관의 19세기 회화 방에 들어가면 단번에 눈을 사로잡는 거대한 그림이다. 높이는 5미터에 가깝고 길이는 무려 7미터가 넘는 초대형 역사화다.

그림의 역사적 배경을 몰라도 이 작품을 보는 순간, 숨이 멎을 것 같은 충격을 받게 된다. 거친 파도가 치는 바다 위에서 작은 뗏목을 탄 사람들이 먼바다를 향해 손을 들어 필사적으로 소리를 친다. 그림을 바라본 다음에 가만히 눈을 감아 보라. 그들의 음성이 들릴 것이다.

"살려 줘요! 우리 여기 있어요! 제발 우리를 살려 줘요!"

그런데 자세히 살피면 그런 아우성 중에도 뗏목에는 미동도 하지 않는 사람들이 있다. 죽어 가는 사람들이다. 아니, 이미 죽은 사람들이다. 마지막 고비를 버티지 못하고 이미 세상과 작별한 사람들이 뗏목 위에서 엎어지고 자빠진 채 뒹굴고 있다.

이 그림이 그려진 배경을 간단히 설명하면 이렇다. 1816년 7월 2일 아프리카 식민지 세네갈로 향하던 프랑스 군함 메두사호가 망망

태오도르 제리코, 「메두사호의 뗏목」, 1819년, 루브르 박물관

대해에서 난파되었다. 메두사호의 승선원 400명 중 250여 명은 구명보트에 탔지만 보트를 타지 못한 나머지 선원과 승객 149명은 급히 뗏목을 만들어 바다로 뛰어들었다.

13일 동안 이들은 물도 식량도 없이 표류하면서 죽음과 질병, 광기와 폭동, 기아와 탈수를 경험하고 마침내 사람을 잡아먹는 식인 상황에까지 이르렀다. 구출된 생존자는 오로지 열다섯 명. 사람이 살아 있으면서 지옥을 경험한다면 바로 이런 것일 게다. 제리코는 이런 절체절명의 상태에 빠진 이들이 13일의 표류 끝에 수평선 멀리 구조선을 발견하는 순간을 이 그림으로 묘사했다.

세월호 사건의 첫 번째 데자뷰는 메두사호가 난파되면서 보여 준 선장과 선원들의 태도였다. 세계 어디에서도 제대로 된 선장은 배와 운명을 같이하는 법이다. 그런데 이 메두사호의 선장이란 놈(!)과 고급선원, 그리고 당시 이 배에 타고 있었던 귀족과 돈 많은 승객들은 배가 난파되자 자신들만 살겠다고 배에 실려 있던 구명보트에 먼저 타 버리고 말았다.

원래 선장과 고급선원들은 구명보트에 먼저 탄 다음 앞에서 뗏목을 끌고 가기로 약속했다. 하지만 험한 바다에서 그게 어렵다고 판단한 이 선장이란 놈은 뗏목으로 이어진 밧줄을 끊어 버리고 유유히 사라져 버렸다. 바로 이 대목이 세월호 선장 이준석과 몇몇 선원들이 보여 준 행동과 오버랩되는 부분이다. 한국에 메두사호 선장과 선원들이 환생한 것은 아니었을까.

두 번째 데자뷰는 메두사호 사건이 일어난 전후의 정권의 태도다. 이 사건은 당시 나폴레옹을 쫓아내고 막 복귀한 부르봉 왕가로서는 세상에 알리고 싶지 않은 참사였다. 메두사호의 난파와 뗏목의 비극을 만들어 낸 이 선장 놈은 애당초 선장이 될 자격이 없었던 자다.

선장으로 임명되기 전 20년 동안 거의 배를 몰아 본 경험이 없었음에도, 왕당파라는 이유로 거함을 지휘하는 선장이 되어, 남들 앞에서 거들먹대던 천하의 모자란 놈이었다. 수백 명의 승객을 싣고 가는 정기여객선 세월호에 무책임한 비정규직 선장을 고용한 것과 너무나 흡사하지 않은가?

부르봉 왕가는 이런 무자격자를 선장으로 임명한 것에 대해 정치적 책임을 지지 않을 수 없는 상황이었다. 만일 시민들이 메두사호의 난파 내막을 안다면 정치적으로 부르봉 왕가는 매우 곤란한 처지에 빠졌을 것이다. 그런 이유로 당시 프랑스 정부는 이 사건을 철저히 함구하고 더 나아가 은폐를 시도했다.

바로 이 같은 모습이 세월호 사건이 일어난 후 대한민국에서 똑같이 벌어지고 있다. 사건의 진상 규명을 요구하는 피해자 가족과 국민의 여망이 지금 어떻게 되어 가고 있는지는 구구하게 설명할 필요조차 없다. 진상 규명을 위해 만들어진 세월호특별조사위원회의 활동은 관련 부서의 비협조, 집권 여당의 방해, 여당 추천 특조위원들의 정권에 대한 충성심으로 파행에 파행을 거듭했다. 지금 상황은 마치 이승만이 친일세력을 처단하기 위해 만든 반민특위 활동을 방해하는 것과 조금도 다르지 않다.

그러나 「메두사호의 뗏목」이 우리에게 비극적 데자뷰만을 주는 것은 아니다. 우리는 이 그림을 통해 진실이 결국 승리한다는 단순한 이치와 위대한 한 화가의 작가정신을 확인할 수 있기 때문이다. 어쩌면 이것을 알려야겠다는 것이, 내가 이 그림을 소개하는 이유이기도 하다.

역사적 진실은 언젠가는 밝혀진다. 메두사호의 난파와 뗏목에서 일어났던 참상은 처음에는 가려지는 듯했지만, 얼마 가지 않아 서서히 역사의 수면 위로 떠올랐다. 당시 생존자들이 입을 열었고, 마침내 그 진상이 책으로 출판된 것이다. 정권이 진실을 가리려 했지만 그것을 영원히 가두지는 못했다. 아마 세월호도 그럴 것이다. 언젠가 명명백백하게 사고의 원인과 사고 후 은폐의 내막이 드러날 것이다. 그게 역사의 순리이기 때문이다.

위대한 화가의 작가정신을 이 그림에서 발견하는 것도 우리에겐 매우 소중하다. 당시 프랑스를 휩쓴 낭만주의 사조에서는 위대한 영웅의 역사적 사건을 과장되게 그리는 것이 유행이었다. 자크 루이 다비드가 그린 「나폴레옹 대관식」(1808) 같은 그림 말이다. 현재의 권력자를 높이 6미터, 길이 9미터가 넘는 정도의 거대한 작품으로 그려야 돈도 벌고 유명해지는 것 아니겠는가. 그런 면에서 「메두사호의 뗏목」은 시대적 조류에서는 한참 떨어진 그림이었다.

제리코라는 천재 화가가 그런 길을 몰라서 가지 않은 것은 아니다. 그는 이 사건의 진실을 알고 그것을 어떻게 감동적으로 그릴지만 생각했다. 그것은 한마디로 예술혼의 소산이었다.

그는 이 그림을 그리기 위해 당시 생존자를 일일이 찾아다니면서 참상의 실체에 다가갔다. 뗏목에서 생존자들의 정신상태가 어떠했는지, 그런 그들을 어떻게 묘사해야 하는지를 알기 위해 정신병원을 찾아 광인들을 관찰했다. 심지어는 병원과 시체안치소를 찾아가서는 죽어 가는 사람과 죽은 사람을 관찰하면서 피부의 색과 질감을 연구했다. 뿐만 아니라 목수를 고용해 실제 크기의 뗏목을 만들고, 밀랍으로 사람 모형을 만들기까지 했다. 이런 철저한 고증 끝에 이 작품이 탄생한 것이다. 도대체 제리코는 무엇 때문에 이런 일을 했을까. 진실을 자신의 예술혼으로 그려내야겠다는 작가정신, 그것이 없었다면 이런 그림은 애당초 탄생할 수 없었다.

「메두사호의 뗏목」은 1819년 살롱에 출품되었지만 철저히 외면당했다. 당시 부르봉 왕조 아래에서는 당연히 예상된 일이었다. 하지만 이 그림이 평가를 받는 데에는 그리 긴 시간이 필요하지 않았다. 세상은 제리코의 이 그림을 '위대한 진실의 승리'라고 칭송하기 시작했다. 이 그림은 루브르 박물관에서 지금도 세계의 시민들에게 역사의 진실을 가릴 수 없다는 것을 웅변적으로 증언하고 있다. 제리코라는 한 젊은 화가의 작가정신이 빚어낸 위대한 승리다.

우리 예술가 중에서도 지금 어딘가에서 「메두사호의 뗏목」에 버금가는 「세월호」라는 작품을 그리는 이가 있을 것이다. 그것이 누구일까?

황제의 대관식을 그린 혁명의 변절자, 자크 루이 다비드

우리는 지조 있는 인물을 갈구한다. 삶의 여정에서 유혹과 고통을 견뎌내고
소신을 지킨 지식인, 우리는 그런 사람을 존경한다.

많은 사람들은 젊은 시절 자신의 미래에 대해 다짐을 한
다. 양심적인 사람, 도덕적인 사람, 진보적인 사람이 되어서 사회,
국가, 세상의 발전에 기여할 것이라고 맹세한다. 하지만 세월이 흐
르면서 그런 생각은 퇴색하고, 대부분 사람들은 급기야 전혀 딴판
의 인간이 되고 만다. 이것이 보통 사람들의 인생사일지도 모른다.

그럼에도 우리는 지조 있는 인물을 갈구한다. 나는 비록 배신자

가 된다고 해도 우리를 이끄는 바로 그 사람만은 신념을 갖고 살길 바란다. 그 사람이 그렇게 살지 못하는 경우 우리는 혹독하게 그를 변절자라고 비판한다. 반면 삶의 여정에서 유혹과 고통을 견뎌내고 소신을 지킨 지식인, 우리는 그런 사람을 존경한다.

예술사에서 위대한 예술가라고 불리는 사람들 중에서도 가끔 역사의 배신자로 지탄을 받는 이들이 있다. 미술가 중에서 가장 대표적 인물이 바로 자크 루이 다비드(Jacques—Louis David 1748~1825)라는 사람이다. 그는 18~19세기 신고전주의 유파의 대표적 화가로, 미술사에서 지대한 영향을 끼친 인물이다. 그림에 관심이 없다 해도 다비드의 「알프스를 넘는 나폴레옹」이라는 작품은 많은 이들이 한 번쯤 본 적이 있을 것이다. 나폴레옹이 백마를 타고 알프스를 넘는 이 그림 하나만으로도, 그는 후세인들에게 나폴레옹을 불세출의 영웅으로 각인시켰다.

그뿐인가. 다음의 그림 「나폴레옹 대관식」을 보라. 언뜻 보면 단순히 1804년 나폴레옹이 국민투표로 황제가 되어 대관식을 하는 장면을 그린 것처럼 보인다. 그러나 이 그림은 나폴레옹의 권위, 그것도 교권(교황)에 대한 황제의 우월적 권위를 교묘하게 보여 준 희대의 정치화이다. 그림을 자세히 살펴보면 이 대관식은 노트르담 성당에서 교황(비오 7세)의 집전 하에 이루어지고 있음에도 교황은 그저 꾸어다 놓은 보릿자루 신세를 면치 못하고 있다. 그리고 「나폴레

자크 루이 다비드, 「나폴레옹 대관식」, 1808년, 루브르 박물관

옹 대관식」이라는 그림 제목과 달리 황후 조세핀이 나폴레옹으로부터 왕관을 받는 장면을 그렸다. 왜 이렇게 된 것일까.

나폴레옹은 교권을 통해 황제의 정당성은 확보하고 싶었지만 교권으로부터의 독립을 원했다. 천하체일은 자신이지 교황이 아니라는 것이다. 그래서 그는 이날 대관식에서 교황이 가지고 있는 월계관을 빼앗아 스스로 머리 위에 쓰고 말았다. 다비드는 이런 대관식 장면을 그날 있지도 않았던, 나폴레옹이 조세핀에게 왕관을 씌워 주는 장면으로 바꾸어 버렸다. 나폴레옹이 교황으로부터 월계관을 빼앗아 스스로 쓰는 장면을 그린다면 그것은 당장 교황청과의 대결을 의미한다. 정치적으로 부담되는 장면이다. 따라서 교황청과의 대립을 모면하면서 나폴레옹의 권위를 한껏 보여 줄 수 있는 장면으로 택한 것이 바로 이것이다. 그림도 잘 그렸지만, 당시의 유럽 정세를 예리하게 파악하면서, 나폴레옹에게 봉사하는 그의 번득이는 아이디어(?)가 일품이다.

하지만 다비드는 원래 이런 사람이 아니었다. 그는 프랑스 대혁명이 일어나자 혁명의 주체세력의 일원이 되어 혁명의 이념을 그린 예술가였다. 그는 로베스피에르의 친구였으며 자코뱅 당원으로 루이 16세의 사형선고에 앞장섰다. 혁명의 동지였던 마라가 암살되자 「마라의 죽음」이라는 작품을 그려 민중과 슬픔을 같이했던 인물이기도 했다. 자코뱅 당원으로서 그가 그린 역사적 작품은 마리 앙투아네트가 저승길로 가는 날, 그녀를 그린 크로키 「기요틴으로 가는 마리 앙투아네트」이다. 1793년 10월 16일 앙투아네트가 콩코르드 광장에서 기요틴에 의해 목이 잘려 나가기 직전 마차로 호송되는 장면을 그린 것이다. 그가 이것을 그린 것은 혁명의 전위로서 왕과 왕비를 죽이는 역사적 순간을 그림으로 남기고자 함이었다.

그러던 그가 나폴레옹이 등장하자 혁명을 저버렸다. 아니, 그것을 넘어 이제는 황제의 충복이 되었다. 한마디로 변절자이자 비열

자크 루이 다비드,
「기요틴으로 가는 마리 앙투아네트」, 1793년

131

한 인간이었다. 이런 그에 대해서 20세기 최고의 전기 작가 슈테판 츠바이크는 자신의 대표작 『마리 앙투아네트 베르사유의 장미』에서 통렬히 비판한다. 나는 오늘 아침 지난 닷새 동안 틈나는 대로 읽은 이 책의 마지막 장을 넘겼다. 다비드에 대한 이야기는 바로 이 책의 마지막 부분에 나온다. 조금 길지만 한 번쯤 음미해 볼 만한 대목이라 생각하여 그대로 옮긴다.

생오노레 가 한모퉁이, 요즘 카페 드 라 레장스가 있는 곳에 한 남자가 손에 연필을 들고, 종이를 든 채 누군가를 기다리고 서 있었다. 그가 바로 가장 비열한 인물이며, 또한 그 시대의 가장 위대한 예술가였던 루이 다비드였다. 그는 혁명 동안에는 권력을 쥔 사람들 밑에서 일을 했으나 그들이 위험에 처하자 그들을 저버렸다. 임종 시의 마라를 그렸고, 테르미도르 제8일에는 로베스피에르에게 비장한 말투로 "함께 마지막까지 잔을 비우겠다"고 맹세를 해 놓고는, 제9일에는 숙명적인 국민공회가 개최되자 영웅적인 갈증이 사라져 버린 비참한 이 영웅은 몰래 집에 숨어서 참으로 비겁하게, 그러나 멋있게 기요틴을 피했다. 혁명 중에는 폭군의 적대자였던 그는 새 독재자가 나타나자 제일 먼저 방향을 돌려 나폴레옹 대관식을 그리고, 지난날의 귀족에 대한 증오를 내던지고 '남작' 칭호를 받기에 이르렀다. 권력에 대한 영원한 변절자의 전형으로 승자에게

132

아부하고 패자에게는 무자비했던 그는 승자의 대관식을 그렸고, 패자가 형장으로 가는 마지막 길을 그렸다. 오늘 마리 앙투아네트가 타고 가는 죄수 호송마차를 나중에 탄 당통은 이미 그의 교활함을 알고 있었다. 그는 그의 모습을 보고는 "못된 종놈 근성 같으니"라고 경멸의 욕설을 퍼부었다. 그는 종의 근성과 비겁함이 천성이기는 했지만, 뛰어난 눈과 정확한 손을 가지고 있었다. 그는 단숨에 종이에다 형장으로 가는 왕비의 모습을 그렸는데 놀랄 만큼 뛰어난 스케치였다. (슈테판 츠바이크, 『마리 앙투아네트 베르사유의 장미』, 박광자 · 전영애 옮김, 청미래, 2005년, 526~527쪽)

사람이 지조만 가지고 세상을 살기는 어렵다. 하늘을 우러러 부끄럼 없다고 말할 수 있는 사람은 없다. 만일 그런 말을 하는 사람이 있다면 교만을 자인하는 것이나 마찬가지다. 하지만 사람들은 지조 있는 삶을 훌륭하다고 한다. 자신들은 못하지만 남에겐, 특히나 사회적 지도층에게는 그것을 요구한다. 그게 세상사일지 모른다. 담담히 받아들여야 하는 삶의 이치가 아닐까 싶다.

임청각, 법흥사지 7층 전탑에서
일제의 만행을 보다

1천 수백 년을 견뎌낸 저 웅장한 탑을 보라.
기차가 지날 때마다 일어나는 진동과 분진을 견디면서 지금까지 70년을 버텨 온 것이다.

일본의 대학 교수들과 서울에서 연구모임을 가지고 1박 2일 코스로 안동을 다녀온 적이 있다. 일본 교수들이 한국 유교에 관심을 갖고 있어 안동을 찾은 것이다. 일본 교수들이 보고 싶어 하는 곳은 도산서원과 하회마을이었다. 나는 어쩌다 이 여행의 안내자 역할을 맡게 되었다.

도착한 다음날, 나는 일행이 아직 잠이 들어 있을 시각에 호텔을 나와 택시를 탔다. 그 여행을 통해 진짜 보고 싶은 게 있었는데, 일행과 함께 가기는 어렵다는 생각에 아침밥을 먹기 전에 그곳을 찾았던 것이다.

안동댐의 보조댐 근처에 가면 나지막한 산자락 아래에 자리 잡은 꽤나 큰 고가를 만나게 된다. 그게 임청각이다. 법흥사지 7층 전탑은 그곳에서 100미터쯤 떨어진 곳에 또 하나의 고성 이 씨 종갓집 담 밖에 붙어 있다.

대한민국 현대사에서 사회지도층의 '노블레스 오블리주'를 이야기할 때면 두 집안이 거론된다. 그 하나가 서울의 이회영, 이시영 형제 가문이다. 백사 이항복의 후손이며 조선조 10정승을 냈다는 이 가문의 두 형제는 일본에 의해 조선이 강제합병되자, 가산을 급히 처분하고 수십 명의 일가친척을 데리고 만주로 떠났다.

또 다른 가문의 주인공이 바로 석주 이상룡 선생이다. 안동의 거부인 그도 이회영 형제와 마찬가지로 같은 시기에 가산을 급히 정리한 다음 조상의 위패를 땅에 묻고 식솔을 거느린 채 만주로 떠났다. 거기에서 이회영 형제를 만나 함께 만든 것이 신흥무관학교이다. 선생은 풍찬노숙하면서 일제에 대한 무력투쟁의 선봉에 섰고, 급기야는 상해 임시정부의 세 번째 국무령이 되어 조국 광복을 위해 몸을 바쳤다. 그는 1932년 중국 땅에서 쓸쓸히 병사했다.

전국 산하에 많은 고가가 있지만 그 규모나 아름다움에서 단연

두 곳이 꼽힌다. 하나는 강릉 선교장, 그리고 다른 하나가 임청각이다. 선교장은 경포호 주변의 풍광과 어우러진 조선 최고의 양반 가옥이 틀림없다. 하지만 역사에서는 임청각을 따를 수가 없다. 임청각은 1515년 건립되었으니 올해로 만 500년을 맞는 고가다. 낙동강을 바라볼 수 있는 곳에 지어진 전형적인 배산임수의 99칸 양반집이다. 그곳 사랑채인 군자정에서 낙동강을 바라보며 시인 묵객들이 시를 짓고 풍류를 즐겼을 것이다.

임청각에 도착하는 순간 나는 망국의 설움이 무엇인지 단번에 깨달았다. 일제는 민족혼을 말살하기 위해 이 보배 같은 임청각을 노렸다. 1940년 초 중앙선 철도를 가설하면서 조선 최고의 독립운동가를 배출한 임청각의 한가운데를 기차가 지나가도록 했던 것이다. 그렇게 함으로써 99칸 임청각의 상당부분이 헐려 버렸다. 그리고 70년 이상 임청각은 중앙선의 소음과 분진으로 고생을 해 왔다.

법흥사지 7층 전탑의 공식 명칭은 신세동 7층 전탑이다. 탑 주변의 설명문에는 법흥사지 7층 전탑이라고 소개하고 있는데, 탑 바로 아래의 국보 표시 비석에는 신세동 7층 전탑이라고 표기되어 있다. 이렇게 된 것은 일제의 터무니없는 실수 때문이다. 일제가 탑을 국보로 지정하는 과정에서 공무원들이 이 탑의 소재지를 법흥동이 아니라 인근 동네 이름인 신세동으로 썼다는 것이다.

우리나라에는 전탑이 많지 않다. 전탑은 통일신라기에 당의 영향을 받아 만들어진 것으로, 흙을 구워 만든 벽돌을 쌓아올린 것이다. 전탑 중 최고라 할 수 있는 것이 바로 법흥사지 7층 전탑이다. 대한민국에서 가장 오래되었고 가장 크다.

이 탑을 보는 순간, 가슴이 뭉클했다. 백문이 불여일견! 1천 수백 년을 견뎌낸 저 웅장한 탑을 보라. 높은 기단 위에 벽돌 하나하나를 쌓아 7층을 쌓았다. 신라시대에는 이 주변에 꽤나 큰 절 법흥사가 있었다고 하는데 어느 순간 이 절은 없어지고 탑만 남았다. 그리고 그 옆에 종갓집이 들어섰다. 종갓집과 7층탑, 아무래도 어울리지 않는 조합이다. 아마도 절은 소실되었지만 지역 주민들이 이 탑만은 보존하려고 노력했기에 그게 가능했을 것이다.

그런데 이 탑에서 불과 4~5미터나 될까, 그 옆으로 철로가 지나간다. 기차가 지날 때마다 일어나는 진동과 분진을 견디면서 지금까지 70년을 버텨 온 것이다. 몇 년 전 이 탑의 상태가 심각했던 모양이다. 그래서 보수공사를 했다고 하는데, 가만히 보니 상부는 벌써 3~4도 기울었다. 저대로 두고 몇 년이 지나면, 저 탑은 한국의 피사의 사탑이 될 것이 확실하다.

그래도 다행스러운 소식을 들었다. 이 근처를 지나는 중앙선 철로가 노선을 바꾼다는 것이다. 또한 광복 70주년을 맞이해 정부가 임청각 복원을 발표했다. 아마 앞으로 몇 년이 지난 후 이곳에 오면 임청각과 법흥사지 7층 전탑은 우리 앞에 다른 모습으로 나타날 것이다.

　나는 이곳을 홀로 다녀온 뒤 안내 일정을 바꾸었다. 일정상 무리가 가도 일본 사람들에게, 그리고 동료 한국 교수들에게 이곳을 꼭 보여 주어야겠다고 생각했다. 짧은 시간이었지만 모두에게 짜릿한 충격이었을 것이다. 안내자로서 이 정도는 본연의 의무가 아니겠는가.

　기회가 되어 안동에 가면, 꼭 이곳을 가 보길 바란다. 그리고 갈 때에는 석주 이상룡 선생에 관해 조금이라도 공부하고 가시라. 임청각의 모습이 단순히 고가로만 보이지 않을 것이다. 전국 명찰의 탑을 둘러보고 이곳 법흥사지 7층 전탑을 보시라. 탑의 웅대함과 역사성에 고개를 숙이게 될 것이다.

임청각 법흥사지 7층 전탑 옆으로 중앙선이 지나간다.

의자놀이

진실을 전달하려는 작가의 정신,
그로 말미암아 나를 부끄럽게 하는 그 연민의 정을 알고 싶었다.

새벽부터 공지영의 2012년작 『의자놀이』를 읽었다. 머리말을 읽은 다음부터 나는 이 책을 손에서 뗄 수가 없었다. 책을 읽으면서 내내 부담스러웠다. 아니, 쥐구멍이 있으면 들어가고 싶을 정도로 부끄러웠다. 쌍용자동차 해고자와 그 가족들이 죽어 갈 때, 나는 그들을 위해 한 일이 없다.(정확히 말하면 몇 번에 걸쳐 그들을 후원하는 서명에 참여했을 뿐이다.)

다른 사람이라면 몰라도 명색이 대학에서 인권법을 연구하고 가

르치는 사람에게 쌍용자동차 해고 사건만큼 충격적인 사건이 있을
까. 2천 명이 넘는 노동자들이 일거에 해고되고, 그 후 그들과 그 가
족들이 하나둘 죽어 갔다. 현재까지 무려 스물여덟 명이 세상을 떠
났다. 그런데도 인권법 교수인 내가 이 사건에 깊이 관여하지 못한
것은 감당해야 할 일에 미리 겁을 먹었기 때문이다.

　그런데 작가 공지영이 이 일에 뛰어들었다. 그 역시 이 일에 뛰어
든 게 쉽진 않았을 것이다. 더군다나 경력 25년의 중견 유명작가가
아닌가. 그의 말대로 그 정도가 되면 원고료가 없으면 일기도 쓰지
않을 노회(?)한 작가다. 나는 이 책을 읽으면서, 사실 이 사건의 내
용보다 그게 더 궁금했다. 작가는 쌍용자동차 해고 사건의 진실—
나는 개인적으로 이 사건의 내용을 비교적 잘 알고 있다—을 독자
에게 전달하는 게 목적이지만 나로서는 그 진실을 전달하려는 작가
의 그 정신, 그로 말미암아 나를 부끄럽게 하는 그 연민의 정을 알
고 싶었다.

　작가는 머리말에서 책을 내게 된 경위를 이렇게, 짧지만 매우 비
장하게 피력한다.

　　자료를 조사하고 인터뷰를 하고 원고를 써내려 가면서 많이 울
　었다. 후회한 적이 없었다면 거짓말이리라. '왜 언론인도 아니고 내
　가?'라는 생각에 억울하다는 마음도 있었다. (…) 《쌍용자동차 해고

자 가족인) 그녀와 내가 동시에 눈물을 터뜨렸다. (…) 그녀의 눈물이 나로 하여금 잠들지 못하게 했고, 이 악물고 책상 앞에서 어떻게든 써내려 가게 했다. 그녀가, 그 아이들이 그만 울었으면 좋겠다는 생각뿐이었다. (공지영, 『의자놀이』, 휴머니스트, 2012년, 머리말)

나는 책 구석구석에서 그가 이 사건에 천착하게 된 과정을 발견했다. 그도 한편에서 올라오는 부담감으로 고민했다. 하지만 결국 이 참혹한 역사를 자신이 기록하지 않으면 안 된다는 사실을 받아들였다.

어떻게 직장을 잃는다고 사람들이 삶의 끈을 놓는다는 말인가. 한 사람도 아니고 스물두 명(이 책이 나올 때까지 쌍용자동차 해고자와 가족 중 희생자 수)이나 되는 사람들이 다른 세상으로 갈 수 있다는 말인가. 작가는 이 의문을 풀고자 했다.

(…) 어떻게 평소에 몸과 마음이 건강했던 사람이 자기도 모르는 사이에 목을 매고 있고, 자기도 모르는 사이에 베란다의 높이가 이만큼 낮게 보일 수 있을까, 어떻게 자신의 몸에 휘발유를 부을 수 있을까? 어떻게 삶과 죽음의 경계가 무너질 수 있을까? 죽음에 대한 본능적이고 철저한 경계, 그것은 삶의 가장, 아주 당연한 조건이 아니던가.(앞의 책, 36쪽)

이 유명 작가가 쌍용자동차 해고노동자와 하나가 되는 장면은, 나로서는 그의 고백 이상으로 옮길 방법이 없다. 따뜻한 방 안에서 잠을 자고 글을 쓰고… 이 모든 것이 죄스러웠다는 것이다. 그들의 지지자가 되는 것은, 그에겐 피할 수 없는 운명이었다.

(…) 그들은 "도와주세요." 소리도 차마 못하고 거기 차가운 길바닥에 얼굴을 대고 엎어져 있는 사람들 같았다. 그들을 두고 나 혼자 이 따뜻한 집으로 돌아온 듯 가슴이 쓰려 온 것은 그다음이었다. 그냥 이것이 피해 갈 수 없는 길이며, 피해서도 안 되는 길이라는 것을 알았다. 콧등이 시큰거리게 하면서 눈물이 올라왔다. 오랜 경험을 통해 나는 그것이 의미하는 것을 알고 있었다. 마음의 길이 그리로 가고자 할 때 내 육체와 영혼을 다해 그를 따라가야 한다는 것을. (앞의 책, 47쪽)

내가 재벌이라면, 내가 정치인이라면, 내가 고위관료, 내가 법원이라면 이 사람들 눈물을 닦아 줄 방법을 알 수 있을 텐데. 아니, 내가 신이라면 얼마나 좋을까. 그러나 고작 글을 써서 이들을 돕겠다는 내가 한심했다. 아니, 실은 이들의 고통 속으로 들어서는 일이 싫고 두려웠다. 그러나 이미 나도 그들의 고통에 감전되고 있었다. 그건 어쩔 수 없는 일이었다. (앞의 책, 61쪽)

쌍용자동차 파업사태 이후 해고노동자들은 오랫동안 덕수궁 대한문 앞을 지키며 해고의 부당함을 세상 사람들에게 호소했다. 어느 비오는 날, 그들 해고자들이 그 비를 어떻게 견딜까 하는 안쓰러움에 작가는 잠을 자지 못하고 다음 날 현장으로 달려간다.

내가 쌍용자동차에 대한 글을 쓰고 자료를 검색해 나가던 어느 날, 비가 내렸다. 많이 내렸다. 그들을 알아 버린 탓에 밤새 비가 들이치지 않았는지, 잠은 잘 수 있었는지, 빗소리에 나도 뒤척였다. 축축한 거리에서 밤새 또 잠 못 자고 울고 있나 싶자 울음소리라도 들은 것처럼 마음이 아파왔다. (…) 아침이 오자마자 택시를 타고 대한문 앞으로 갔다. (…) 보온병에 담아서 간 따뜻한 차를 건넸더니 들어오라고 하셨다. (…) 이제 나는 이 거리의 움막 같은 분향소가 낯설지 않았다. 대학 때도 하지 않던 그 거리 농성을 쉰이 다 되어 하게 된 것이다. (…) 차를 마시며 우리는 웃었다. 아마 내가 그들과 처음 하나가 되는 순간이었을 거라고 기억한다.(앞의 책, 110~111쪽)

작가가 보는 쌍용자동차 사태는 단순히 한 기업에서 자행한 무자비한 정리해고의 문제가 아니다. 그는 이 사건을 통해 우리 노동문제의 근본을 들여다본다. 죽음으로 싸울 수밖에 없는 이 땅의 노동자들의 현실을 직시한다.

쌍용자동차 정리해고 확정 발표가 있었던 2009년 5월 어느 날, 세 사람이 짐을 싸 들고 높이 70미터의 공장 굴뚝으로 올라간다. 왜 이들은 사람 살 곳이 못 되는 그 높은 곳으로 올라가야만 했을까? 왜 이토록 삶과 죽음의 벼랑 끝에서 서서 처절한 투쟁을 해야만 했을까?

이것을 이해하지 못하면 쌍용자동차 해고자들의 투쟁은 불온한 사람들, 빨갱이들의 과격한 투쟁에 불과한 것으로 비칠지 모른다. 그러나 한국의 노동자들에게는 직장이 바로 생명임을 알아야 한다. 해고는 그 생명의 불꽃을 꺼 버리는 잔인한 행위이다.

> (…) 가정과 직장, 이 두 들판이 우리의 인생인 것이다. 그리고 가정이 무너지면 가끔 직장생활도 무너지지만, 일터가 무너지면 가정은 거의 대부분 무너진다. 아무런 사회안전망, 즉 재취업과 실업보험, 혹은 무상교육, 무상의료, 주거 등에 대한 약속 없는 정리해고는 삶에서 해고된다는 말과 같다.(앞의 책, 93쪽)

그러니 제2, 제3의 쌍용자동차 사태를 만들지 않기 위해서는 이 사회 자체가 바뀌지 않으면 안 된다. 그것이 꿈이 되어야 한다. 작가의 꿈은 이런 것이다.

나는 꿈꾼다. 최소한 두 가지. 돈이 없어 치료받지 못하고, 돈이 없어 교육받지 못하는 사람이 없는 나라. 자고, 먹고, 입는 것이 최소한 보장되는 나라…. 그래, 그 돈이 없어서 우리는 그들을 보냈다. 그냥 보낸 것이 아니라 엄청난 고독과 절망으로 세상을 향해 한 글자도 남기고 싶지 않을 만큼의 절망 속에서 말이다.(앞의 책, 148쪽)

공지영이 결국 이 책을 쓰게 된 것은 단순한 사실 기록, 그것이 아니다. 이 사회 모든 구성원에게 이것 하나를 호소하기 위함이다. 그것은 바로 우리 노동철학의 근본적 전환을 요구하는 것, 바로 그것이다.

이제는 철학을 생각해야 할 시점이 다시 온 것 같다. 어려운 이야기가 아니다. 삶이 무엇 때문에 지속된다고 생각하는지, 인간의 노동이 무엇인지, 인간은 무엇으로 고난을 이겨내는지 그런 철학 말이다.(앞의 책, 156쪽)

마지막 장을 넘기고서도 나는 책을 손에서 놓지 못했다. 그 울림이 너무나 컸기 때문이다. 학교에 있는 내가 무엇을 할 수 있을까? 아직 무엇을 해야 할지 결심하진 못했지만, 나도 마음이 가는 대로 그 무엇인가를 해야 한다. 우선 가을 학기가 되면 맡을 인권 과목에서 이 책을 과제로 내어 모든 학생들에게 독후감을 하나 써 오라고 할 것이다. 학생들은 이 책을 읽고 무엇을 생각할까.

마지막으로 이 책을 쓴 작가에게 고마움을 표하고 싶다. 나는 공지영이란 작가를 아직껏 만난 적이 없다. 유명 작가란 것 외에는 아는 게 없지만, 그것은 중요하지 않다. 이런 뛰어난 공감 능력의 소유자를 이 시대의 작가로 만난 것에 대해 감사할 뿐이다. 그리고 부디 지치지 말고 작가로서의 삶이 다할 때까지 그 아름다운 분노를 이어 가시라고 부탁하고 싶다. 붓은 검보다 강한 것이니, 그는 정치인보다, 법률가보다 더 강력한 일을 지금 하고 있는 것이다. 그가 그런 글을 쓰는 한 그 옆에는 언제나 열렬히 지지하는 독자들이 함께 있을 것이다. 그것이 작가가 받을 수 있는 최고의 상이 아닐까? 나는 그렇게 믿는다.

관대한 복수

남아공의 한 재판관, 그리고 대한민국의 재판관

우리는 과연 언제 저런 진실 어린 눈물을 볼 수 있을까.

세상엔 수많은 책이 있지만 우리는 그것을 다 읽지 못한다. 그 책들 중에서 꼭 읽어야 할 책을 읽는다는 것은 행운이다. 그것이 우리를 다른 사람으로 만들기 때문이다. 알비 삭스의 『블루 드레스』는 페친인 채형복 교수(경북대 로스쿨 국제법)가 얼마 전 포스팅했던 책이다.(나는 믿을 만한 친구가 좋은 책을 소개하면 메모했다가 책을 사는 버릇이 있다.)

이 책은 남아공 출신으로 인종차별정책(아파르트헤이트)이 기승을 부릴 때 반인종차별주의의 투사로 살았고, 넬슨 만델라가 집권하자 초대 헌법재판관이 된 알비 삭스라는 재판관이 들려주는 남아공, 그중에서도 헌법 재판에 관한 이야기다. 헌법 재판에 관한 이야기라고 겁먹을 필요는 없다. 이 책은 결코 법률가만을 위한 책이 아니다. 민주주의, 양심, 진실에 관해 관심이 있는 우리 모두를 위한 책이다.

알비 삭스는 아파르트헤이트 기간 중 남아공 보안요원이 차에 설치한 폭탄 폭발로 팔 하나와 눈을 잃었다. 그랬으니 분노가 치밀 만하다. 자신의 몸을 그렇게 만든 모든 자에게 복수를 하겠다고 칼을 갈 만하지 않은가.

하지만 삭스는 그런 길을 걷지 않았다. 그는 감옥에 있으면서도 다른 세상을 만들 것을 맹서했다. 그리고 재판관이 되어서 법률가의 정도를 걸으면서 우리 모두가 살아가고 싶은 세상을 만드는 데 헌신했다. 그것은 그가 복수할 줄 몰라서가 아니었다. 그것은 그가 선택한 '관대한 복수'였다.

우리가 남아공에 민주주의를 가져왔다면, 그 민주주의는 그들이 아닌 우리의 피 위에서 자라나야 한다고 생각했다. 장미와 백합은 내 잘려 나간 한쪽 팔뚝 위에서, 그리고 동지들의 피와 눈물을 먹고 피어나야 하는 것이었다. 그렇게 하는 것이 나의 관대한 복수였

다.(알비 삭스, 『블루 드레스』, 김신 옮김, 일월서각, 2012년, 55쪽)

삭스가 전하는 남아공 진실화해위원회의 이야기는 내게 잔잔한 충격을 주었다. 과거사를 가지고 있는 한국 사람들에게 이보다 진한 감동을 줄 수 있는 장면이 있을까.

남아공에 만델라 정권이 들어서자 과거사를 해결하는 일이 시작된다. 과거 아파르트헤이트 기간 중에 죽어 간 수많은 사람들, 고문을 받았던 수많은 사람들의 한을 풀어 주지 않고서는 남아공은 한 발도 앞으로 나아갈 수 없었다. 진실화해위원회는 바로 그런 목적으로 만들어졌다. 그러나 그들은 가해자를 처벌하는 것을 목적으로 하지 않았다. 진실을 알고 가해자가 진실하게 사과하는 것이 목적이었다. 만일 그것만 이룰 수 있다면 가해자 모두를 사면할 용의가 있었다. 진실화해위원회의 활동 중 한 사례가 남아공 사람들뿐만이 아니라 전 세계인의 주목을 받았다. 아프리카민족회의 무장 보안조직원이었던 토니 엔게니와 그를 고문했던 경찰관 벤지엔 사이에 일어난 일이다.

토니는 진실화해위원회에서 벤지엔에게 고문한 사실을 물으며 이렇게 물었다.

"당신이 어떻게 우리를 질식시키려 했는지 위원회 앞에서 보여 주세요. 우리가 익사할 때까지 당신이 어떻게 했습니까? 우리는 기절하거나 죽어나갔습니다."

벤지엔 경사는 울기 시작했다. 그는 누군가의 삶과 죽음을 결정할 만큼 힘을 가졌던 사람이었다. 또 누군가를 공포에 떨게 했던 사람이었다. 그런 그가 울고 있었다. 눈은 부어올랐고 두 뺨은 붉어졌으며 눈물이 흘러내렸다. 우리는 한때 국가 테러리스트로서 자신의 손으로 국민들의 목숨을 앗아간 사람이 우는 것을 지켜보았다. 누가 그의 몸에 고통을 주었기 때문에 우는 것이 아니었다.

"어떻게 사람이 사람에게 그와 같이 할 수 있지요?"

이 간단한 질문 하나 때문에 국가 테러리스트는 울었다.(앞의 책, 54쪽)

나는 이 장면에서 한국전쟁, 유신정권, 전두환 정권을 거치면서 일어났던 수많은 인권유린 행위를 기억했다. 광화문 광장에서 천막을 치며 진실을 밝힐 것을 호소하던 세월호 유족들의 아픔도 생각했다. 이 많은 일들에서 우리는 그 진실도, 가해자와 책임자들의 진정 어린 사과도 받지 못했다. 그것이 결국 앞으로 나아가는 우리의 발목을 붙잡는다.

우리는 과연 언제 저런 진실 어린 눈물을 볼 수 있을까. 그래서 '우리도 저들을 용서하자. 다시는 우리 그런 세상을 만들지 말자'고

손에 손을 잡을 수 있을까.

남아공은 우리가 연구할 대상이다. 헌법재판 하나만 보아도 우리에게 모범이 되는 나라로 떠오르고 있다. 우리보다 역사가 짧은 재판소지만 거기에는 대한민국이 참고해야 할 많은 판례가 있다.

나도 얼마 전부터 논문에서 남아공 헌재 판례를 다루기 시작했다. 그런데 이 헌재를 이끄는 재판관들의 이력이 내 눈을 사로잡는다. 알비 삭스가 전하는 재판관들은 이렇다.

헌법재판소의 동료 재판관들 중 적어도 절반은 한때 테러리스트로 불렸던 사람들이고, 나머지 절반은 그 테러리스트를 보호했던 사람들이었다. 그들 대부분은 극도로 가난한 환경에서 자라났고, 단지 백인이 아니라는 이유로 온갖 굴욕과 창피를 당하고 어쩔 수 없는 모욕감에 고통스러웠던 기억들을 가지고 있었다.(앞의 책, 56쪽)

우리는 모두 헌법을 수호하는 일에 헌신할 각오가 되어 있었으며, 우리의 헌법이 표방하고 있는 반인종주의와 반성차별주의를 마음으로부터 지지하는 영혼들이었다.(앞의 책, 57쪽)

이 얼마나 대단한 나라인가? 아파르트헤이트 기간 중 철저하게 고통받았던 사람들, 그 엄혹한 시기에도 그들을 옹호했던 사람들이 헌법재판소의 재판관이 되었다는 사실! 그것 하나만으로도 넬슨 만델라는 남아공만의 영웅이 아니다. 그는 세계 모든 사람들에게 '관대한 복수'가 무엇인지를 보여 준 민주주의의 영웅이다.

반면 우리의 헌재는 어땠는가? 1987년 헌법 개정 이후 이제 30여 년이 되었지만 그곳의 법대를 차지했던 재판관들은 어땠는가? 거기에 우리의 민주주의를 위해 몸을 던진 법률가가 몇 명이 들어갔던가? 거기에 진정 대한민국 역사의 아픔을 이해하고, 이 나라의 미래를 어떻게 만들어 가야 할 것인지를 고민했던 법률가는 과연 몇 명이었던가?

나는 이 책을 읽으면서 이 시대에 정말로 필요한 법률가가 누구인지를 생각해 본다. 신영철이란 사람이, 박상옥이란 사람이 그 어려운 관문(?)을 뚫고 대법관이 되었다. 그들은 그런 수모를 당하면서도 어떻게 그 자리를 차지했는가. 그들은 무슨 생각으로 그 자리를 그토록 원했는가.

그들은 알비 삭스의 다음과 같은 말을 한 번이라도 생각해 보았을까?

만약 우리 판사란 사람들이 국가가 실험대에 올랐을 때, 판결을 통해 나라가 근본적으로 무엇을 위해 존재하는지를 말하지 않는다면, 판사로서의 소명을 다하지 못한 것이다.(앞의 책, 65쪽)

3장

독립사회를
꿈꾸며

의존사회와 독립사회

건전한 복지사회에서 비로소 사람들은 독립적 존재로서 자유를 누릴 수 있다.
그것이 바로 행복이다.

복지국가를 이야기하려면 몇십 년 앞을 내다봐야 하지만, 한국은 당장 앞에 보이는 몇 년에만 관심이 있어 보인다. 이유는 분명하다. 국민의 표만 의식하기 때문이다. 국민이 안심하고 세금을 내고, 그 이상으로 돌려받을 수 있다는 신뢰의 정치를 만들지 못하면, 결국 복지는 국민의 부담만 가중시키고 사회는 빚더미 위에 올라 산산이 조각날 수 있다는 점을 명심해야 한다.(최연혁, 『우리가 만나야 할 미래』, 쌤앤파커스, 2012년, 282쪽)

나는 대학교수가 된 이후 한 가지 꿈을 꾸었다. 연구년(안식년)을 갖게 되면 북유럽의 복지국가에 가서 1년 정도 살아 보는 것이었다. 사람들이 왜 자꾸 북유럽 복지국가를 우리나라가 나아가야 할 모델이라고 하는지 직접 가서 보고, 경험하고 싶었다. 사람들은 이런 말을 들으면 교수들은 놀면서 월급 받는다고 생각할지 모른다. 하지만 이것이야말로 교수를 교수답게 만들고, 연구다운 연구를 할 수 있게 하는 제도다. 세계 곳곳을 다니면서 현장을 찾고, 아무 제한도 받지 않고 책을 읽고 글을 쓸 수 있는 기회가 없다면, 어떻게 창의적인 연구가 가능하겠는가.

마침내 그 꿈이 이루어졌다. 나는 2012년 1년 동안 스웨덴에서 살 수 있는 기회를 얻었다. 스칸디나비아에서 가장 큰 대학인 룬드 대학(라울 발렌베리 인권연구소)에서 나의 체재를 허락하고 연구실을 내준 것이다. 그해 여름부터 다음해 여름까지 꼬박 1년 동안 스웨덴 최남단 룬드(이곳은 덴마크 코펜하겐에서 기차로 30분 거리다. 사실상 코펜하겐과 생활권이 같아 덴마크 사회도 덤으로 볼 수 있는 기회를 가졌다)에서 북구의 복지국가 실태를 직접 관찰할 수 있었다. 나의 관찰이 보기에 따라서는 피상적이고, 과도한 일반화일 수도 있지만, 내가 본 것들을 이야기하고 싶다.

독립사회 스웨덴

스웨덴 사람들의 의식을 지배하는 가치를 꼭 집어 이야기하라면, 나는 서슴없이 자유와 독립이라고 말하겠다. 그들은 자유롭고 독립적이다. 어린아이라 할지라도 예외는 아니다. 보호자인 부모의 가장 큰 역할은 자식이 자유롭고 독립적인 존재로 성장하도록 도와주는 일이다. 소년기를 거쳐 청년이 되면 자신의 장래를 스스로 결정해야 한다. 누구도 간섭할 수 없다. 그래서 그런지 고등학생의 졸업행사는 우리에 비하면 유난히도 요란하다. 졸업 전후 학생들은 반별로 온갖 의상으로 치장한 다음 트럭을 빌려 그 위에 타고 악기를 연주하거나 소리를 지르면서 하루 종일 거리를 누빈다. 자기 인생의 독립을 선언하는 거창한 행사를 벌이는 것이다.

많은 청소년들이 고등학교를 졸업하면 바로 대학에 들어가지 않고 이런저런 경험을 하거나 해외 배낭여행을 떠난다(대학 진학률은 유럽에서는 매우 높은 편이지만 50퍼센트가 채 안 된다). 세상을 경험하고, 그 넓은 세상에서 자신이 무엇을 할 것인가를 생각해 보는 시간이다. 내가 만난 에밀이라는 소년도 고교 졸업을 앞두고 친구와 함께 외국여행을 준비하고 있었다. 그는 반년 동안 인도를 비롯하여 동남아 이곳저곳을 여행하고 돌아올 것이라고 말했다. 그 뒤에는 대학 진학을 준비할 것이라면서….

결혼하여 가정을 이루면 부부는 사랑으로 연대하지만 상대방에게 전적으로 의존하지 않는다. 부부 사이는 지극히 평등하다. 육아나 가사는 말하지 않아도 분담해야 한다. 그곳에서는 장관이라 할지라도 저녁때가 되면 유아원에서 아이를 데려와야 한다. 이런 일은 그 사회에서는 어떤 배우자도 상대 배우자에게 당연히 요구할수 있는 권리이며, 결혼생활의 전제조건이다. 이런 관계에서 결혼생활이 이루어지므로, 남편이 허구한 날 술을 마시고 늦게 귀가하는 일은 상상할 수 없다. 가사를 제대로 분담하기를 거부하는 사람은 하루도 결혼생활을 할 수 없다.

이혼율이 높다는 비밀은 여기에 있다. 그들의 부부생활은 평등한 관계이기 때문에, 그들이 함께 사는 이유는 사랑이다. 그것이 깨졌다고 느끼는 순간 이혼을 결심한다. 그러나 이혼을 한다 해도 그것은 선택의 문제일 뿐 인생을 옥죌 정도의 심각한 문제는 아니다. 다시 새로운 파트너를 찾는 것이 중요하지, 과거의 파트너에 대한 나쁜 감정에 사로잡혀 살 이유가 없다. 재산 문제 때문에, 아이들 문제 때문에 이혼해야 할 관계가 복원되는 일은 좀처럼 없다. 쌍방이 경제적으로 독립되어 있고, 아이들 문제는 사회보장제도가 잘되어 있어 크게 신경을 쓰지 않아도 되기 때문이다.

그러니 이런 사회에서 80세가 넘은 어느 노부부가 손을 꼭 잡고 공원을 산책—의외로 이런 부부가 많다!—한다면 나 같은 사람에게는 경외의 대상이다. 그들 부부는 평등한 가정에서 저렇게 사랑하면서 평생을 살아온 것이다. 나는 그들의 사랑은 두 사람의 자유로운 선택으로 이루어진 진정한 사랑이라 믿는다.

노인이 되어 몸을 지팡이에 의존하는 상황에서도 자녀에게 기대지 않는다. 비록 고독은 노년에 참기 어려운 적이지만, 죽을 때까지 스스로의 삶을 살아간다. 이곳에서는 자식을 위해 평생 고생하거나, 연로한 부모를 위해 없는 살림을 쪼갤 걱정은 안 해도 된다. 부모는 연금으로 충분히 살아갈 수 있으니 자식이 부모의 생활비나 용돈을 부담해야 할 일은 없다. 노인이 병들거나 혹시 치매라도 걸린다면, 사회가 모든 것을 책임져 주니 자식들이 생업을 포기할 이유가 전혀 없다. 자식은 부모가 어찌 되든 자신의 길을 걸어갈 수 있다.

스웨덴은 한마디로 개개인이 자유와 독립을 구가하는 독립사회이다. 그것을 가능케 한 원동력은 무엇일까? 말할 것도 없이 복지제도다. 이 복지제도가 사람들의 물질적 기초를 만들어 줌으로써 삶에 여유를 주었다. 어떤 상황에서도 사회는 나를 버리지 않는다는 믿음이 있기에 그들은 사회적으로 연대하면서 자신의 인생을 묵묵히 걸어갈 수 있는 것이다.

의존사회 대한민국

이에 반해 한국 사회는 의존사회이다. 자식은 부모에게 절대적으로 의존한다. 부모는 자식에게 모든 것의 근원이다. 부모를 잘 만나지 못하면 제대로 성장하기 힘들다. 부모의 책임은 죽을 때까지 무한대다. 세월이 가면서 부모에 대한 의존도는 떨어지지 않고 오히려 올라가는 경향이다. 대학을 졸업하고서도, 직장을 갖고서도, 부모에게 의존하는 자식들이 많아진 것이다. 집값이 너무 비싸고, 자녀 교육을 시키기에는 웬만한 월급으로는 감당이 안 되기 때문이다.

돈 많은 집안의 자식이라도 마음은 편하지 않다. 돈은 항상 대가를 치르기 때문에 공짜는 없는 법이다. 부모는 돈을 준 만큼 자식의 삶에 간섭한다. 부부가 상의하여 할 일도 부모가 끼어들어 콩 놔라 밤 놔라 한다. 고부갈등을 돈으로 해결하는 시어머니도 돈이 떨어진 순간 권위가 나락으로 추락한다.

가난한 이는 부자에게 의존한다. 친구들끼리 식당에 가면 밥값은 으레 돈 있는 이가 내야 한다. 그것이 가진 자에게 부여된 도덕적 의무다. 한국에서는 교수와 학생이 밥을 같이 먹으러 가면 당연히 교수가 밥값을 낸다. 그것은 교수의 당연한 의무다. 학생들은 돈이 없기 때문이다. 만일 교수가 밥값도 내지 않으면서 학생들과 밥을 먹자고 하면, 그것만으로도 그는 이상한 교수가 될 것이다. 하지만 스웨덴에서는 교수와 학생이 밥을 함께 먹어도 교수가 반드시 밥값을 내야 한다는 생각은 안 해도 된다. 학생도 자기 밥값을 낼 수 있는 능력이 있기 때문이다.

부부관계도 의존이 지나치다. 변호사 시절 이혼사건을 담당했을 때의 기억인데, 내 의뢰인의 다수가 여자들이었다. 상담을 통해 부부관계를 들어 보면, 소송할 것도 없이 당장이라도 집을 나와야 할 상황이다. 이미 부부 사이는 파경을 맞은 지 오래다. 스웨덴에서라면 일단 별거부터 들어갈 텐데 이곳에서는 그렇지 못하다. 남편으로부터 온갖 인간 이하의 대접을 받으면서도 참고 살아야 한다. 남편이 경제권을 쥐고 있기 때문이다. 섣불리 집을 나왔다가는 살길이 막막해진다. 뿐만 아니라 아이들도 문제다. 자신만 나와 버리면 그 아이들의 장래는 어찌될 것인가. 이것은 살아도 사는 게 아니다.

노인이 되면 상황은 역전된다. 노인은 자식에게 의존해야 한다. 젊어서 가진 것 모두를 쏟아부어 키웠으니 이제는 자식이 돌려줄 차례이다. 그렇지 않으면 부모는 비참한 삶을 살아가야 한다. 부모가 자식으로부터 봉양 받는 것을 용이하게 해 주는 정신적 기초는 효도라는 이름의 도덕률이다. 효도는 인간사의 숭고한 감정이지만, 그 실제는 불안한 노후 문제를 가족적 차원에서 해결하기 위한 도구이념이라는 것도 부인할 수 없다.

우리는 어떻게 자유롭고 독립적으로 살 수 있을까

스웨덴이 독립사회를 이룬 계기는 19세기 후반 산업사회로 진입하면서 불어닥친 심각한 도전에 대한 대응이었다. 스웨덴도 그때까지는 가난한 농경사회였고, 가정과 사회는 가부장적이었다. 여자는 남자에게 의존했고, 자식은 부모에게 의존했으며, 늙은 부모에 대한 자식의 책임은 컸다. 하지만 산업사회가 되면서 농경 공동체와 대가족 문화는 무너질 수밖에 없었다.

도시로 모여든 노동자의 삶은 각박했다. 노동자와 자본가의 투쟁도 예의 유럽 국가만큼이나 자주 일어났다. 19세기 말부터 1920년대 초까지 격렬한 노사대립이 있었다. 노동자들은 총파업으로, 경영주는 직장폐쇄로 맞섰다. 그즈음 바로 옆 나라 러시아에서는 공산혁명이 일어났다. 피를 부른 혁명을 옆에서 지켜보는 것은 보는 것만으로도 끔찍한 일이었다.

노동자들은 이미 노조라는 단체로 굳건한 대오를 형성하고 언제든 자본가와 일전을 겨룰 상황이었다. 자본가도 우물쭈물하다가는 혁명이라는 결과를 초래할 것이라는 것을 알았다. 이 상황에서 스웨덴의 선각자들이 선택한 것이 강력한 복지제도로 무장된 사회민주주의였다.(1932년 노조의 지원 아래 사민당 정권이 세워졌고, 1938년 노사 간의 대타협인 살트셰바덴 협약이 이루어졌다.) 복지라는 물질적 토대는 모든 사회 구성원이 독립적인 존재가 될 수 있는 길을 만들어 주었다. 무릇 입에 풀칠하기도 어려운 사람 앞에서 자유와 독립을 말할 수는 없다. 그것은 결코 실현될 리 없는 종이 위에 쓰인 권리일 뿐이다.

우리는 수천 년 동안 농경생활을 하다가 지난 한 세기 동안 급격한 산업화 시대를 맞이했다. 현실은 스웨덴과 크게 다르지 않았지만 제대로 된 사회적 대응체제를 갖추지 못했다. 자유와 독립은 서구를 넘어 보편적 가치가 되었음에도, 그것을 이룰 수 있는 사회구조는 너무나 빈약했다. 지금 우리가 경험하는 온갖 성장통은 여기에서 비롯된다. 노사의 극심한 대결, 돈과 권력에 대한 과도한 집착, 살벌한 입시경쟁과 취업경쟁 등 사회 구성원 간의 과도한 불협화음은 의존사회가 만들어 내는 숙명적 사회현상이다.

우리 사회는 지금 극빈자는 물론 이른바 중산층에 속한 사람들도 미래가 불안하다. 한번 미끄러져 추락하기 시작하면 멈출 수 있는 방법이 없다. 생활고에 일가족이 자살하는 사태가 심심치 않게 벌어지고 있다. 40대에 명퇴로 나온 가장이 자영업을 하다가 가진 것을 다 날리는 경우가 허다하다. 그 경우 그는 중산층에서 갑자기 극빈자로 전락한다. 인생의 반전을 도모할 방법이 없다. 그가 무엇을 선택할 수 있을까.

나는 인간의 행복은 자유와 독립에서 나온다고 믿는다. 하고 싶은 것을 자신의 의지에 따라 선택하며 살 때, 인간은 행복하다. 하지만 그 자유는 그것을 가능케 하는 역량(독립적 존재)에서 나온다. 그 역량은 한 개인의 노력만으로 만들어지는 것은 아니다. 사회의 근본 구조를 바꾸어야 하는 것이다. 그 단초는 복지제도의 틀을 바꾸는 데서 열어야 한다. 건전한 복지사회에서 비로소 사람들은 독립적 존재로서 자유를 누릴 수 있다.

나는 복지사회에 대한 염원을 말했다. 우리는 그것을 위해 합심해야 한다. 반드시 그런 사회를 이루어 내야 한다. 다만, 복지사회로 가는 길에서 여전히 암초는 정치다. 복지사회는 정치가 끌고 갈 수밖에 없다. 그런데 우리는 그 정치에 희망을 가지지 못하고 있다. 최연혁 교수가 말한 것처럼 신뢰의 정치를 만들지 못하면 복지사회는 영원히 공염불이다. 우리가 이제부터 희망의 정치, 신뢰의 정치를 말해야 하는 분명한 이유가 여기에 있다.

재벌의 사회적 기여와 평등에 대한 단상

사람들은 이를 '스웨덴 패러독스'라고 한다.
공룡 재벌이 있으면서도 그것이 오히려 국민의 평등에 기여하는 나라가 스웨덴이다.

나는 대한민국 법대 교수로서는 처음으로 스웨덴에서 연구년을 보냈다. 그곳에 가기로 한 것은 미지의 세계에 대한 동경도 한몫했지만, 세계 최고의 복지국가가 어떤 곳인지 직접 경험하고 싶었던 것이 더 큰 이유였다. 과연 북유럽의 복지국가는 우리가 가야 할 미래가 될 수 있을까?

나는 2012년 여름부터 1년 동안 스웨덴 룬드 대학 라울 발렌베리 인권연구소에서 객원 연구원으로 일했다. 이곳에서 이미 약속된

연구 주제에 대한 연구활동을 하면서 틈만 나면 스웨덴에 대한 내 평소의 궁금증들을 풀기 위해 동분서주했다.

먼저 연구소 이름에 붙어 있는 '라울 발렌베리'라는 인물에 대해 알아보자. 2012년 스웨덴 정부 홈페이지에는 1년 내내 한 인물의 사진이 걸려 있었다. 바로 라울 발렌베리라는 인물이다. 그것만 보아도 이 사람은 분명 스웨덴에서 특별한 인물로 평가되고 있음을 알 수 있다. 그를 소개하기 위해서는 먼저 그가 속한 발렌베리 가문에 대해서 이야기를 해야 한다.

발렌베리 가문은 스웨덴 사람들에게는 전설과 같은 존재로, 150여 년 전 금융업에서 시작해 오늘날까지 스웨덴 경제 전체를 휘어잡고 있는 불세출의 가문이다. 스웨덴 현대사는 이 가문을 빼고 말할 수 없다. 지금도 스웨덴 GDP의 30퍼센트, 주식시장 시가 총액의 40퍼센트에 해당하는 돈을 이 가문이 움직인다.

사회민주주의 국가에 웬 공룡 재벌이 있다는 말인가. 그 답은 바로 스웨덴 패러독스—복지를 추구하면서 동시에 국가 경쟁력을 높이기는 어렵다는 것이 중론이다. 하지만 스웨덴은 이 두 마리 토끼를 한꺼번에 잡은 나라다. 그래서 사람들은 이를 '스웨덴 패러독스'라고 한다—에서 찾아야 한다. 공룡 재벌이 있으면서도 그것이 오히려 국민의 평등에 기여하는 나라가 스웨덴이다.

발렌베리 가문은 두 가지로 유명하다. 하나는 부의 철저한 사회

환원이다. 이를 위한 것이 바로 공익법인 발렌베리 재단이다. 이 재단은 발렌베리 가문이 소유하는 모든 기업의 이윤이 최종적으로 도착하는 종착역이다. 공익 기부를 통해 사회민주주의 국가 건설에 협조하는 역할을 무려 100년간 계속해 왔다. 매년 대학과 연구기관 등에 기부하는 기부금 총액이 지난 5년간만 해도 무려 8,500억 원에 달한다. 또한 발렌베리 소유의 기업들은 이익의 85퍼센트를 법인세로 납부하고 있다.

사실 100년 전 스웨덴이 러시아와 같이 혁명을 거치지 않고 복지 국가의 길을 갈 수 있었던 비밀은 재벌과 노동자와의 대타협이 있었기에 가능했다. 당시 스웨덴도 빈부격차가 컸고 노동자의 불만은 높았다. 그냥 놓아두면 피의 혁명은 불을 보듯 뻔했다. 그 상황에서 양측은 대화를 했고 드디어 새로운 세상을 이루어 냈다. 그것이 바로 세계 최고의 복지국가 스웨덴 모델이었다.

두 번째로 발렌베리 가문을 유명하게 한 것은 사회적 처신이다. '존재하되 드러내지 않는다.' 이 말은 웬만한 스웨덴인이라면 다 아는 발렌베리 가문의 좌우명이다. 따라서 이 가문은 기업 소유와 관련하여 사회적 법규를 위반하거나 탈세를 해서 세간의 입방아에 오르내린 적이 없다.

이쯤해서 주인공이 나올 차례다. 라울 발렌베리는 발렌베리 가문에 노블레스 오블리주의 이미지를 각인시킨 인물이다. 그는 제2

차 세계대전 중에 헝가리 주재 외교관으로 있으면서 가스실로 끌려가는 수만 명의 유태인들의 생명을 구했다. 스웨덴 판 쉰들러라고도 할 수 있다. 그는 중립국인 스웨덴 외교관의 지위를 이용하여 생사의 기로에 선 유태인들에게 가짜 여권과 비자를 대량으로 발급해 주어 그들을 안전지대로 빼돌렸다. 그리고 그는 전쟁 종료와 함께 홀연히 사라졌다.

라울 발렌베리는 지난 반세기 동안 스웨덴을 넘어 서구 사회에서 인권과 평화의 대명사가 되었다. 세계 곳곳에 그를 기념하는 기념비가 세워져 있다. 룬드 대학은 1984년 그를 기념하는 라울 발렌베리 인권연구소를 설립했다. 이 연구소는 지난 30년 동안 인권 연구와 인권 교육 등으로 세계적인 명성을 쌓음으로써 라울의 뜻을 기렸다. 또한 지난 20여 년 동안 상당수의 국제 인권 관련 전문서적을 발간함으로써 인권 연구자들의 연구를 도왔다.

이와 함께 이 연구소가 힘을 기울이는 것은 인권 개발도상국의 인권 교육이다. 스웨덴 정부의 해외공적원조기금을 지원받아 아시아와 아프리카에 현지 사무소를 두고 다양한 교육 프로그램을 제공하고 있다. 현재 여섯 곳에 발렌베리 인권연구소 지역 사무소가 있는데, 아시아에는 베이징, 자카르타, 양곤에 있다. 베이징 대학의 국제인권법 석사과정 프로그램도 발렌베리 인권연구소의 지원 아래 운영된다.

이스라엘 텔아비브에 있는 라울 발렌베리 동상

나는 이 연구소에 있는 동안 스웨덴의 인권기구, 그중에서도 옴부즈맨(Ombudsman) 제도에 대해 연구했다. 알다시피 옴부즈맨 제도는 스웨덴에서 시작해 세계 각국으로 퍼져 나간 것이다. 나는 이곳 연구소 도서관에서 자료를 찾아 검토하고, 필요한 경우에는 연구소 직원 중 이 분야 전문가를 찾아가 인터뷰했다. 옴부즈맨 사무소 본부가 룬드에서 600킬로미터나 떨어진 스톡홀름에 있었기 때문에 그곳 담당자와의 인터뷰를 위해서는 장거리 출장을 하지 않으면 안 되었다. 이 연구결과는 룬드에 있는 동안 원고지 200매 분량의 연구논문으로 만들어져 『법조』라는 저널에 게재되었다.

기억에 남는 것은 2013년 5월 말에 있었던 노르딕 국가(덴마크, 스웨덴, 노르웨이, 핀란드, 아이슬란드) 인권 전문가의 워크숍이었다. 2박 3일 동안 이들 국가에서 온 전문가와 노르딕 국가 인권기구 활동에 대해 전반적인 의견을 나눌 수 있었다. 나는 이 워크숍의 준비위원으로 참여해 준비단계부터 끝나는 순간까지 연구소 직원들과 함께 일했다. 이 과정을 통해 스웨덴 친구들의 일하는 방법을 눈여겨보았는데, 느낀 바가 많았다.

우선, 그들은 우리와는 달리 준비를 매우 간소하게 했다. 한국에서 여러 나라의 전문가를 불러 회의를 한다면 준비절차가 대단히 복잡하다(그런 이유로 국제 행사를 치르기가 쉽지 않다). 그런데 이들의

2013년 5월 노르딕 국가 인권 전문가 워크숍
룬드 대학 현대미술관에서 2박 3일간 열렸다.

준비는 우리와는 전혀 딴판이었다. 평상시의 식사에 손님 몇 사람 불러 밥상에 숟가락 몇 개 더 올려놓는다는 기분으로 준비한다고나 할까. 준비하는 직원도 단 두 명에 불과했다. 경비도 우리와 비교하면 10분의 1도 안 되는 금액이었으리라.

우리나라 관공서의 국제회의 준비에 들어가는 예산은 스웨덴 사람들이 보면 놀라 자빠질 정도이다. 항공료, 호텔 경비, 만찬 경비, 행사 당일 경비, 관광 안내 비용 등…. 요즘은 많은 관공서가 이런 행사를 직접 하기 귀찮으니 아예 행사기획업체에 돈을 주고 맡긴다. 그런데 보통 한 번에 최하 수천만 원, 많게는 수억 원이 들어간다. 무언가 크게 잘못된 것은 아닌가? 바뀌지 않으면 안 될 허례허식이다.

둘째, 워크숍은 철저히 토론 중심이었다. 우리의 워크숍이나 토론회는 토론 자체에 집중하지 못하고 형식에 치중한다. 누가 와서 기조연설을 할 것인가, 어떻게 자료집을 만들 것인가, 어떻게 홍보할 것인가, 관중을 어떻게 동원할 것인가. 이런 것을 준비하는 데에 시간과 에너지를 다 쓴다고 해도 과언이 아니다. 그런데 이들은 그렇지 않았다.

발표를 위해 참석자에게 돌리는 페이퍼도 고작 1~2쪽의 요약 발표문이 전부이고, 참석자들에게 부과된 요구사항도 많지 않았다. 그저 토론장에서 성의 있게 토론하는 것만으로 충분했다. 워크숍은 룬드 대학의 현대미술관에서 진행되었었는데, 미술관 내에서 4~5개 팀으로 나누어져 토론을 벌이다가 수시로 전체 모임을 갖고 토론 결과를 발표한 뒤 참석자 전체와 자유롭게 토론했다. 모든 토론은 영어로 진행되었지만 회의 진행에는 아무런 지장이 없었다.

나는 이런 과정을 통해 우리가 나아가야 할 바람직한 토론문화를 생각해 보았다. 형식을 반으로 줄이는 대신 토론 자체의 내실을 추구하는 것이다. 그래야만 토론회가 소통과 합의의 장으로서 기능할 것이다.

한편 라울 발렌베리 인권연구소에서 있으면서 스웨덴 사람들의 평등의식을 보고 부끄러움을 느꼈던 적이 있다. 아무리 인권 연구가라 할지라도 내 의식은 여전히 고루한 한국 법률가의 한계를 넘지 못했던 것이다. 이와 관련된 일화가 하나 있다.

2012년 크리스마스 때의 일이다. 이때가 되면 스웨덴의 어느 직장이든 공식 파티가 열린다. 이 비용은 공식 예산으로 지출되는데 우리 연구소도 하루 날을 잡아 학교의 유서 깊은 방을 하나 빌려 케이터링 서비스로 파티를 열었다.

파티장에 도착하니 입구에서 안내하는 직원이 카드 반쪽을 주었다. 이게 무엇인가? 영문을 몰라 당황하는데, 주위를 둘러보니 좌석마다 카드 반 장이 놓여 있었다. 남은 반쪽의 카드를 찾아가 앉으라는 것이었다.

이렇게 앉다 보니 정해진 내 자리는 ㄷ자 테이블의 안쪽 중앙이었다. 한국에서라면 상석 중의 상석이다. 재미있는 것은 연구소의 최연장자인 석좌교수와 서열 1위인 소장이 방 입구 근처에 앉게 된 것이다. 우리 같으면 신참자들이나 앉을 말석인데…. 그렇지만 그들은 자리에는 아무 관심이 없었다.

그날 나를 더 충격으로 몰아넣은 것은 내 앞에 앉은 두 분의 중년 부인이었다. 앉아서 인사를 하고 나니 어디서 본 사람들이다. 이분들은! 그렇다. 아침이면 내 방과 복도, 화장실을 청소하는 연구소의 청소부 아주머니 두 분이었다. 이분들이 정장을 하고 내 앞에 앉아 있는 것이 아닌가? 한국에서 온 박 아무개란 교수의 얼굴이 어떻게 되었을까? 여러분의 상상에 맡기겠다.

그날 밤 늦게 돌아와 일기를 썼다. 한 부분을 그대로 옮긴다.

"나를 놀라게 한 것은 내 앞에 앉아 있는 두 명의 여자. 그들은 우리 연구소의 청소부들이다. 청소부가 세 사람인데 모두 초대되었다. 청소부들이 연구소의 소장을 비롯하여 교수, 연구원 등과 자리를 같이하면서 정담을 나눈다. 나는 참으로 충격을 받았다. 바로 이것이 스웨덴이다. 평등사회의 진수다. 사람들의 표정에서 어느 누구에게서도 권위주의의 모습은 없다. 청소부든 무엇이든 하는 일이 다를 뿐이다. 이런 세상이 우리가 지향해야 하는 세상이 아닌가."

바로 이것이 평등국가 스웨덴의 한 단면이다.

커피 한 잔 하실까요?(Ska vi fika?)

복지국가로 성공하기 위해서는 얼음 같은 개인주의를 녹여 주는 따뜻한 집단문화가 필요하다.

서구 사회는 개인주의가 팽배하여 개인은 소외되기 쉽다? 반면 한국 사회는 집단주의 문화가 강해 개인은 항상 사회로부터 관심의 대상이 된다? 정말 그럴까? 내가 미국에서 공부를 하던 시절에 이 생각은 맞는 말이었다. 그런데 북유럽의 복지국가인 스웨덴에서 1년 동안 생활하면서 이런 생각을 말끔히 정리했다. 서구 사회라고 해서 모두 그런 것은 아니라는 사실을 알았기 때문이다.

특히 복지국가에서는 그 성패가 구성원의 공동체에 대한 끊임없는 관심에 달려 있다는 것을 알았다. 이것은 법으로 할 수 있는 것이 아니고 문화의 문제였다. 사회적 연대가 이루어지지 않으면 복지국가는 결코 이룰 수 없는 꿈이다. 연대는 다른 것이 아니라 사람과 사람이 함께 소통하여 이루어 내는 것이다.

스웨덴 사람들은 말하기를 좋아한다. 그곳에는 우리와 같은 밤 문화가 거의 없다. 대신 그들은 밤에 집으로 손님을 초대하여 함께 음식을 나누면서 이야기꽃을 피운다. 한 시간, 두 시간, 아니 밤을 새워 이야기한다. 나하고 같이 생활했던 젊은 친구들도 그랬다. 나도 이야기라면 한국 사람치고는 한가락 하는 사람이지만 이들에게는 게임이 안 되었다. 밤이 늦으면 나는 슬그머니 일어나 자리를 피했지만 하우스 메이트들은 종종 밤을 새우곤 했다.

스웨덴에서 어느 교수가 나와 친구 몇을 집으로 초대했다. 비교적 간단한 음식을 차려 놓고 늦은 밤까지 이야기꽃을 피웠다. 나이 차가 30년이 되지만 학생들과의 관계가 마치 친구 사이 같았다.

강의실에 들어가도 우리와는 분위기가 확연히 다르다. 요즘 한국에는 거의 모든 교수들이 강의할 때 PPT를 이용하는데, 룬드 대학에서는 그런 교수가 많지 않았다. 주야장창 말을 할 뿐이다. 판서도 잘 하지 않는다. 교수의 강의가 끝나면 학생들의 질문이 이어지는데, 이 친구들 대단하다. 교수가 완전히 친구나 다름없다. 막힘없이 자신의 생각을 이야기하고, 교수도 그것을 경청한다.

내가 있던 연구소 회의에서도 그 분위기는 마찬가지였다. 소장이 참석하는 회의에 여러 번 들어가 보았지만 상하관계의 일방적 지시는 한 번도 없었다. 이들은 대화를 통해 완벽한 합의를 추구한다. 이견이 있으면 절차는 늦어지지만 일단 합의가 되면 그 권위는 놀라울 정도로 높다. 이 모든 것이 토론을 즐기는 스웨덴 문화의 소산이다. 그럼, 이런 토론문화는 어디에서 왔을까?

룬드에서 생활하면서 가장 흥미로웠던 것은 그들의 FIKA 문화이다. FIKA는 스웨덴어로 '커피'라는 뜻의 명사이기도 하지만 '커피를 마시다'라는 동사이기도 하다. 그래서 스웨덴 사람들 사이에서 제일 많이 듣는 말은 영어의 "Shall we have a cup of coffee?"에 해당하는 "Ska vi fika?"이다. 어딜 가나 피카, 피카다. 슈퍼마켓에 가면 피카용 커피가 산처럼 쌓여 있다. 세계에서 1인당 커피 소비량이 제일 많은 나라가 스웨덴이란 게 실감이 간다.

스웨덴의 모든 직장에는 피카룸이라는 것이 있다. 피카룸은 통상 모든 구성원이 가장 만나기 쉬운 곳에 있다. 사무직들이 근무하는 일반 직장의 피카룸은 보통 오피스 중앙에 있다.

내가 근무한 연구소 건물은 오래되었을 뿐만 아니라 내부구조 자체가 폐쇄형이라 번듯한 피카룸은 없었지만, 그래도 방 중에서 가장 큰 방을 피카룸으로 사용하고 있었다.

대학 교수들이 있는 곳은 어떨까? 그곳도 예외는 아니다. 어느 대학에 가도 구조는 비슷했다. 피카룸이 교수 연구실을 둘러싸고 있는 구조, 그것이 스웨덴 대학 교수 연구실의 구조다. 아무리 싫어하는 교수라도 하루에 한두 번은 보지 않을 수 없는 곳, 그곳이 스웨덴 대학의 연구실 풍경이다.

피카는 직장마다 조금 다르지만 일반적으로 오전 피카와 오후 피카, 하루에 두 번을 한다. 내가 있었던 연구소의 경우, 출근한 후 바쁜 일을 마치고 오전 10시 즈음 하나둘 피카룸에 모인다. 피카룸에는 커피를 내리는 기계와 냉장고가 있고 간단한 주방시설이 붙어 있다.

먼저 온 사람이 커피를 내리는 것이 관례이고 주방은 당번을 정해 관리한다. 피카룸에 모여 이야기하는 내용은 다양하다. 업무 이야기도 하지만 보통은 부담스러운 이야기는 잘 하지 않는다.

겨울이면 날씨가 우중충하니, 햇빛이 보이는 날이면 제일 많이 듣는 게 날씨 이야기다. 또 어디를 가도 역시 아이들 이야기는 단골 메뉴다. 먼 여행을 다녀왔으면 여행지에서 있었던 일을 풀어 놓는 것도 예외일 수는 없다. 물론 내가 끼면 당연히 한국 이야기다. 한국의 스마트폰이 최고다 운운….

피카는 아주 공적으로도 이용된다. 우리 연구소는 2주에 한 번 아침 조회가 피카 시간에 열렸다. 진행은 각국에서 돌아가면서 주관하는데(각국에서 빵과 과일 등을 미리 준비해 간단하게 조찬을 제공한다), 소장이 먼저 연구소 전체 상황과 현안을 설명한 다음 각국별로 현안을 보고한다. 그런 다음 전체적으로 협력을 구할 사항을 이야기한다. 분위기가 아주 화기애애하다. 커피, 빵, 과일을 먹으면서 이야기하는데 분위기가 딱딱할 리가 없다. 공식적인 모임이면서도 분위기는 비공식적이다.

스웨덴이 유독 이런 문화를 갖게 된 이유를 생각하면, 역시 앞에서 말한 대로 세계 제일의 복지국가라는 데서 그 이유를 찾아야 할 것 같다.

복지국가로 성공하기 위해서는 얼음 같은 개인주의를 녹여 주는 따뜻한 집단문화가 필요하다. 공동체에 대한 끊임없는 애정이 전제되지 않고서야 내가 버는 돈의 절반을 세금으로 내놓을 수는 없는 일이다. 피카는 바로 이런 의식을 자연스럽게 만드는 견인차 역할을 한다고나 할까.

나는 학교에 있는 사람이다. 대학이라는 곳은 어쩌면 한국 사회에서 가장 개인주의가 강한 곳일지도 모른다. 옆방 교수도 마음만 먹으면 1년에 한 번도 보지 않고 살 수 있는 게 한국의 대학 문화다. 나처럼 오랜 기간 사회생활을 하고 대학으로 옮긴 사람이 이런 문화를 처음 대했을 때에는 충격 자체였다.

학교 밖에서 사회생활을 하면 혼자서 점심을 먹는 일은 드물지만, 학교에서는 흔한 일이다. 교수들이 모여 서로의 고충을 이야기하고 협조를 구하는 일은 매우 드문 현상이다.

그런데 스웨덴에서는 그렇지 않다. 교수들은 매일같이 피카룸에 모여 커피를 마시면서 동료 교수들과 담소를 나눈다. 이런 분위기가 있기 때문에 교수들의 협업은 자연스럽다. 많은 수업이 한 학기 내내 한 교수에 의해 전적으로 이루어지기보다는 여러 교수들이 참여하는 팀티칭으로 이루어지는 배경이 여기에 있다.

내가 언젠가 학교 경영을 맡는다면(참고로 나는 학교 보직에 전혀

룬드대학 라울 발렌베리 인권연구소의 피카 장면. 연구소는 2주에 한 번씩 피카룸에서 오전 피카를 하면서 공식 조회를 한다.

관심이 없다), 내가 어느 기업체의 사장이라면(가끔 그런 생각이 든다. 큰돈을 벌어 내가 하고 싶은 일을 해 보고 싶다), 나는 이 피카 문화를 맨 먼저 도입할 것이다. 오피스를 만들 때는 피카룸을 꼭 설계에 넣도록 할 것이다.(말이 나왔으니 한마디 하면 피카 문화를 만들기 위해서는 그에 맞는 건축이 필요하다. 그렇지 않고서는 피카 문화를 만들기가 대단히 어렵다. 피카에 적합한 건축!)

사무실의 중심에 피카룸을 만들어 직원들 모두가 쉽게 올 수 있게 하고, 나부터 하루에 꼭 한 번은 피카룸을 들를 것이다. 함께 커피를 마시면서 직원들과 격의 없이 대화를 나눌 것이다. 직원 모두가 우리 직장이 분위기 좋은 곳, 모이는 게 즐거운 곳, 그래서 일하고 싶은 곳이라고 생각하도록 해 줄 것이다. 아마도 그런 분위기라면 직장 내에서 다른 사람들과의 협력은 어렵지 않게 이루어질 것이다.

이런 꿈이 한국에서는 이루어질 수 없는 것일까? 아니다! 나는 그런 꿈을 꾸고 싶다. 나의 꿈은 사람이 사람답게 대우받는 것, 바로 그것이 아닌가. 이런 꿈이 이루어질 때, 공동체에 대한 긍지가 생길 것이고, 이런 꿈이 이루어질 때, 병영의 가혹행위, 학교의 왕따 문화가 자취를 감출 것이며, 나아가 복지국가를 만들 기틀이 될 수 있을 것이기에 이는 결코 버릴 수 없는 꿈이다.

아메리칸 드림 VS 유로피언 드림

지금 우리가 혼란을 겪고 있는 것은 복지제도의 방향에 대해 비전이 없기 때문이다.
도대체 우리는 어느 쪽으로 가는 게 맞을까.

인간의 사고는 자신의 경험을 넘지 못한다. 우리는 살아가면서 매우 중요한 문제에 대하여 논쟁하지만, 대부분 자신의 경험에 기초하여 결론을 내고자 하는 경향이 강하다.

복지에 대해 논쟁하는 것을 보면서 나는 이런 현상을 자주 목격한다. 우리 정부에서 주요한 정책을 결정하는 사람들은 대부분 미국에서 공부를 하고 돌아온 박사들이다. 특히 경제정책은 그 정도가 심하다. 이들은 미국에서의 경험에 익숙하기 때문에 중요 사안의 결정을 미국식으로 하는 경향이 강하다. 복지 논쟁도 마찬가지다. 이들은 복지정책도 미국식으로 바라보고 그곳의 방식으로 한국도 복지를 시행해야 한다고 생각한다.

나는 다행스럽게도 그 경험이 좀 다르다. 젊은 시절 짧지만 미국을 경험했고, 나이 들어 유럽에 관심을 두고 그곳에서 경험을 해 보았다. 따라서 나의 머릿속에는 미국식과 유럽식(복지국가 모델)이라는 두 가지 경험 틀이 존재한다.

몇 년 동안 무상급식이 사회적 논쟁의 대상이 되어 왔다. 이 문제에 대하여 미국식과 유럽식으로 나누어 그들의 관점이 얼마나 다른지를 설명하겠다. 아마도 우리의 복지 논쟁을 이해하는 데 조금은 도움이 되지 않을까 생각한다.

미국식 무상교육

미국인의 사고 중 가장 중요한 것은 국가와 개인의 관계 중에서 개인의 가치를 중시하는 것이다. 미국인은 국가의 역할을 되도록 낮추고 대신 개인의 역할을 높이는 것을 미국의 가치라고 여긴다. 미국의 복지제도는 바로 이 가치관에 종속된다.

미국에도 의무교육 제도가 있지만 거기에 들어가는 모든 비용을 국가가 모두 대어야 한다는 생각을 하지 않는다. 교육도 기본적으로 개인이 결정할 문제이므로 거기에 들어가는 비용도 원칙적으로 개인이 부담해야 하는 것이다.

다만 미국에서도 국가의 최소 역할, 즉 빈자에 대한 구제는 국가의 고유의무라고 생각하고 있다. 때문에 의무교육을 실시하는 가운데 빈자에 대한 구제를 실시한다. 예컨대 배고픈 사람이 있으면 그 사람에 대하여 식권(바우처)을 지급한다. 또한 사회적으로는 돈을 많이 벌어 기부할 것을 장려한다. 그래서 각 학교는 그 기부금으로 돈 없는 학생들에게 장학금을 지급하는 것이다.

지금 우리나라에서 선별적 복지를 주장하는 사람들이 이것을 보면 이렇게 말할 것이다. "봐라, 저게 미국에서 하는 것이다. 우리가 미국보다 잘사는 것도 아니잖는가. 미국도 저렇게 하는데 그보다 못 사는 우리가 어떻게 잘사는 애들에게까지 밥을 주는가."

유럽식 무상교육

유럽의 복지국가(스웨덴을 비롯한 북유럽 국가)는 개인과 국가의 관계에서 국가의 역할을 강조한다. 그곳에서는 인간이 살아가는 데 누구나 필요한 것을 제공하는 것은 기본적으로 개인의 책임이 아니라 국가의 책임이라는 것을 강조한다. 복지제도는 이러한 생각에서 나온 당연한 귀결이다.

유럽 복지국가에서는 교육과 건강 문제는 완전히 사회가 책임져야 한다고 생각한다. 교육과 의료는 그들 사회에서는 국가의 고유한 책임이다. 따라서 여기에 들어가는 비용은 원칙적으로 국가가 부담하는 것이다. 무상교육, 무상의료가 그것이다.(참고로 이곳에서는 사립학교나 개인병원에 가도 그 비용은 원칙적으로 국가가 부담한다.)

개인이 부담하는 경우가 있다면 그것은 예외적이며 보충적인 것이다. 이들 나라는 그 비용을 모두 세금으로 충당한다. 따라서 국민들은 소득수준에 따라 고율의 세금을 내는 것을 당연하게 생각한다.

복지제도의 이용에서는 빈부의 차를 무시한다. 보편적 복지가 원칙이라는 것이다. 부자들은 당연히 많은 세금을 냈으니 자신도 그 복지제도를 이용할 수 있다고 생각한다. 그러니 이들 국가에서는 우리와 같은 무상교육 과정에서 생기는 비용 문제(무상급식)가 생기지 않는다. 그것은 당연히 국가가 책임지는 것이고 빈부의 차이로 차별할 수가 없는 것이다.

지금 우리가 혼란을 겪고 있는 것은 복지제도의 방향에 대해 비전이 없기 때문이다. 정치인들은 선거 때만 되면 복지정책을 선거 구호로 내세우지만 그것은 한순간의 표를 노린 구호에 불과하다.

도대체 우리는 어느 쪽으로 가는 게 맞을까. 국민의 교육과 건강에 대해서는 사회가 책임진다는 비전을 갖고 가는 게 맞을까, 아니면 그것은 기본적으로 개인이 책임질 문제라고 하면서 국가는 보충적 역할만을 하는 게 맞을까.

　이것을 판단하기 전에 생각할 일은 우리 사회의 복지제도는 이미 상당히 유럽식으로 가고 있다는 사실이다. 최근의 노인복지(기초연금 등)에서는 특히 그런 현상이 두드러진다. 그리고 사회적 안전망을 더욱 확고히 만들어 가자는 데에는 이미 상당수의 국민들이 합의한 것이 아닌가 하는 생각이다.

　이것은 우리가 그동안 따라 왔던 아메리칸 드림을 계속 좇을 것인가, 아니면 이쯤 해서 그 꿈을 내려놓고 새로운 꿈, 유로피언 드림을 좇을 것인가의 문제이기도 하다.

시민적 덕성에 대하여
사회적 연대로서의 시민의식

공공성의 덕성은 사회적으로 자유와 평등, 정의가 넘칠 때 쉽게 형성되는 것이다.

스웨덴과 남포동에서 본 시민정신

게시한 사진 두 장을 보길 바란다. 여기가 어딜 것이라 생각하는 가? 잘 보면 한국 사람들은 보이지 않고 외국인들만 그득하니 한국은 아닌 듯싶다. 그렇다. 이곳은 한국이 아닌 저 북구의 나라, 스웨덴이다.

아름답지 않은 사진 두 장이다. 한 장은 사람들이 구름같이 운집했는데, 주변을 자세히 보니 온갖 쓰레기가 난무한다. 또 한 장을

2013년 스웨덴. 룬드 시대의 한 공원에 열린 발보리 축제 현장이다. 축제에 온 사람들이 인산인해다. 주변을 잘 보면 쓰레기 천국이다.

발보리 축제가 끝나고 난 뒤의 공원. 온갖 쓰레기가 널려 있다. 질서의식이 그렇게도 좋다는 스웨덴인들도 저런 날이 있다.

보면 이제 군중은 보이지 않는다. 그들은 다 갔다. 그런데 공원 전체가 온통 쓰레기장이다. 저게 스웨덴이다.

이 사진들은 3년 전 내가 1년 동안 머물렀던 스웨덴 룬드의 한 공원에서 찍은 것이다. 4월 말에 발보리(Valborg)라 불리는 큰 축제가 열렸다. 인구 10만 명인 룬드의 한 공원에 3만 명이 넘는 학생들이 모여 봄을 여는 흥겨운 행사가 진행되었다. 그 축제가 진행되는 시간, 나는 그 현장을 거닐면서 이 사진들을 찍었다.

1년 동안 스웨덴에 있으면서 관찰하건대, 저런 일은 매우 이례적이다. 그곳은 어딜 가도 청결하고 사람들이 질서를 잘 지킨다. 공원에 가면 학생들이 모여 놀이도 하고 술도 마시지만 끝나고 나면 흔적을 남기지 않는다. 그런 나라에서 저런 일이 벌어진 것이다.

호기심 많은 나는 그 이유를 알아보았다. 스웨덴 사람들의 시민정신은 세계 어디에서도 보기 힘들 정도로 높은 수준이라 하지만, 그날 상황에서는 그들도 어쩔 수 없는 일이었다. 3만 명이 넘는 인파가 몰리는 상황에서 정상적인 공원 관리는 불가능했다. 그날의 축제를 위해 시 당국은 곳곳에 임시 화장실과 쓰레기처리장을 만들어 놓았지만, 그것만으로는 수많은 사람들이 버리는 쓰레기를 감당할 수 없었다.

나는 여기에서 시민정신의 한계를 보았다. 세계 최고의 시민정신으로 무장된 사람들이라도 흥겹게 노는 상황에서 마냥 쓰레기를

188

들고 다닐 수는 없는 일이었다. 쓰레기통이 보이지 않자 그들도 누구나 할 것 없이 아무 곳에나 쓰레기를 버렸고 공원 전체는 쓰레기장이 되었다.

며칠 전이다. 오랜만에 부산에 갔다. 남포동을 돌아다니며 내가 좋아하는 거리 음식을 시식했다. 인산인해의 인파 속에서 30분이나 기다리며 호떡 한 개를 사먹으면서 동심의 세계로 빠져 들었다. 그런데… 주변을 돌아보니 내가 쓰레기장 한가운데에 있음을 발견하였다. 거리 곳곳은 음식물, 플라스틱 용기 등이 마구 버려져 가히 쓰레기장을 방불케 하였다. 그것이 국제 관광도시, 부산의 민낯이었다.

부산 사람들의 시민정신은 어디로 간 것일까? 곰곰이 살펴보니 그곳에도 예의 스웨덴과 같이, 거리에서 먹고 마신 다음 이를 처리할 수 있는 마땅한 시설이 없었다. 눈을 씻고 보아도 쓰레기통이 보이지 않았다. 그런 상황에서는 쓰레기를 버리지 않는다는 게 여간해서는 쉽지 않을 것이다. 슬그머니 길바닥에 놓을 수밖에 없지 않을까.

남포동의 현상을 시민정신의 부재라고 몰아부칠 수 있을까. 적어도 정부나 공무원들이 그것을 따질 일은 아니다. 정부나 공무원들이 할 일은 쓰레기통을 만들고, 사람들이 손쉽게 쓰레기를 버릴 수 있는 환경을 만들어 주는 일이다. 그런 연후에 시민들의 의식을 탓해도 늦지 않는다.

모든 상황에서 시민의 질서의식이 자동적으로 발동하는 것은 아니다. 시민들이 이런 덕성을 키우는 데서도 정부는 우선적으로 할 일이 있다. 그것은 시민들이 공공성의 덕성을 발휘할 수 있도록 그 환경을 만들어 주는 일이다.

시민적 덕성은 어떻게 키워지는가

스웨덴과 남포동의 쓰레기를 염두에 두면서 이제 시민의식 혹은 시민정신이라 불리는 시민적 덕성이 어떻게 키워지는지 구체적으로 이야기해 보자.

덕성은 라틴어로는 virtus인데, 여기서 영어 virtue가 나왔다. 이 개념은 공화주의의 원류라고 할 수 있는 로마 공화정의 필수 덕목이었다. 시민의 덕성이 갖추어지지 않으면 공화주의는 불가능하다고 여겼기 때문이다. 여기에서 덕성, 곧 virtus는 자기 자신의 이익을 뛰어넘은 공공의 이익을 우선하는 자세를 뜻했다. 이 자세는 구체적으로는 용기, 정의, 배려 등 세부적 덕성으로 나타난다.

우리는 현재 매우 파편화된 개인주의 사회에 살고 있다. 그래서 시민의 덕성으로 공공성을 더욱 강조한다. 개인의 이익만을 추구하는 사람을 경계하며 공공의 이익을 추구하는 사람을 존경한다.

나는 공공성을 강조한다 하여 개인을 버리고 오로지 공공의 이익만을 추구하자고 하는 것은 하나의 허위의식이라고 생각한다. 누구나 안중근 의사나 김구 선생이 될 수 있는 건 아니기 때문이다.

우리는 기본적으로 개인의 자유를 중시하고, 행복을 추구하는 삶을 살아야 한다. 그게 원칙이고 기본이다. 하지만 그것이 전부는 아니다. 전체를 생각하는 마음이 필요하다. 나와 사회의 관계를 생각하고, 나의 삶이 사회 전체와 조화를 이룰 수 있도록 자신을 절제할 수 있어야 한다. 공익 추구는 이러한 삶 속에서 자연스레 형성되는 것이다.

나의 이런 주장을 혹자는 공화주의적 자유주의라고, 또는 자유주의적 공화주의라고 말할지도 모른다. 전자로 보는 경우는 나의 개인관을 크게 보는 경우이고, 후자로 보는 경우는 나의 사회관을 중시하는 것일 게다. 내게 직접 묻는다면 나는 후자에 좀 더 가까운 사람이라고 말할 것이다. 여하튼 이것이 내가 바라는 시민적 덕성의 골자다.

그러면 이러한 덕성은 어떻게 키워지는가? 그저 시민 각자의 정신수양을 통해 가능해지는 것일까?

그렇게 생각하는 사람도 있다. 조선 성리학으로 말하면 퇴계 이황과 같은 사람이다. 주리론적 관점이다. 그에 반해 사회의 제도와 기반에서 그 덕성의 가능성을 찾는 사람도 있다. 주기론적 관점이다. 퇴계와 사단칠정론으로 쟁론했던 고봉 기대승의 입장이 그러했으리라. 나는 이들 입장 중 후자를 지지하는 편이다.

사람의 성품이나 인격은 타고나는 면이 크지만 많은 부분 길러지는 것이기도 하다. 타고나는 것에 대해 인간이 할 수 있는 건 없지만 인간은 끊임없이 수양하고 교육됨으로써 좀 더 나은 존재로 길러지는 측면을 부인할 수 없다.

하지만 스스로 수양하여 한 인간이 바뀌는 것에 과도한 기대를 걸어서는 곤란하다. 자기수양만으로 시민적 덕성을 갖춘 인간이 되기는 사실상 어렵다. 항산(恒産)에 항심(恒心)이라 하지 않았는가. 물적 기초가 마련되지 않은 상황에서 사람들에게 자기수양 혹은 정신수양을 강조하는 것은 그 효과를 기대하기 어렵다.

복지와 시민적 덕성의 관계

공공성의 덕성은 사회적으로 자유와 평등, 그리고 정의가 넘칠 때 쉽게 형성되는 것이다. 한마디로 사회적 연대가 가능할 때 시민적 덕성은 쉽게 싹트는 것이다. 그렇지 않은 사회에서는 사람들은 오로지 생존하는 데 관심을 가질 뿐이다. 그런 사회에서는 공공의 이익이란 그저 사치스러운 구호가 될 뿐이다.

시민적 덕성을 키우기 위해 사회가 해야 하는 것은 바로 제도와 기반을 만드는 것이다. 복지 시스템이 바로 그것이며, 교육제도는 그것의 중심이다.

그런 연후 우리는 개인의 수양을 강조해야 한다. 덕성을 키우는 사회적 기반이 없음에도 개인수양, 정신수양을 말하고, 더욱이 우리 사회가 복지 과잉이라고 말하는 상황에서는 시민적 덕성을 기대할 수 없다.

정치인들이 시민적 덕성을 이야기할 때는 스스로를 돌아보아야 한다. 우리 사회의 시민적 덕성을 키우기 위해 정치는 무엇을 했는지…, 시민들이 자신의 삶을 넘어 공공에 관심을 둘 수 있도록 어떤 사회적 기반을 만들었는지(만들고 있는지)….

정치인(지도자) 자신은 아무것도 하지 않으면서 시민들에게는 공공의 이익을 위해 무언가 숭고한 일을 하라고 강요하는 것만큼 가소로운 일은 없다.

룬드의 광장에서 민주주의를 생각하다

광장은 민주주의의 출발점이자 종착역이었다.

      유럽의 도시를 갈 때마다 눈길을 사로잡는 것은 도시마다 있는 광장이다. 고색창연한 역사도시에는 예외 없이 도심에 광장이 있고 성당과 시청, 조그만 가게들이 이를 둘러싸고 있다. 광장에서 두 개의 권력, 즉 교권과 속권이 만나고 이를 경제력이 떠받치는 모습이다. 따지고 보면 서구 사회의 광장은 중세나 르네상스 시기에 비롯된 것이 아니고, 멀리 그리스의 아고라에서 비롯된 것이다. 그러니 광장은 2000년 이상 서구인들의 삶의 공간이었고, 서구 민주주의의 근간이라고 할 수 있다.

서구 도시인들에게 광장은 삶의 중심이다. 매일같이 광장에 모여들어 성당에서 기도하고, 시청에서 볼일을 보았다. 집에 돌아갈 때는 광장에 있는 가게에서 쇼핑을 했다.

그뿐인가. 광장은 정치의 장이었다. 연설가들은 이곳에서 시민들을 향해 정견을 발표했고 시민들은 이에 환호했다. 시민들은 이 광장에서 지배자의 폭정을 고발하고 때로는 총과 칼을 들고 시청으로 향했다. 서구 민주주의 역사를 들여다보면 예외 없이 광장을 거치지 않은 민주주의는 없었다. 광장은 민주주의의 출발점이자 종착역이었다.

스웨덴의 역사도시 룬드도 이러한 모습에서 예외가 아니다. 비록 우리에게는 잘 알려지지 않은 도시지만 이곳에는 유럽의 전형적인 도시 모습, 그중에서도 광장 문화가 아직도 확연히 남아 있다. 이 소도시에 들어가면 도시 한가운데에 룬드 성당이 자리잡고 있다. 성당 옆에는 성당광장이 있다. 평상시 이곳은 만남의 장소이다. 룬드 성당이 도시의 랜드마크니 사람들이 시내에서 만날 때는 자연스레 이곳을 약속장소로 정한다. 그리고 성당 앞길을 따라 남쪽으로 100여 미터만 내려가면 중앙광장 스토르토리예트가 나타난다. 이 광장에는 과거 룬드 시청(공회당)이었던 건물이 아직도 건재하다. 광장을 둘러싸고 있는 건물은 대부분 상가건물이다.

이곳 광장은 사시사철 문화의 공간이다. 연말이 되면 맨 먼저 이곳에 크리스마스트리가 설치된다. 연중 몇 차례 축제가 열릴 때면 이곳은 그 모든 행사의 중심이다. 추운 겨울을 빼고는 거리의 악사들이 언제나 이곳에서 연주를 한다. 사람들은 옹기종기 모여 연주자의 연주와 노래에 박수를 보내면서 따뜻한 햇빛을 즐긴다. 때가 되면 주변 레스토랑의 노변 좌석은 하나둘 차기 시작하고 상가의 출입구는 사람들로 붐빈다.

중앙광장 뒤쪽으로는 또 하나의 넓은 광장 모텐스토리가 있다. 이 광장은 아주 옛날부터 플리마켓(Flea market, 벼룩시장)으로 사용되어 왔다. 매일 아침 룬드 주변의 농가에서 직접 재배한 채소와 과일이 이곳으로 실려 와 점심 무렵까지 장이 열린다. 광장 주변의 대형 슈퍼마켓에도 채소와 과일이 산처럼 쌓여 있지만, 그것과 관계없이 사람들은 농장주들이 직접 자신의 트럭에 싣고 온 싱싱한 식료품을 믿고 산다. 나도 이틀에 한 번꼴로 이곳에서 장을 보았다.

현재 유럽 도시 곳곳에 있는 광장은 과거 선조의 유산이다. 지금 이 광장에서 과거와 같은 광장의 기능이, 민주주의의 기능이 작동한다고 볼 수는 없다. 하지만 서구인들에게 광장은 하나의 문화적 DNA라고 할 수 있다. 그들이 어디를 가도 토론을 즐기는 것은 바로 이러한 DNA가 아직도 그들 삶을 지배하고 있기 때문이다.

나는 서울에서 살면서 주말이면 꼭 동네 산책을 한다. 아쉬운 것은 어딜 가도 광장을 만날 수 없다는 것이다. 골목길을 헤맨 다음

아담한 광장을 만나 거기 벤치에서 잠시 쉬면서 호떡 한 개 사서 먹을 수 있다면 얼마나 좋을까. 우리에게는 광장이 없다 보니 자연스럽게 함께 모이고 토론하는 문화를 가지지 못했다. 그나마 시골 5일장이 유사한 역할을 했을지 모른다. 이것마저 없었다면 유관순의 3·1 만세운동은 불가능했으리라. 하지만 그것이 민주주의 공론장으로 연결되는 데는 한계가 있었다. 민주주의는 그저 모이는 것만으로는 부족하고, 항상 상대를 인정하면서 토론하고 설득해야 하는 절차이기 때문이다.

다행스럽게도 대한민국에 이제 새로운 광장이 탄생했다. 인터넷과 SNS가 그것이다. 이 분야만큼은 우리가 단연 세계 최고라 해도 좋다. 이것은 서구의 어떤 광장과도 비교가 안 되는 소통수단이다. 우리 민주주의에서 중요하게 기록될 총선, 대선이 기다리고 있다. 지금과 같은 숨 막히는 정치질서가 연장될 것인가, 아니면 그 고리를 끊고 변화의 길로 들어설 것인가. 이러한 갈림길에서 인터넷과 SNS가 그 역사를 좌지우지할지 모른다. 이 수단을 우리가 현명하게 활용한다면 새로운 민주혁명이 대한민국에서 일어날 것이지만, 그렇지 못할 경우 과학기술에 왜곡된 또 다른 우민정치가 시작될 것이다. 그 선택은 우리 민주시민의 지혜와 역량에 달려 있다.

소통, 그리고 의식의 르네상스에 대하여

우리는 20세기 서구 자본주의에 의해 여지없이 무너졌다.
우리는 아직 정신적 아노미 그 한가운데서 오늘을 살고 있다.

  ☾

   ☾

   ◖

   ✦

　　　아침에 일어나 보니 페친 채형복 교수의 글이 배달되었
다. 소통에 관한 글이다. 그의 시적 감수성과 예의 진실성이 돋보인
다. 그 글을 읽고 느낀 점이 있기에 간단히 써 보았다.

　　한국 사회의 소통부재의 철학적 기초를 생각해 본 일이 있는가?
누군가가 나를 외국인으로 착각하고 그것을 물어 보면, 나는 이렇
게 답할 것이다.

"한국 사람은 아직도 중세에 살고 있습니다. 그들은 권위라는 신이 명령하는 세계에서 현재를 살고 있습니다. 그들에게 필요한 것은, 자기 자신이 한 인간이라는 사실, 자기 자신이 한 개인으로서 자유로운 영혼의 소유자이어야 한다는 의식입니다. 그리고 내 앞에 있는 당신도 그런 존재라는 사실을 알아야 합니다. 한국 사람에게 는 그런 의식이 부족합니다."

가정에서 대화가 부족한 것은 부모와 자식이 서로를 독립된 개 인으로 인정하지 않기 때문이다. 부모는 무조건 주는 사람이고, 자식은 받는 사람이다. 주는 사람은 말하고, 받는 사람은 들을 뿐 이다.

학교에서 대화가 부족한 것은 선생과 학생이 서로 독립된 개인 으로 인정하지 않기 때문이다. 선생은 무조건 가르치는 사람이고, 학생은 배우는 사람이다. 가르치는 사람 앞에서 배우는 사람이 감 히 머리를 치켜세울 수가 없다.

직장에서 대화가 부족한 것은 상사와 하급자가 서로 독립된 개 인으로 인정하지 않기 때문이다. 상급자는 명하고, 하급자는 따르 는 게 당연하다는 생각을 한다. 명하는 사람 앞에서 어찌 따르는 자 가 토를 달 수 있겠는가.

가정도, 학교도, 직장도 진정한 대화가 이루어지려면 '나'와 '상 대' 모두가 자유롭고 독립적인 주체라는 것을 인식하고 그것에 기초하여 관계가 이루어져야 한다. 이런 인식을 갖게 되면 자연스럽게 다음과 같은 현상을 경험하게 된다.

첫째, 우리를 억누르는 권위와 속박에서 벗어나려고 할 것이다. 우리 사회의 온갖 비민주성, 비인간성에 대해 저항할 것이다. 스스로 역사의 주인이 되고자 노력할 것이다. 이런 사람이 사회에 꽉 차 있을 때 독재는 원천적으로 불가능하다.

인권의 실현은 우리의 이런 의식이 전제되지 않고서는 타자에 의한 예기치 않은 선물일 뿐이다. 그 선물은 오래가지 않는다. 온전히 인권을 누리려면, 나 스스로 그것을 만들지 않으면 안 된다.

둘째, 이런 의식을 갖게 되면 나 아닌 상대도 존중되어야 한다는 것을 당연하게 받아들인다. 내가 자유로운 개인이라면 남도 그런 존재다. 그런 존재와 함께 산다면 당연히 타협하고 조화를 이루지 않으면 안 된다. 상대는 또 다른 '나'다.

여기에서 대화가 나타난다. 나는 일방적으로 명하는 것에 따르는 존재가 아니고, 남도 그런 존재가 아니다. 이런 존재들이 대화하지 않고 어떻게 살 수 있겠는가. 사회는 토론하고 또 토론해서 무언가 조화로운 결론을 얻어 낼 수밖에 없다.

서양에서는 개인의 발견, 곧 자아의 발견은 르네상스 시기에 나타났다. 그 이전은 신의 시대요, 그 이후는 인간의 시대다. 서양이

르네상스를 기점으로 동양을 앞선 이유도 따지고 보면 그런 철학적 기초에서 찾을 수 있다. 거기에서 인간의 합리주의, 근대 과학이 잉태되었기 때문이다. 이러한 르네상스는 한 개인에게도 적용될 수 있다. 한 인간의 의식세계에도 중세가 있는가 하면 르네상스가 있다. 어떤 이는 죽을 때까지 중세 속에서 살고, 어떤 이는 일찌감치 르네상스를 맞이한다.

당신은 지금 어느 시대에 살고 있는가?

문제는 어떻게 하면 의식의 르네상스를 맞이할 것인가이다. 이것을 맞이하지 않고서는, 우리는 언제까지나 종살이를 면치 못한다. 인간이 만든 온갖 권위에 복종하는 삶을 살 수밖에 없다. 자신이 주인이 되어 세상을 당당히 살지 못한다.

한 인간이 온전히 자유로운 개인으로 재탄생하는 과정에서 가장 중요한 요소 중 하나는 물질이다. 이 물질을 어떻게 극복하느냐에 따라 한 인간은 노예가 될 수도, 주인이 될 수도 있다.

조선시대 사대부들은 이 문제를 자신에 대한 엄격한 수양으로 극복할 수 있다고 보았다. 황금 보기를 돌같이 하면서 엄격한 자기수양을 감행했다. 그렇게 하여 적지 않게 성공한 개인을 만들어 냈다.

조선 성리학의 금자탑을 쌓은 우리의 선조 몇몇은 그런 찬사를 받을 만하다. 그중에서도 이(理)와 기(氣)의 관계에서 이를 중심으로 세상을 보는 이들은 더욱 그랬다. 그들은 이와 기의 싸움에서 결코 이를 기에게 양보하지 않았다. 인의예지(仁義禮智)라는 인간의 도덕심은 기와는 관계없이 이를 키움으로써 가능하다고 생각했다.

그러나 나는 그게 얼마나 성공했는지, 얼마나 지속되었는지, 그래서 우리나라의 도덕적 기반으로 정착하는 데 성공했는지에 대해서 확신할 수 없다. 내가 보기에는 성공적이지 못했다. 우리의 선조는 물질에 대한 도덕철학을 완성하지 못했다.

그 결과 우리는 20세기 서구 자본주의에 의해 여지없이 무너졌다. 식민지와 전쟁은 그 과정에서 일어난 것이다. 그 충격에서 우리의 정신세계는 헤어나지 못하고 있다. 우리는 아직 정신적 아노미 그 한가운데서 오늘을 살고 있다.

서양의 초월주의, 미국의 19세기 철학자들은 물질에서 인간의 정신을 해방시킬 것을 강조했다. 우리가 잘 아는 헨리 데이비드 소로, 그는 거의 무소유에 가까운 생활을 하면서 인간이 가장 적은 물질로도 최고의 정신을 가질 수 있다는 것을 증명했다. 그는 월든 호숫가의 조그만 통나무집에서 2년 동안 살면서 그것을 실험했다.

하지만 그것은 실험에 불과하다. 소로가 평생 그런 생활을 한 것도 아니다. 그의 실험을 폄하할 필요는 없지만 그런 삶을 모든 사람에게 강요하는 것은 무리한 일이다. 평범한 사람은 적당히 먹고, 적당히 놀면서 쾌적한 집에서 살기를 원한다. 그래야만 행복하다. 우리 모두는 초인이 아니며, 그럴 필요도 없다.

그러니 물질이 적당히 받쳐 주지 않으면 자유로운 개인은 탄생할 수 없다는 생각은 자연스런 결론이다. 최소한의 물질적 토대를 마련하면서 동시에 정신의 독립을 이루어야 한다는 말이다.

여기서 나는 우리 사회경제체제가 곧 우리의 정신세계의 근본적 원인이라는 결론에 도달한다. 우리의 정신은 상부구조요, 물질은 하부구조다. 상부구조는 하부구조에 의해 결정된다. 내가 특별히 마르크스의 인식론을 천착하는 게 아니다. 적어도 이것은 인류가 이제껏 깨달은 가장 중요한 인식론이라는 사실, 그 점만큼은 인정하지 않을 수 없다는 것이다.

나는 인식론에서 물질 중심주의에 빠진 결정주의자는 아니다. 다만 정신과 물질과의 관계는 매우 중요하고, 이 관계가 사회의 정신세계에 막대한 영향을 끼친다는 사실, 이것에 대해서만큼은 이론을 제기하지 않을 정도로 신봉한다.

이런 면에서 우리의 소통을 가로막는 가장 큰 원인은 물질적 토대의 취약함이다. 우리 사회의 구성원들이 스스로 자유로운 개인이 되지 못한 가장 큰 원인—유일한 원인이라고 말하지는 않겠다—은 물질에서 독립하지 못했기 때문이다. 많은 이들이 경제적으로 자립하지 못하고 누군가로부터 의존하지 않을 수 없는 사회에서 살다 보니 말을 안 한다. 남의 눈치 보기에 급급하다.

우리 사회는 의존사회다. 자식은 부모에게, 아내는 남편에게, 가난한 친구는 부자 친구에게 의존하지 않고서는 살 수가 없다. 그 속에서 진정한 대화는 없다. 대화는 독립적 주체들 간에서 하는 것이다. 나에게, 그리고 너에게 자유가 없고서는 진정한 대화가 있을 수 없다.

소통이 부족한 우리 사회를 이야기하다가 여기까지 왔다. 내가 하고 싶은 말은 물질적 토대를 제대로 갖추는 데에서 소통의 진짜 해결책을 만들어야 한다는 것이다. 그게 바로 복지국가를 염원하는 이유이다.

'쓸모없는 것'에 대한 찬양

유용성의 눈으로는 별 가치를 인정받지 못할 꽃 한 다발.
그러나 그것의 효용을 아는 순간 우리는 인간이 되는 것이다.

세월호 선체 인양과 관련하여 이런 말을 하는 사람들이 있다. "그거 인양하는 데 수천억 원이 든답니다. 그 돈도 모두 우리 국민 세금이에요. 그거 인양한다고 해서 죽은 아이가 살아오는 것도 아닌데, 거기에 그런 돈을 써야 하나요? 그저 죽은 아이는 가슴에 안고 사는 겁니다."

이런 말을 하는 이라면 그가 태어나서 무엇을 공부했고, 어떤 책을 읽어 왔는지 지적 족보를 따져 볼 필요가 있다. 그러나 보나마나 답은 나와 있다. 그는 공리주의의 주술에 영혼을 팔아 버린 사람일 것이다. 그에게 세상의 정의는 이것 하나다. 최대 다수의 최대 행복! 돈으로 계산하여 이익이 되면 그게 진리인 게다. 힘이 있으면 그게 최고라는 것이다.

이런 사람에게는 유용하지 않은 모든 것이 경멸의 대상이다. 그는 시간을 너무 소중하게 여긴 나머지 사색 자체도 시간 낭비라 생각할 것이다. 유용성을 절대가치로 아는 공리주의는 경제적으로 이익이 되지 않는 모든 것은 쓸모없는 것으로 취급한다. 교향곡보다는 망치가, 시보다 칼이 더 평가받을 수밖에 없는 것이다. 그러나 사람들 중에는 분명히 다른 생각을 하는 사람도 있다. 돈이, 권력이 전부가 아니라는 것이다.

내 페친 중에 국내의 한 연구소에서 일하는 어느 박사 연구원이 있다. 그가 며칠 전 페북에 이런 글을 썼다. 잠시 그의 글을 보자(내가 조금 윤문했다).

회사 앞에 빼곡하게 서 있는 임원용 자가용이 대기하고 있는 걸 보면서, 성공에 대한 욕망을 느낀다. 나도 상무 되고 전무 되고 부사장 될까. 검사장이 되고 대법관이 되고 장관이 되고 총리가 되고⋯. 큰 차 타고 사람들은 굽신거리고⋯ (그게 대한민국이지!)

내가 하는 일은 캐나다에서나, 스웨덴에서, 미국에서 하던 일과

별반 다르지 않다. 돈은 한국에서 더 많이 버는 거 같은데, (그러나) 나는 행복하지 않다.

나는 산책하고 밥해 먹고 장 보고, 친구들 초대해서 초라하지만 라면 끓여 먹을 때가 더 행복하다.

나나 이 친구에게는 오늘 우리 시대는 야만의 시대다. 돈과 권력을 향해 무한 질주하는 이 시대가 과연 인류가 이루어 놓은 고도문명의 정체인가.

세상이 유용하다고 하는 것만이 반드시 가치가 있는 게 아니다. 때로는 무용하다고 하는 것에서도 번득이는 지혜가 나오는 법이다. 허공을 꽉 채우는 것만을 유용하다고 볼 수 없다. 때로는 허공을 비우는 것이 지혜다.

이런 이유로 (돈과 권력으로 대표되는) 유용성이 지배하는 이 야만의 시대에 쓸모없어 보이는 지식이 도전해야 한다. 그것이 우리의 희망이다. 우리가 고전을 읽고, 음악을 듣고, 그림을 보며, 자연을 탐구하는 이유가 여기에 있다. 그것이 당장 돈을 갖다 주지는 않는다고 해도, 그것은 인간다운 인간을 만드는 에너지가 될 것이다.

요즘 세상에 이런 생각을 하는 사람들은 고독하다. 정말 이런 생각이 정상인가? 그러나 염려하지 말라. 세계 곳곳에 고독한 우리와 생각을 나눌 동지들이 있으니 말이다.

나는 며칠 전 그런 동지를 발견했다. 그것도 이 나라가 아닌 저 유럽 이탈리아의 석학이다. 누치오 오르디네. 알고 보니 르네상스 인문학의 거목이다. 그가 쓴 책 『쓸모없는 것들의 쓸모 있음』에 내가 그동안 생각해 온 것들이 고스란히 담겨 있었다. 200쪽이 조금 넘는 두껍지 않은 책이지만 그 메시지는 강렬하다. 그냥 눈으로만 읽을 책이 아니라 정신을 바짝 차리고 문장 하나하나에 밑줄을 치면서 읽을 책이다. 그는 '쓸모없는' 지식이라고 취급되는 고전 읽기, 자연탐구, 예술, 비판적 사고 등의 위대한 '쓸모 있음'을 이야기한다.

그는 공리주의에 빠져 모든 것을 돈으로 계산하고, 유용성의 수치로 재단하는 우리 문명에서 '쓸모없는 것들'이 갖는 의미를 설명한다. 우리가 사는 공동체의 의미는 오히려 그 쓸모없는 것들이 알려 줄 수 있다는 것이다.

쓸모없는 것을 생산하길 거부한다면, 오직 돈을 벌기 위해 달려가기만 한다면, 우리는 무분별하고 병적인 공동체를 만들고 말 것이다. 이 공동체는 결국 길을 잃고 자기 자신과 생명의 의미를 잃게 될 것이다.(누치오 오르디네, 『쓸모없는 것들의 쓸모 있음』, 김효정 옮김, 컬처그라퍼, 2015년, 31쪽)

누치오 오르디네는 인문교육이 망가지고 유용성만 강조하면서 정부와 기업의 하도급 업체로 전락하고 있는 대학에 경고를 보낸다. 내가 평소 대학에 있으면서 느껴 왔던 문제의식이다. 그의 말은 전적으로 대한민국의 대학에도 해당하는 말이다.

직업이 요구하는 전문적인 기술을 가르치기 이전에 보다 폭넓은 인문 교육을 먼저 하지 않는다면, 어떤 직업도 전문적으로 훈련될 수 없다. 인문 교육을 통해 학생들이 자율적으로 그들의 정신을 함양하고 그들의 호기심을 자유롭게 표출하도록 해야 한다.

(…)

모든 형태의 공리주의와 철저히 거리를 둔 이와 같은 교육적 차원의 접근이 없다면, 미래를 내다보며 공공복지를 포용하고, 연대감을 나누며, 관용의 정신을 옹호하고, 자유를 위해 싸우며, 환경을 걱정하고, 정의를 지킬 수 있는 책임 있는 시민을 길러 내기 어려울 것이다.(앞의 책, 116쪽)

정말 이 나라가 인간의 존엄성을 제대로 인정하는 국가다운 국가가 되기 위해서는, 그래서 다시는 세월호 사건과 같은 참사가 일어나지 않기 위해서는 돈과 이익만을 좇는 천박한 자본주의에서 해방되지 않으면 안 된다. 그것을 위해 우리는 무엇을 해야 하는가.

『레미제라블』을 쓴 빅토르 위고는 150년 전에 이미 그 답을 내놓았다.

> 학교, 교수, 도서관, 박물관, 극장, 서점을 배로 늘려야 합니다. 아이들이 공부할 장소와 어른들이 책을 읽을 장소, 그리고 사색하고 정신을 집중하고 뭔가를 배우고 더 성장하기 위한 교육기관을 배로 늘려야 합니다. 한마디로 말해 어디서든 국민의 정신에 빛을 밝혀야 합니다.(빅토르 위고의 1848년 연설, 앞의 책, 121쪽)

돈의 화신이 되어 인간을 죽이는 야수는 '국민의 정신에 빛을 밝히는 사회'에서 인간으로 탄생하는 것이다. 이런 인간이 언제 태어나는가. 그것은 바로 우리가 사랑하는 여인에게 꽃 한 다발을 바칠 때 태어날지도 모른다. 유용성의 눈으로는 별 가치를 인정받지 못할 꽃 한 다발. 그러나 그것의 효용을 아는 순간 우리는 인간이 되는 것이다.

> 사랑하는 여성에게 최초의 화관을 전하는 순간 원시인은 자신의 야만 상태를 초월했던 것이다. 원시적인 본능을 초월할 때 비로소 그는 인간이 되었다. 쓸모없는 것의 용도를 간파하는 순간, 인간은 예술의 왕국에 들어서게 된다.(오카쿠라 텐신, 앞의 책, 102쪽)

210

꽃 한 다발의 효용을 어떻게 알 것인가. 이 시대에 '쓸모없는' 일이라 불리는 고전을 읽자, 밤하늘의 별을 헤자, 아름다움을 노래하자. 그럴 때 당신에게 그 순간이 찾아올 것이라 믿는다.

4장

나는 국민이기에 앞서

인간으로 살고 싶다

나는 국민이기에 앞서 인간으로 살고 싶다

비록 완전한 자유를 쟁취하는 것이 힘들고, 오랜 시간이 걸린다 하더라도,
자유를 쟁취하는 과정을 정지시킬 수는 없을 것이다.

나는 가끔 대한민국 사회에서 사는 게 숨이 막힌다. 나는 자유롭게 살길 원한다. 다른 이에게 피해를 주지 않는다면, 말하고 싶을 때 말하고, 쓰고 싶을 때 마음대로 쓰고 싶다. 나는 그것이 인간 존재의 필요조건이라고 생각한다. 자유가 없는 사회는 죽은 사회다.

대학시절 이후 오늘에 이르기까지, 나는 우리 사회에서 이 기본적 자유가 시시때때로 위협을 받고 있는 것을 지켜보았다. 변호사

가 된 이후에는 불온한 말을 했다는 이유로, 불온한 책을 보았다는 이유로, 집회에 참여했다는 이유로 감옥에 간 이들을 위해 변호하기도 했다.

누군가는 말할 것이다. 우리는 분단된 사회에서 살아가기 때문에 어느 정도의 자유의 제한은 감수하면서 살아가야 한다고. 그래도 우리는 북한에 비하면 얼마나 자유로운 사회에서 사느냐고. 그러나 나는 이런 견해에 동의하기 어렵다. 우리의 자유를 옥죌 때마다 북한을 들먹이는 것을 이제는 더 이상 용인할 수 없다.

북한의 존재가 우리 삶에서 하나의 한계로 작용하는 것을 인정하지만, 그럼에도 불구하고 이 사회를 더욱 자유롭고 포용이 넘치는 사회로 만들어야 한다. 그것이 우리 사회의 강점이자 최고의 안보정책이다. 안보는 총칼로만 하는 게 아니다. 구성원 한 사람 한 사람이 자신의 사회와 체제에 대해 긍지를 가질 때, 그것이 진정한 안보이다.

지금 한국 사회는 다시 동토지대가 되어 가고 있다. 2014년 헌법재판소가 통합진보당에 대한 정당해산 결정을 한 이후로 신매카시즘의 광풍이 불고 있다. 자칫하면 수많은 사람들이 특정 정치적 결사에 참여했다는 이유로, 그 조직을 후원했다는 이유로, 또 그들의 집회에 참여해 말했다는 이유로 수사를 받고, 감옥에 갈지도 모르는 상황에 직면해 있다.

몇 년 전 일이다. 국방부에서 시중 서점 어디에서도 볼 수 있는 책들을 금서로 정한 다음 군인들에게 읽지 못하게 하는 일이 일어났다. 이에 대해 뜻 있는 군법무관들이 그런 것은 헌법상의 사상·양심의 자유를 침해하는 것이라면서 헌법재판소에 헌법소원을 제기했다. 그런데 유감스럽게도 헌법재판소는 이를 기각했다. 결국 국방부의 그런 조치가 대한민국 땅에서 허용된다는 것이다.

이와 같은 우리 사회의 현실에 동의하는가. 만일 동의한다면, 더 이상 이 글을 읽을 필요가 없다. 그러나 동의할 수 없다고 생각한다면, 이 글은 독자 여러분을 위한 것이다. 나는 대한민국 사회에서 위와 같은 일을 볼 때마다 이런 생각을 한다. '나는 국민으로 살 것인가, 인간으로 살 것인가.'

만일 당신이 어떤 책을 보고 싶은데 국가가 그 책을 불온도서로 규정했다 치자. 이때 그 책을 읽지 못하는 것이 당연하다고 생각하면 당신은 철저한 '국민'이다. 이런 사람은 국가가 읽지 말라는 책을 왜 읽느냐고 오히려 반문할지도 모른다.

또 이런 사람도 있다. 내가 책을 읽는데 국가의 승인을 왜 받아야 하냐고. 도대체 국가가 무엇이기에 나의 책 읽는 일까지 참견하느냐고. 이런 사람은 책을 읽는 것은 전적으로 '나' 개인의 일이지 '국가'의 일이 아니라고 생각한다. 바로 이 사람이 '인간'으로 살아가는 사람이다.

이런 생각을 좀 연장하면 우리 국가보안법의 정당성 여부에 이른다. 국보법은 금서를 인정한다. 어떤 책이 '반국가단체(북한)를 이롭게 할 목적'으로 만들어졌다면—그런데 이 목적성은 책을 저술한 사람이 판단하는 게 아니다. 국가가 그렇다고 판단하는 게 문제다—그것은 금서이며, 그것을 읽는 것은 엄격히 금지된다. 그것을 위반하면 국가의 엄격한 제제(형벌)를 받게 된다.

그러니 이 법률을 당연시한다면 당신은 철저한 '국민'이다. 이 법률을 반대한다면 당신은 '인간'으로 살기를 원하는 것이다. 그러나 그에는 대가가 따른다. 감옥에 갈지도 모를 무시무시한 대가이다. 이제 독자들에게 다시 묻는다. '당신은 국민으로 살 것인가, 인간으로 살 것인가.'

국민? 인간? 이런 데에 조금 관심 있는 사람들은 19세기 미국의 사상가 헨리 데이비드 소로를 만나 볼 것을 권한다. 특히 그가 쓴 『시민의 불복종』을 읽어 보시라. 그는 인간으로 사는 세상을 희망했다. 소로가 바라던 세상은 그리 복잡한 것이 아니다. 그 세상은 나의 자유가 보장되는 사회다. 내 삶의 방식이 존중되는 사회, 그것이면 족하다. 소로는 이렇게 말한다.

우리는 먼저 인간이어야 하고, 그 다음에 국민이어야 한다고 나는 생각한다. 법에 대한 존경심보다는 먼저 정의에 대한 존경심을 기르는 것이 바람직하다. 내가 떠맡을 권리가 있는 나의 유일한 책무는, 어떤 때이고 간에 내가 옳다고 생각하는 일을 행하는 일이다.(헨리 데이비드 소로, 『시민의 불복종』, 강승영 옮김, 이레, 1999년, 13쪽)

권위주의 시대를 마감하고 민주정권이 들어서면 자유를 위한 투쟁도 끝이 날 것이라고 생각했지만, 지난 몇 년을 돌아보면 자유란 한번 얻어졌다고 영원히 계속되지 않는다는 것이 입증되었다. 이명박 정권 5년과 박근혜 정권 동안에 나타난 일련의 보수화 물결은 인권의 위축을 가져왔고, 우리의 사상과 표현의 자유에 심각한 위험 신호를 보내고 있다.

생각해 보면, 세계사를 사상사적인 면에서 보면 사상의 자유는 당연한 권리가 아니었다. 아니, 당연한 권리가 될 수가 없었다. 사람들은 사상의 자유를 당연한 것으로 알지만, 그 권리는 무수한 투쟁을 통해 얻어진 것이지 그냥 얻어진 것이 아니다. 민주주의는 피를 먹고 자란다고 하지만, 사상의 자유야말로 유혈 낭자한 전쟁터 한가운데서 피어난 장미꽃과 같은 것이다. 1970~1980년대 독재정권에 항거하던 지식인 사이에서 많이 읽힌 책 중에서 19세기 말 영국 역사가 존 베리가 쓴 『사상의 자유의 역사』란 책이 있다. 거기에서 베리는 사상의 자유를 얻기 위한 험난했던 역사를 이렇게 표현했다.

사상의 자유가 어떤 식으로든 가치 있으려면 그것은 언론의 자유를 포함해야 한다. (…) 우리는 언론의 자유에 너무 익숙해져 그것을 하나의 당연한 권리로 간주한다. 그러나 이 권리는 아주 최근에야 획득되었으며, 그것을 얻는 데 이르는 길에는 유혈의 호수들이 가로놓여 있었다.(존 B. 베리, 『사상의 자유의 역사』, 박홍규 옮김, 바오, 2005년, 20~21쪽)

서양사상사를 통해서 우리가 배울 수 있는 것은 아무리 강고한 권위가 세상을 지배한다고 해도, 그것에 도전하는 이성을 결코 잠재우지 못한다는 것이다. 중세를 생각해 보라. 종교적 권위가 얼마나 대단했는가. 말 한 번 잘못하면 화형을 면치 못했다. 종교적 권위는 물리적이고 도덕적인 폭력을 행사했고, 법적으로 강제했으며, 사회적 비난을 무기로 삼아 이성을 공격했다.

그럼에도 인간의 이성은 유일한 무기인 논증을 기초로 그런 압제 속에서도 조금씩 피어나기 시작했다. 인간의 삶은 종교의 통제를 벗어나지 못했지만, 인간은 자신의 이성을 신뢰하기 시작했고 습관과 제도를 하나하나 바꾸어 나갔다. 그리하여 새로운 문명, 즉 생각하는 자유와 그것을 표현하는 자유가 있어야 함을 인정하기에 이르렀다. 베리는 이러한 자유를 인정하는 과정에서 제한 없는 토론의 자유가 중요했음을 강조한다.

만일 문명의 역사가 가르쳐 주는 교훈이 있다면 그것은 다음과 같을 것이다. 순전히 인간의 능력 범위 내에서 확보될 수 있는 정신적 · 도덕적 진보의 최고 조건이 있다. 그것은 바로 사상과 토론의 완전한 자유이다.(앞의 책, 265쪽)

　대한민국에서는 해방 이후 오늘에 이르기까지 사상의 자유는 국가보안법이란 괴물에 의해 시시때때로 부인되었다. 정권마다 약간의 차이는 있지만, 우리는 아직도 문명국가에서 누리는 완전한 사상의 자유를 누리지 못하고 있다. 국가보안법 제7조를 보라. "국가의 존립 · 안전이나 자유민주적 기본질서를 위태롭게 한다는 점을 알면서 반국가단체(…)의 활동을 찬양 · 고무 · 선전 또는 이에 동조(…)한 자는 7년 이하의 징역에 처한다."

　이 조항은 우리의 사상의 자유와 토론의 자유를 근본적으로 옥죄는, 법이라는 이름의 4번 타자이다. 이 법을 잘못 사용하면 정권은 그에 대항하는 사람들을 얼마든지 북한 정권과 동일시하여 감옥에 넣을 수 있다. 그러니 우리는 함부로 말을 해서는 안 된다. 자칫 말 한마디가 치명적일 수 있으니 말이다.

　국보법은 이 땅에 사는 사람들로 하여금 북한이 제시하는 어떤 정책도 동의할 수 없게 만든다. 아니 그것 이상으로 북한에 대해서는 적대적으로 생각하고, 적대적으로 표현해야 이 사회의 건전한 구성원으로 인정받을 수 있다. 국보법 적용의 역사를 보면, 어떤 사람의 주장이 결과적으로 북한의 주의·주장과 동일한 경우도 북한을 찬양·고무하는 자로, 혹은 동조하는 자로 평가되었다. 우리가 남북한과 관련된 말을 하고자 한다면 북한의 주의·주장을 전부 찾아보고, 북한이 말하지 않은 것만을 골라 말해야 한다. 그렇지 않으면 언제든지 감옥에 갈 것을 각오해야 한다.

서구는 1,000년 이상 종교적 권위에 이성이 도전했다. 그러나 우리는 근세사에 들어서 국가 권력이 만든 권위에 도전하는 이성의 역사를 경험하고 있다. 비록 그 과정은 다르나 본질은 다를 수 없다. 종교는 도전하는 이성을 이단시하면서 폭력으로 대응했으나, 결국 이성의 도전을 받아들이지 않을 수 없었다. 서구 사회의 사상의 자유, 표현의 자유, 집회 결사의 자유는 모두 이성의 도전에서 얻어 낸 결과가 아닌가.

나는 대한민국도 필시 그런 역사를 걸어가고 있다고 믿는다. 국가 권력이 아무리 국보법을 무기로 사상의 자유, 표현의 자유, 결사의 자유를 제한한다 해도, 결국 이성의 도전에는 굴복하지 않을 수 없을 것이다. 비록 완전한 자유를 쟁취하는 것이 힘들고, 오랜 시간이 걸린다 하더라도, 자유를 쟁취하는 과정을 정지시킬 수는 없을 것이다. 해방 이후 우리의 역사가 그것을 증명하지 않았는가. 땅에 떨어진 국보법의 현주소가 바로 그것을 말해 주지 않는가.

마지막으로 소로가 염원한 사회를 다시 한 번 생각해 보자. 그가 원하는 삶의 방식이 허용되는 사회란 개인을 한 이웃으로 존경할 수 있는 사회를 말한다. 국민이 될 것을 강요하지 않고, 국가와 상관없이 살 수 있는 인간 본연의 삶을 '최대한' 인정하는 그런 사회를 말한다.

그런 국가는 일부 소수의 사람들이 국가에 대해 초연하며, 국가에 대해 참견하지도 않고, 국가의 간섭을 받지 않고 살더라도, 이웃과 동포에 대한 의무를 다하는 한 그들이 국가의 안녕을 해치는 자들이라고 생각하지는 않을 것이다.(헨리 데이비드 소로, 앞의 책, 58쪽)

소로가 바라는 세상이 우리가 바라는 세상이 될 수는 없을까. 불복종 운운의 이야기를 했다고 두들겨 맞는 사회가 아니라, 이런 말도 대한민국의 민주주의 발전을 위한 고견이라고 존중해 줄 수 있는 그런 따뜻한 사회, 그것이 과연 나만의 유토피아에 불과한 것인가. 아니다, 그것은 유토피아가 아니다. 언젠가 우리가 반드시 이 땅에서 성취해 내야 할 우리의 본 모습이다. 나는 정녕 그런 사회를 소망한다.

'내 멋'대로 살아라

내게 특별함이 있다면, 그것은 내가 남과 다르다는 것을 깨닫고 그것을 실천하려 한 것이다.

우리 사회처럼 개성 없는 사회가 세상에 또 있을까. 남들과 같아야만 마음을 놓을 수 있는 이 사회에서 우리는 정말로 재미없게 살고 있지는 않은가. 생각도, 몸도, 패션도, 모든 게 같아야만 한다. 한마디로 획일사회. 그래서 아이들과 젊은이들은 괴롭다. 모두가 일류대학에 들어가야 하고 모두가 제한된 몇몇 직업에 종사해야 사람 대접을 받는다고 윽박지른다.

"나는 다르다, 누구보다 다르다."

르네상스를 연 계관시인 페트라르카의 말이다. 사람은 모두가 서로 다르기에 의미가 있으며 달라야 사람 대접을 받는다. 똑같을 이유는 더욱 없다. 한마디로 남과 다른 자기 멋이 있어야 한다. 그것이 누군가의 눈에 조금 거슬릴지라도, 남에게 피해만 주지 않으면 상관없다.

머리를 길러도 좋고, 땋아도 좋고, 박박 밀어도 좋다. 조금 뚱뚱한 것도 좋다. 모두가 날씬한 성형미인이 될 필요는 더욱 없다. 몸에도 개성을 부리자.

일류대학이 아니어도 좋다. 자기가 좋아하는 공부를 하고 거기

6년 전 이란을 여행할 때 찍은 사진이다. 나는 저렇게 메모하면서 3천여 킬로미터를 다녔다. 2013년에 『문명과의 대화』를 출간하면서 "나는 기록한다, 고로 존재한다"라고 나 자신을 소개한 바 있다.

에 미래를 거는 사람이 필요하다. 언젠가는 분명히 그 공부가 답을 줄 것이다. '내가 잘 선택했구나' 하고 말이다. 그러나 한 가지는 반드시 기억하자. 성실함이다. 어떤 것을 해도, 어떤 멋을 부려도 좋지만 성실해야 한다. 묵묵하게 자신의 길을 걸어가야 한다.

나는 변호사이자 박사이고 교수이지만, 그것은 작은 노력과 큰 운의 작용이었지 그 이상은 아니다. 만약 내게 특별함이 있다면 그 것은 내가 남과 다르다는 것을 깨닫고 그것을 실천하려 한 것이다. 이 깨달음이 중요하다. 나는 그것이 어떤 직업이나 직함을 갖게 된 것보다 훨씬 중요하다고 생각한다.

처음 변호사가 되었을 때 막막했다. 너무나 잘난 사람들이 주변에 많아 주눅이 들었다. 나도 당당하게 무엇인가 하면서 살고 싶었는데…. 그런데 그때 깨달음이 왔다. 다르게 살자, 남과 같을 필요가 없다, '내 멋'대로 살자, 그러나 성실하게 살자. 그렇게 생각하다 보니 잘난 사람을 보면 그저 쿨하게 잘난 것을 인정하게 되었다. 나는 나의 길이 있기 때문이다.

나의 다름은 무엇일까? 나는 의미 있는 것들을 모두 기록하려고 노력한다. 무엇을 보아도 예사롭게 보지 않고 그 의미를 파악하고 그것을 기록한다. "나는 기록한다, 고로 존재한다." 나는 기록하는 인간이다. 또한 나는 삶 속에서 항상 생각한다. "나는 생각한다, 고로 존재한다." 물론 이 두 가지 특성을 갖고 있는 이들이 세상에는 즐비하겠지만, 그것은 그리 중요한 것은 아니다. 그들은 그들이고 나는 나다.

　나는 그렇게 살고 있고, 그렇게 살 것이다. 결코 남과 비교하지 않을 것이며 남의 탁월함을 깎아 내리지 않으며 그 탁월함을 탁월함대로 존중할 것이다. 그것이 나의 다름과 존재의 의미를 깎아내리지는 못할 것임을 알기 때문이다. 나는 다르다, 누구보다 다르다. 남과 다른 나만의 특별함이 있다는 것을 깨닫고, '내 멋'대로 사는 것이 삶을 특별하게 만드는 것이 아닐까?

쾌락과 절제가 그리운 대한민국

세계 최장의 노동시간을 자랑하는 것만으로는 살 수 없다.

언젠가 기회가 되면 브라질에 갈 것이다. 거기에 가서 리우 카니발에 참가하고 싶다. 거리를 꽉 메운 인파 속에 들어가 무희들과 한바탕 삼바춤을 추고 먹고 마시면서 즐기고 싶다. 비록 한순간의 쾌락이지만 그렇게 한번 살아 보고 싶다. 그것이 나의 꿈틀거리는 본능 중 하나다.

내가 이런 꿈을 꾸는 것은 우리의 삶이 너무 팍팍하기 때문이다. 일 년 열두 달 어느 때고 즐거운 때가 없다. 개인적으로야 간간히 그런 일이 있을지도 모른다. 하지만 우리에게는 사회 전체가 즐기는 문화행사가 없다. 남녀노소, 빈부귀천을 떠나 모든 사람이 적어도 한순간은 모든 것을 잊고 놀 수 있는 그런 시기가 없다.

사람은 기계가 아니다. 가난에 절고, 권위에 숨막히는 생활을 하면서 세계 최장의 노동시간을 자랑하는 것만으로는 살 수 없다. 우리도 놀아 보아야 한다. 우리의 본능을 신나게 만끽할 수 있는 자유의 공간을 만들어야 한다. 이것이 나만의 공상일까?

그러나 그런 공상이 현실화된다고 해도 그 육체적 쾌락을 지속할 수 없는 것이 우리 인생사다. 육체적 쾌락의 지속은 정신을 파괴한다. 쾌락만을 위한 삶은 인간을 짐승과 다름없는 존재로 타락시킨다. 그렇기에 인간에게는 절제가 필요하다. 그 절제가 쾌락을 조절할 것이니, 그것은 정신의 산물이다.

피터르 브뤼헐은 16세기 북유럽 르네상스의 한가운데에서 쾌락과 절제의 문제를 정확히 관찰했다. 그리고 그것을 한 장의 그림으로 완성했다. 제목도 멋지다! '사육제와 사순절 사이의 싸움(The Fight between Carnival and Lent)'. 제목만 보면 매우 종교적이다. 어떻게 보면 그림 내용도 그렇다. 하지만 이 그림을 너무 종교적으로만 보지 말자. 위에서 이야기한 대로 쾌락과 절제라는 인간의 영원한 갈등을 한 장의 그림 속에 표현한 것으로 보자. 그러면 이 그림은 매우 쉬운 그림이다.

피터르 브뤼헐, 「사육제와 사순절 사이의 싸움」, 1559년, 빈 미술사 박물관

기독교 문화에서 사육제, 즉 카니발은 고난의 기간인 사순절을 맞이하기 전 인간 본능에 맞추어 여한 없이 즐기기 위한 행사였다. Carnival의 어원은 고기라는 뜻의 carni와 금지 혹은 안녕이란 뜻의 val의 합성어다. 그러니 '고기여 안녕!'이란 뜻이다. 금욕의 사순절을 맞이하여 오늘 밤이 지나면 이제 한동안 맛있는 고기는 먹을 수 없으니, 마음껏 고기를 먹고 놀자는 것이다.

사순절(Lent)은 원래 예수의 40일간의 광야의 기도를 기리는 것이다. 예수는 이 기간을 마치고 본격적인 공생애에 들어선다. 3년간 기적을 행한 다음 예루살렘에 입성한 후 빌라도의 재판을 받고 골고다 언덕에서 십자가형을 받고 죽는다. 예수는 40일간 사막에서 고독과 마귀의 시험을 이기면서 하느님에게 기도를 드렸다. 쓰디쓴 죽음의 잔을 피할 수만 있다면 그러고 싶었을 것이다. 그러나 그 기도는 끝내 받아들여지지 않았다. 그것이 예수의 운명이었다. 사람들은 절제와 금욕을 경험하면서 예수의 이 시련과 아픔에 동참한다.

그림을 보자. 이 그림은 크게 둘로 나뉘어 있다. 왼쪽 건물은 세속을 상징하는 여관이고, 오른쪽 건물은 영적 세계를 상징하는 교회다. 사람들은 왼쪽 여관 앞에서는 사육제를 즐기고 있고, 오른쪽 교회 앞에서는 사순절을 기리고 있다. 왼쪽에는 쾌락의 인간들이 등장하며, 오른쪽에는 절제와 금욕 속에서 신음하는 인간들이 등장한다.

그림 중앙의 왼쪽에는 배불뚝이 남자가 술통 위에 앉아서 창과 같은 쇠꼬챙이를 들고 있다. 자세히 보니 그 꼬챙이에는 돼지머리가 꿰어 있다. 이 사람은 푸줏간 주인이다. 사육제에서는 이런 사람의 역할이 중요하다. 이들은 사육제 기간에 고깃간 문을 열고 사람들에게 귀한 고기를 대접해야 한다. 그 뒤를 따르는 사람들을 보면, 어떤 이는 칼을 들고 있고, 또 어떤 이는 빵이 차려진 상을 머리에 이고 있다. 기타 모양의 악기를 연주하는 이의 배를 보니 많이도 먹은 모양이다, 빵빵하다.

그림 중앙의 오른쪽에는 배불뚝이 푸줏간 주인과 일합을 겨루는 두건을 쓴 앙상한 여인이 보인다. 그녀는 생선 두 마리를 올려놓은 긴 나무주걱을 들고 있다. 그 뒤에는 배고픈 군상들이 행렬을 이루고 있는데, 그들 손에는 뭔가가 들려 있다. 빵 한 조각 정도의 적은 예물이지만 사순절을 준비하는 정성의 손길이리라. 그 위 행렬을 보면 가난한 사람들이 교회 앞에서 늘어서서 부자들의 손길을 기다리고 있다. 한 신사가 그들이 내미는 바구니 속에 동전 한 닢을 넣어 주고 있다. 선행의 현장이다.

이러한 사육제와 사순절의 싸움 속에서도 그와 무관한 이들이 있다. 그림에서 중앙의 우물 윗부분을 보라. 아이들이 놀고 있다. 팽이를 돌리면서 노는 아이들의 모습이 정겹다. 쾌락과 절제의 싸움은 어른들의 일이다. 아이들은 하루를 놀면 그것으로 끝이다. 내일 일은 난 몰라요, 그저 하루하루 살면 그뿐이다.

쾌락과 절제는 동전의 양면처럼 인간이 숙명적으로 안고 살아가야 하는 영원한 동반자이다. 사회적 삶을 생각하면 질서와 절제의 덕목은 더욱 필요하다. 그것이 없이는 사회가 존속할 수 없기 때문이다. 이것을 위해 인간은 종교를 만들었고, 그 종교는 질서와 절제를 지속적으로 강조하고 세뇌시킨다. 그것이 종교의 최소한의 사회적 기능이다. 그래서 종교는 권력과 밀접할 수밖에 없다. 하지만 인간은 종교 속에서 절제만을 강요당하며 살 수는 없다. 본능이 요구하는 쾌락을 피할 수 없다. 물론 한쪽으로만 한없이 달려가면 불행이 찾아온다. 그러니 우리는 쾌락의 길과 절제의 길 사이에서 균형을 찾기 위해 방황하는 수밖에 없다. 그것이 우리의 운명인 걸 어찌하리.

마루야마 겐지에게서 자유를 읽다

산 자에게 유일무이한 보물은 누구의 지배도 받지 않고 아무도 지배하지 않는 것이다.
그것이야말로 진정한 자유이고 진정한 자립이며 진정한 젊음이다.

일본 작가 마루야마 겐지의 산문집 『인생 따위 엿이나 먹
어라』를 읽었다. 이 책을 읽은 것은 어느 날 아침 경향신문에 나온
그의 인터뷰 때문이었다. 가장 집중이 잘되는 화장실에서(이게 내
병이다) 그의 인터뷰 기사를 한 자도 빼지 않고 읽고 나니 가슴에 와
닿는 게 많아 당장 마루야마의 책을 주문했다. 그의 책이 이미 많이
번역되어 나와 있다는 걸 그때서야 알았다.

저녁 무렵 주문한 책 일곱 권이 도착했다. 그중에서 인터뷰 기사

와 가장 관련 있는 산문집 『인생 따위 엿이나 먹어라』부터 책장을 넘겼다. 200여 쪽의 책을 단숨에, 그럼에도 요소요소에 밑줄을 쳐 가면서 읽었다. 오랜만에 접하는 묵직한 글이다. 내용 전체를 다 받아들일 수는 없지만 그가 말하고자 하는 핵심은 내 생각과 다를 바 없다. 나는 그의 생각을 지지하며 그런 삶을 살고자 한다.

그가 말하는 '엿이나 먹을 인생'은 무엇일까. 바로 다음과 같은 놈들의 삶이다. 그는 그런 놈들에게 독설을 퍼붓는다. 그가 10장에 걸쳐서 한 말을 내 독설로 바꾸어 적어 본다.

1. 때가 되었는데도 부모 밑에 붙어사는 놈에게

"야 이놈아, 부모를 버려야 진짜 인간이 되는 거야. 네가 정말 자유로운 존재가 되길 원한다면 당장 부모님 집에서 나와! 그리고 네 손으로 돈을 벌어."

2. 국가가 국민의 것이라고 환상에 젖어 있는 놈에게

"야, 이놈아, '국가가 있고, 국민이 있다'는 생각을 하는 순간 죽은 인간이 되는 거야. 유사 이래 국가는 특정 소수자의 것이었지, 전체 국민의 것이 된 사례가 없어. 국가가 제일 좋아하는 놈이 바로 그런 골빈 인간이야. 국가는 비딱하고 저항하는 놈을 제일 싫어해. 하지만 이것을 포기하는 순간 너는 인간임을 포기한 것이야."

3. 머리를 폼으로 달고 다니고, 동물다운 것을 인간답다고 궤변을 늘어놓는 놈에게

"야, 이놈아, 생각 좀 하고 살아라. 생각하는 것을 꺼리는 것은 인간임을 포기한 거야. 감정과 본능에 의지하지 말고, 네가 가지고 있는 그 참다운 이성을 찾아, 그것으로 세상의 불의와 한번 세게 붙어 봐. 우린 동물로 태어났지만 정신을 고취해 인간으로 죽어야 하는 거야."

4. 공부 잘해 좋은 직장 취직하는 게 인생의 목표인 놈에게

"야, 이놈아. 직장 노동자라는 게 무엇인지 아니? 그 실체는 노예야, 가축인 게야. 무엇이 삶의 본질인지 생각해 보았니? 그건 어떻게 살든 네 멋대로, 네 자유와 함께 하는 삶이야."

5. 전설과 환영을 실존한다고 우기며, 죽은 다음 천당에 가겠다고 신을 찾는 놈에게

"야 이놈아, 정신 똑바로 차려, 마음의 눈을 떠 봐, 환상을 깨끗이 걷어 내. 네 머리를 써서 생각해 봐. 불안과 주저와 고뇌야말로 살아있다는 증거야. 삶은 어디까지나 자신의 의지로 쟁취하는 것이고, 죽음은 가능한 한 물리치는 거야."

결국 마루야마가 말하고자 하는 것은 독립적인 존재, 자유로운 존재로서의 인간이다. 그것을 위해 부모로부터, 고용주(직장)로부터, 국가로부터, 종교로부터 떠나라는 것이다. 다소 과격하지만, 음미해 볼수록 이 질식할 것 같은 세상을 사는 우리에게 경구가 되는 말임에 틀림없다.

누구의 지배도 받지 않고 누구도 지배하지 않는다

『인생 따위 엿이나 먹어라』를 읽은 후 연이어 그 전작인『나는 길들지 않는다』를 읽었다. 두 책을 읽어 보니 마루야마의 '독한 인생론'이 확연히 눈앞에 펼쳐졌다. 이런 기억은 잊지 않는 게 좋다. 할수만 있다면 죽을 때까지 내 기억 한편에 살아 있어야 한다. 그것 때문에 책을 손에서 떼자마자 그 핵심을 더듬었다.

마루야마가 말하는 핵심 키워드는『인생 따위 엿이나 먹어라』에서 보았듯이 독립, 자립, 자유다. 그는 절대적인 독립, 절대적인 자립, 절대적인 자유를 추구한다. 그의 말에서 저항감을 느꼈는가? 그렇다면 일찌감치 이 책을 덮어라. 그의 말에서 강한 울림을 느꼈는가? 그렇다면 끝까지 이 책을 읽어라. 당신의 삶에 결단을 내릴 날이 올 것이다.

한마디로 마루야마는 선동가다. 그는 사람들의 마음의 뿌리를 흔들어 삶 그 자체를 잘근잘근 씹게 하는 진짜배기 선동가, 선동가

중의 선동가다. 그는 어떤 경우에도 길들지 않는 사람이다. 누구도 그를 길들일 수 없다. 세상은 사람들에게 온갖 감언이설로 적당히 타협하면서 살라고 한다. 적당히 돈 벌고, 적당히 놀고, 적당히 패배를 인정하고, 적당히 지배받으면서 살라고 한다. 하지만 그는 절대로, 죽는 순간까지 타협하지 않고 자신의 길을 걷겠다는 것이다. 그는 스스로 자신을 신세계를 개척하는 소수파라 규정한다. 이 책의 핵심 구절 몇 군데를 옮기면서 그의 생각을 따라가 보자.

기존의 개념 전체에 의문을 품고, 때로는 전면적으로 부정하고, 지금까지 사람이 살아온 존재양식에 이의를 제기하고, 세상의 흐름을 공공연하게 거역하고, 그 때문에 때로 불거진 존재가 되고 침울한 존재가 되나 그럼에도 어디까지나 격렬하게 살아가는, 어디까지나 예외적이고 어디까지나 정열적인 소수파 말이다.(마루야마 겐지, 『인생 따위 엿이나 먹어라』, 김난주 옮김, 바다출판사, 2013년, 233쪽)

산 자에게 유일무이한 보물은 누구의 지배도 받지 않고 아무도 지배하지 않는 것이다. 그것이야말로 진정한 자유이고 진정한 자립이며 진정한 젊음이다. 하지만 무수한 욕망과 무수한 정념이 그 길을 가로막아 거기에 도달할 수 있는 자는 아주 소수에 지나지 않는다. 게다가 가시밭길이다. 투쟁의 연속이며 숨 돌릴 틈도 없다. 그래서 재미있는 것이다. 사는 것의 진정하고도 깊은 맛은 자신이 확신을 갖고 설정한 목표에 도달하는 과정에 있다.(앞의 책, 192쪽)

나는 언젠가 국민의 한 사람이기 전에, 사회의 일원이기 전에, 지역 주민이기 전에 한 인간으로서 나 자신이기를 간절하게 바란다. 이것은 내 인생이고 내 생명이며, 나는 다른 누구에게 종속되기 위한 존재 따위가 결코 아니기 때문이다. 그것이야말로 삶의 대전제이며 기반 중의 기반이다.(앞의 책, 221쪽)

도저히 납득할 수 없는 불합리한 외압이 나의 자유를 위협하고 봉인하려 들면, 손익계산서와 왜곡된 이념으로 무장하고 그들을 적극적으로 지지하는 패거리들은 물론, 허식의 그림자에 떨며 따르는 대부분의 소극적인 사람 역시 적으로 돌릴 것이다.(앞의 책, 222쪽)

이 정도면 마루야마의 생각을 달리 해설할 필요가 없다. 참다운 인간이 죽음의 순간까지 지켜야 할 것이 무엇일까? 그것은 자유요, 자립이다. 그것이 참다운 인간의 모습이다. 비록 국가라는 족쇄에 우리의 손과 발이 묶여 있다고 해도, 그것에 굴복해서는 안 된다. 자유와 자립의 대가로 고통이 찾아온다 하더라도 '그게 바로 내 운명이야' 하면서 기쁘게 받아들이는 삶, 그것이 자유인이 가야 할 길이다.

어떻게 자유로운 삶을 살 수 있을까

나는 단조로운 사람이다. 누구처럼 풍류도 즐기지 못하고, 잡기에 능하지도 않다. 돈깨나 벌고 사회적 지위를 갖추면 개나 소나 다 한다는 '공'도 치지 않는다. 내가 하는 일은 교수로서 해야 하는 연구와 강의, 그리고 부수된 사회적 참여를 제외하고는, 책을 읽고 생각하는 것, 글을 쓰는 것, 마냥 걷는 것, 그리고 시간이 있을 때 여행을 가는 것뿐이다. 한마디로 말하면 '읽고 쓰고 걷는 것'이 나의 일과이자 삶이다.

나는 내 삶의 방식을 바꿀 생각이 없다. 이제까지 살아온 대로 앞으로도 살 것이 분명하다. 비록 그것이 남에겐 그리 흥미로운 삶으로 보이지 않을지라도 나는 그것을 운명, 즐거운 운명으로 받아들이겠다. 한편으로 깊이 생각하고, 또 한편으론 땀을 흘리겠다. 그것이 바로 에머슨이 말한 '생각은 깊게, 생활은 단순하게'의 실천방법일 게다.

바로 이런 삶을 마루야마 겐지의 『그렇지 않다면 석양이 이토록 아름다울 리 없다』라는 책을 통해서 생생히 만날 수 있다. 웬만하면 그저 고개를 끄덕이며 읽고 끝내려 했지만 그의 말을 정리해 놓지 않으면 후회가 될 정도의 무게감 있는 책이다. 책을 정리하며 글을 쓰는 것은 읽는 것과는 또 다른 차원의 노력이다. 이것에 대해 마루야마는 이 책에서 이렇게 말했다. 전적으로 내가 동의하는 이야기다.

읽는 것은 감상이고, 쓰는 것은 연주다. 연주를 하려면 당연히 거듭 연습하지 않으면 안 된다. 즉, 몸에 익히는 노력을 오랫동안 참고 계속하지 않으면 안 된다. 글을 써야 비로소 자신이 보려던 것이 선명해진다. 몸을 쓴 덕에 받을 수 있는 선물인 것이다.(마루야마 겐지, 『그렇지 않다면 석양이 이토록 아름다울 리 없다』, 이영희 옮김, 바다출판사, 2015년, 121쪽)

마루야마는 소설가이자 정원사이다. 그는 젊은 시절 일찌감치 도쿄를 떠나 고향 나가노로 낙향해 해발 3천 미터 이상의 북알프스 고봉에 둘러싸인 곳에 집을 정하고 정원을 가꾸며 소설을 써 왔다. 소설가로서 그는 정신적 노고의 산물인 소설과 산문을 창조한다. 한편 그는 정원사로서 일 년 열두 달, 작다고 할 수 없는 350평 정원에서 쉼 없이 일하며 온갖 정원수를 돌본다.

이 책은 정원사로서 1월부터 12월까지 변화무쌍한 수목의 생장을 바라보면서 써 나간 12장 인생론이다. 달이 바뀌고 계절이 바뀌면서 달라지는 정원수를 결코 감상적인 눈으로만 바라볼 수 없다. 정원수는 하나의 생명체로서 생장을 위해 끊임없이 주변 환경과 투쟁한다. 소설가인 정원사는 이러한 투쟁을 예삿일로 보지 않고, 그 자신이 자연의 일원이 되어 궁극의 예술로서의 정원 가꾸기에 매진한다.

마루야마란 인간을 보면 참으로 무미건조한 이의 전형을 보는 것 같다. 도대체 소설가가 무엇 때문에 그렇게 일 년 내내 노동에 몰두하느냐 말이다. 하지만 그는 이렇게 말한다. 아, 이게, 바로 내가 말하고자 하는 것, 내가 바라는 단조로운 삶의 본질이다.

내가 구해 마지않는 것은 술과 여자, 도박 같은 일회성 고양감을 주는 것들이 아니다. 분수를 넘는 수입도 아니고, 크고 작은 권위에 굴복해 얻은 크고 작은 명예 따위도 아니다. 나는 500년 이상이어야 가능하다고 생각될 정도로 깊고 무한에 가까운, 평생을 바쳐도 모자랄 정도의 감동을 끊임없이 원하는 것일 뿐이다. 그것을 위한 창작 행위이며, 그것을 위한 인생이고 싶은 것이다.(앞의 책, 50쪽)

생각해 보라. 작가는 사시사철 3천 고봉이 병풍처럼 늘어선 한 산골 마을에서 낮엔 정원 가꾸기를 하고, 밤엔 글을 쓴다. 어쩌면 고독한 삶이라 할 수 있으리라. 하지만 이게 바로 한 인간이 최대한의 자유를 누리고 스스로를 통치하며 자연과 합일하면서 사는 방법이 아닐까. 소설가인 동시에 정원사로 사는 그의 인생관은 다음 구절에서 잘 드러나 있다.

생각해 보면 철들었을 때부터… 사회 일원으로 단단히 자리 잡고 살아가는 삶의 방식에 의문을 품었다. 판에 박힌 흐름에 일생을 흘려보내는 대부분 사람에게 차가운 시선을 보내고, 때로는 짜증을 느낄 때마저 있었다. 부모의 인생도 아니고 국가의 인생도 아니고 나 자신의 인생이니 마음대로 살아 주겠어라는 것이 인간의 당연한 권리라는 생각이 강했다. 안정되고 무난한 인생을 얻는 대가로 무엇을 잃을지 생각해 보면 죽은 거나 다름없다고 생각했다.(앞의 책, 45쪽)

나는 지식노동자의 삶을 살고 있다. 내가 마루야마의 말에서 격한 공감을 느낀다면, 나 또한 무언가에서 '자신의 인생을 산다'는 것을 스스로 강하게 느껴야 할 것이다. 그는 소설 쓰기와 정원 가꾸기를 통해 그것을 경험해 왔다. 나는 무엇에서일까? 과연 읽고 쓰고 걷는 것만으로써 그 경지에 오를 수 있을 것인가. 이것이 내 스스로에게 던지는 질문이다.

자유의 표상, 그리스인 조르바

나는 아무것도 바라지 않는다. 나는 아무것도 두려워하지 않는다. 나는 자유다.

나는 예전부터 지중해의 뜨거운 햇살 아래 몸을 던지고 싶었다. 『그리스인 조르바』를 읽으면서 자유인 조르바를 동경했다. 나도 조르바처럼 자유를 얻어 하늘 높이 훨훨 날고 싶었다. 카잔차키스가 회상하는 조르바는 진짜 사람이다. 자신이 따라 흉내 낼 수 없는 위대한 야성을 가진 사람, 비록 학교 문 앞에도 가 보지 않은 거친 지성의 소유자이었지만 조르바의 가슴은 원시적 정열로 가득 차 있었다. 세상 잘 만났으면 한 시대의 진정한 지도자감이었으리라. 조르바는 이성으로 무장된 백면서생들을 부끄럽게 하는 영혼을 가진 사람이었다. 그를 보면 위대한 사람은 지식으로, 교육으로, 덕성으로 만들어지지 않는다는 것을 알 수 있다. 작가 카잔차키스는 조르바의 존재를 이렇게 표현했다.

조르바는 내가 오랫동안 찾아다녔으나 만날 수 없었던 그런 사람이었다. 그는 살아 있는 가슴과 커다랗고 푸짐한 언어를 쏟아내는 입과 위대한 야성의 영혼을 가진 사나이, 아직 모태인 대지에서 탯줄이 떨어지지 않은 사나이였다.(니코스 카잔차키스, 『그리스인 조르바』, 이윤기 옮김, 열린책들, 2009년, 22쪽)

그는 살과 피로 싸우고 죽이고 입을 맞추면서 내가 펜과 잉크로 배우려던 것들을 고스란히 살아온 것이었다. 내가 고독 속에서 의자에 눌어붙어 풀어 보려고 하던 문제를 이 사나이는 칼 한 자루 산속의 맑은 대기를 마시며 풀어 버린 것이었다.(앞의 책, 329쪽)

조르바가 말하는 인간의 본질

조르바는 인간의 본질에 대하여, 육체와 영혼에 대하여, 춤에 대하여, 현재에 대하여 말했다. 우리는 조르바의 말을 통해 한 위대한 인간의 적나라한 면모를 읽을 수 있다.

나는 아무도, 아무것도 믿지 않아요. 오직 (나 자신인) 조르바만 믿지. 조르바가 딴 것들보다 나아서가 아니오. 나을 거라고는 눈곱만큼도 없어요. 조르바 역시 딴 놈들과 마찬가지로 짐승이오! 그러나 내가 조르바만 믿는 건, 내가 아는 것 중에서 아직 내 마음대로 할 수 있는 게 조르바뿐이기 때문이오. 나머지는 허깨비들이오. 나는 이 눈으로 보고 이 귀로 듣고 이 내장으로 삭여 내어요. 나머지야 몽땅 허깨비지. 내가 죽으면 만사가 죽는 것이오. 조르바가 죽으면 세계 전부가 나락으로 떨어질 게요.(앞의 책, 82쪽)

육체에는 영혼이란 게 있습니다. 그걸 가엾게 여겨야지요. 두목, 육체에 먹을 걸 줘요. 뭘 좀 먹이셔야지. 아시겠어요? 육체란 짐을 진 짐승과 같아요. 육체를 먹이지 않으면 언젠가는 길바닥에 영혼을 팽개치고 말거라고요.(앞의 책, 52쪽)

내 속에는 소리치는 악마가 한 마리 있어서 나는 그놈이 시키는 대로 합니다. 감정이 목구멍까지 올라올 때면 이놈이 소리칩니다. 춤춰! 그러면 나는 춤을 춥니다. 그러면 숨통이 좀 뚫리지요.… 춤을 추지 않았더라면 정말 미치고 말았을 겁니다.(앞의 책, 109쪽)

나는 조르바의 춤을 영혼의 언어라 부르고 싶다. 인간이란 영혼을 짊어지고 가는 육체다. 영혼은 말이 없다. 그 영혼이 극도의 슬픔 속에 있을 때, 아니 극한의 기쁨 속에 있을 때 무엇으로 그것을 표현할 수 있을까. 조르바는 춤으로 말한다. 말로 형언할 수 없는 모든 것을 그 광란의 춤으로 이야기한다. 내게도 그런 표현방법이 있으면 좋겠다. 내게 영혼의 극단적 표현방법은 무엇일까?

내게 중요한 것은 오늘, 이 순간에 일어나는 일입니다. 나는 자신에게 묻지요. 조르바, 지금 이 순간에 자네 뭐하는가? 잠자고 있네. 그럼 잘 자게. 조르바, 지금 이 순간에 뭐 하는가? 일하고 있네. 그럼 잘 하게. 조르바, 이 순간에 뭐하는가? 여자에게 키스하고 있네. 조르바, 잘해 보게. 키스할 동안 딴 일이랑 잊어버리게. 이 세상에는 아무것도 없네. 자네와 그 여자밖에는. 키스나 실컷 하게.(앞의 책, 391쪽)

아, 이것이다. 삶은 이렇게 살아야 한다. 지금, 현재에 집중해야 한다. 지금 일하는가? 그럼 그것을 잘하라. 지금 누군가를 사랑하는가? 그럼 뜨겁게 사랑하라, 뜨겁게 키스하라, 뜨겁게 안아 주라! 그럼에도 나는 뜨뜻미지근하게만 산다. 진정한 자유도 모른 채 산다. 조르바가 카잔차키스에게 말한 내용은 바로 나를 두고 말한 것이다.

당신은 자유롭지 않아요. 당신이 묶인 줄은 다른 사람들이 묶인 줄과 다를지 모릅니다. 그것뿐이오. 두목, 당신은 긴 줄 끝에 있어요. 당신은 오고 가고, 그리고 그걸 자유라고 생각하겠지요. 그러나 당신은 그 줄을 잘라 버리지 못해요. 그런 줄은 자르지 않으면…. 잘라야 제대로 보게 되는데!(앞의 책, 429쪽)

박아무개! 당신은 자유롭지 않아요. 당신이 묶인 줄이 다른 사람들이 묶인 줄과 다를지는 모르지만 그것뿐이오. 박아무개! 당신은 당신의 줄이 자유인 줄 알겠지요. 그러나 그 줄을 잘라 버리지 못하면 결코 당신은 자유롭지 못해요! 바로 그 끈을 끊어 버리세요!

카잔차키스가 말하는 삶의 본질

작가 카잔차키스는 조르바와의 만남에서 많은 것을 깨닫는다. 그는 그 깨달음을 그만의 철학에 담아 담담한 이야기로 전한다.

인간 본질은 야만스럽고 거칠며 불순한 것이다. 인간의 본질은 사랑과 육체와 불만의 호소로 이루어진 것이다.(앞의 책, 196쪽)

나는 인간의 고통에 따뜻하게, 그리고 가까이 밀착해 있는 이들을 존경했다. 오르탕스 부인이 그랬고, 과부가 그랬고, 슬픔을 씻으

려고 바다에 용감하게 몸을 던진 창백한 파블리가 그랬고…. 남들
앞에서는 울지도 말도 하지 않던 마브란도니가 그랬다. 나 혼자만
발기 불능의 이성을 갖춘 인간이었다. 내 피는 끓어오르지도, 정열
적으로 사랑하지도, 미워하지도 못했다.(앞의 책, 238쪽)

나 또한 그러했다. 내 피는 끓어오르지도, 정열적으로 사랑하지
도, 미워하지도 못했다. 내 인생이 그렇다. 나는 뜨뜻미지근한 사람
의 전형이다.

나는 인간이 성취할 수 있는 최상의 것은 지식도, 미덕도, 선도,
승리도 아닌 보다 위대하고 보다 영웅적이며 보다 절망적인 것, 즉
신성한 경외감이라는 것을 뼈저리게 느꼈다.(앞의 책, 386쪽)

우리는 무엇을 위해 사는가? 지식을 위해 오늘도 책을 읽는가?
선함을 위해 신을 찬미하는가? 승리를 위해 불철주야 땀을 흘리는
가? 그러나 그 모든 것보다 위대한 것이 있느니 그것은 신성한 경
외감이다. 무엇이 당신을 그토록 떨리도록 만드는가? 사랑인가?
그렇다면 사랑하라!

카잔차키스와 조르바는 크레타에서 광산사업에 손을 댔지만 참
담한 파산을 맛본다. 의욕적으로 광산사업을 하면서 산 정상으로

올라가는 케이블카 공사를 감행했다. 이것만 성공하면 떼돈을 버는 것이었다. 하지만 준공식 날 케이블카는 작동하지 않았다. 모든 것은 물거품이 되었다. 삽시간에 케이블카는 고철더미가 되었다. 알거지가 된 것이다.

그런 절박한 상황에서 조르바와 카잔차키스는 해변에 앉았다. 조르바는 춤을 추기 시작했다. 광기 어린 춤, 그것은 그의 영혼이 결코 패배하지 않았음을 알려 주는 격정적 언어였다. 신도, 악마도 그를 패배시키지 못했다. 카잔차키스도 이것을 통해 인간으로서 더할 나위 없는 긍지와 환희를 느꼈다.

모든 것을 잃은 뒤에 그렇다. 내가 뜻밖의 해방감을 맛본 것은 정확하게 모든 것이 끝난 순간이었다. 엄청나게 복잡한 필연의 미궁에 들어 있다가 자유가 구석에서 놀고 있는 걸 발견한 것이었다. 나는 자유의 여신과 함께 놀았다. 모든 것이 어긋났을 때, 자신의 영혼을 시험대 위에 올려놓고 그 인내와 용기를 시험해 보는 것은 얼마나 즐거운 일인가! 보이지 않는 강력한 적(하느님 혹은 악마)이 우리를 쳐부수려고 달려오는 것 같았다.

그러나 우리는 부서지지 않았다. 외부적으로 참패했으면서도 속으로는 정복자가 되었다고 생각하는 순간 우리 인간은 더할 나위 없는 긍지와 환희를 느끼는 법이다. 외부적인 파멸은 지고의 행복

그리스의 크레타 섬에 있는 카잔차키스 묘비(사진 김원일)

으로 바뀌는 것이었다.(앞의 책, 417쪽)

나를 돌아보자. 나에게도 이럴 때가 올지 모른다. 그럴 때 나는
어떻게 할 것인가. 신에게, 악마에게 구원을 요청할 것인가. 아니
다! 춤을 추자. 그래서 밖으로는 참패했어도 속으로는 정복자가 되
자. 그리고 언젠가 삶을 마감할 때 깨끗하게 가자.

크레타 섬에 있는 카잔차키스의 묘비명에는 이렇게 쓰여 있다.

나는 아무것도 바라지 않는다.

나는 아무것도 두려워하지 않는다.

나는 자유다.

아무것도 바라지 않는다? 무소유인가. 아무것도 두려워하지 않는다? 삶에 공포가 없구나. 어딜 가도, 무엇을 해도 담담하구나. 그러니 자유로울 수밖에. 나도 이렇게 되어 보자. 소유의 끈을 놓자. 그러면 두려움이 없어지고 자유가 내게 올 것이다.

카라마조프적인 인간의 모습

어떤 때는 탐욕스럽고, 어떤 때는 동물적이고 격정적이며, 어떤 때는 지적이고 냉철하며,
또 어떤 때는 경건한 사람. 이것이 우리의 카라마조프적 모습이다.

나는 젊은 시절 여러 가지 이유로 소설을 많이 읽지 못했
다. 그것이 늘 아쉬웠다. 소설은 내가 가지고 있는 지식을 종횡으로
연결시킬 수 있는 최상의 방법이라 진즉 생각했지만, 이제껏 충분히
시간을 내지 못했다. 문학서 중에서도 내가 당분간 시간을 투자하고
싶은 것은 세계고전문학이다. 내가 이들 문학서를 읽는 것은 그저
스토리를 알고자 하는 게 아니다. 작가가 무엇을 고뇌했는지를 충분
히 느끼고 작가와 호흡하면서 읽고 싶다. 내 나이나 경험에 비추어
그럴 때가 왔다는 생각도 든다. 그런데 문학서라는 것도 엄청난 고

통이 따라야만 완독이란 쾌감을 맛볼 수 있다는 것을 알았다.

오래전부터 『카라마조프 가의 형제들』에 도전하고 싶었다. 대학 시절부터 읽어 보려 했고 몇 번 읽기를 시도하기도 했지만, 정말 만만치 않았다. 완역본을 읽으려면 세 권, 총 1,500쪽에 도전해야 하기 때문이다.

작년에는 민음사 완역본을 읽으려고 큰맘 먹고 시도했지만 2권에서 포기했다. 번역이 마음에 안 들었다. 어떤 곳은 아무리 읽어도 무슨 말인지 알 수가 없었다. 그러다가 얼마 전 이 책에 다시 도전했다. 올해 도전을 위해 다른 번역본 한 질을 더 구했다. 책을 읽다가 막히는 곳이 있으면 다른 번역본을 읽으려고 말이다. 그리고 다부진 마음으로 읽어 내려가기 시작했고, 드디어, 해냈다! 30년간의

『카라마조프 가의 형제들』 완역본 두 질.
두 번역본을 번갈아가면서 완독했다.
지난 30년간의 숙제를 끝낸 셈이다.

숙원사업이라고도 할 수 있을『카라마조프 가의 형제들』을 전부 읽고 나서 사흘이 넘도록 눈이 아파 고생했다. 어려운 독서를 끝내자 마음은 홀가분하지만 머리는 복잡했다. 카라마조프 가의 형제들이 하나둘 머리에 떠오르며 말을 걸어 왔다. 어느 정도 시간을 보낸 뒤 천천히 반추하고자 했지만 조급한 마음은 그때를 기다리지 못하고 이 글을 쓰게 되었다. 읽으면서 관심을 가졌던 몇 가지 문제에 대해서만 이야기해 보겠다.

카라마조프 가의 형제들을 통해 그려낸 인간의 실존

도스토예프스키의 삶은 극적이다. 삶 자체가 소설이다. 그는 평범한 서민의 아들로 태어났고 평생 가난하게 살았다. 그런 이유로 20대에는 공상적 사회주의자로 활동하다가 결국 잡혀 사형선고를 받았다. 급기야 형장의 이슬로 사라질 판이었다.

그런데 그는 극적으로 살아났다. 사형집행 직전에 황제의 은전을 받은 것이다. 그리고 시베리아 유형! 게다가 그는 간질병 환자에 도박벽이 있었다. 젊은 날 그의 초상은 이렇게 격정적이었고 방탕했으며 황폐했다. 이런 삶이 작품 곳곳에 스며 있는 것은 어쩌면 당연한 일일 것이다. 그중에서도 죽기 직전에 쓴『카라마조프 가의 형제들』이야말로 그의 삶 전체가 녹아 있는 작품이라는 데에 이론의 여지가 없다.

바실리 페로프가 그린 도스토예프스키 초상 (1872)

이 소설은 조그만 소도시에서 일어난 친부 살인사건이 모티브가 되었다. 하지만 도스토예프스키에게는 그 사건 자체가 흥미 있는 것은 아니었을 것이다. 그는 이 사건을 통해 인간 존재의 실상과 영원의 문제인 종교를 본격적으로 다루기를 원했다. 이런 생각은 소설 곳곳에 나타난다.

탐욕스럽고 격정적인 아버지 표도르 파블로비치, 아버지만큼이나 격정적이고 본능적인 큰아들 드미트리, 지적이고 무신론적인 둘째 아들 이반, 순수하고 경건한 신앙인인 셋째 아들 알로샤. 이들은 도스토예프스키가 그린 인간 실존의 전형이다. 그들 하나하나는 우리들의 자화상이 될 수도 있는 사람들이다. 이들은 삶을 통해 자신의 본성을 보여 주었고 그것을 신과 연결시켰다.

사실 우리가 읽는 『카라마조프 가의 형제들』은 도스토예프스키가 구상한 소설의 1부에 해당한다. 그는 원래 2부에 걸친 장편소설을 쓰기로 하고 이 소설을 시작했다. 하지만 2부를 쓰지 못하고 죽는다. 그런 이유 때문인지, 그가 서문에 밝힌 주인공 알로샤가 이 소설에서 주는 메시지는 다른 등장인물에 비해 생각만큼 강력하지 않다. 작가는 2부에서 알로샤를 혁명가로 만들어 어떤 강렬한 메시지를 전달할 생각이었던 모양이다. 만일 2부가 완성되었다면 『카라마조프 가의 형제들』이 주는 메시지는 지금과는 사뭇 다른 내용이었을지도 모른다.

'카라마조프적'이란 단어의 의미

이 소설을 읽다 보면 '카라마조프적'이라는 말이 자주 등장한다. 내게 이 소설의 키워드 하나를 선정하라고 한다면, 나는 서슴없이 '카라마조프적'이라는 단어를 선택할 것이다. 그만큼 이 단어엔 중요한 의미가 들어 있다. 직접적 뜻은 '카라마조프 가 사람들 같은'이란 의미일 것이다. 무슨 말일까?

표도르 파블로비치, 드미트리, 이반, 알로샤의 성격을 생각해 보자. 이 네 사람의 성격이 한 사람에게 모두 나타날 수 있을까? 그럴 수도 있을 것이다. 어떤 때는 탐욕스럽고, 어떤 때는 동물적이고 격정적이며, 어떤 때는 지적이고 냉철하며, 또 어떤 때는 경건한 사람…. 어쩌면 '카라마조프적' 인물로 상징화할 수 있는 사람은 작가 도스토예프스키 자신일지도 모른다. 그의 이력이 말해 주듯, 그는 격정적인 성격의 소유자로 한때는 신을 부정했고 도박에 빠졌으며 간질병으로 발작을 일으키기도 했다. 카라마조프 가의 아버지와 3형제는 도스토예프스키의 전 생애에서 볼 수 있는 그의 성격을 하나씩 나누어 가진 존재가 아니었을까?

어쩌면 '카라마조프적'이란 말은 우리 모두에게도 사용될 수 있다. 우리에게는 카라마조프적 기질이 없을까? 생각해 보면 다소 차이는 있지만, 우리는 모두 '카라마조프적'인 사람들이다. 누군가 내게 묻는다면 분명히 말할 것이다. 나도 카라마조프적인 사람이라고.

신이 만든 세상을 부정하다

　카라마조프 가의 저 기발한 사람들은 사실 모두가 종교적인 인물이다. 하느님과 한판 씨름을 벌이는 구약의 야곱과 같은 사람들이다. 이 책의 신에 대한 이야기는 도스토예프스키 자신의 종교 고백이라고 보는 것이 맞을 것이다. 그가 이 소설에서 가장 이야기하고 싶었던 것은 영원의 문제, 곧 신의 문제였다.

　작가의 종교에 대한 이야기는 주로 두 인물에 의해 소개된다. 한 사람은 알로샤의 스승인 조시마 장로. 조시마 장로는 순결하고 경건한 인물로서 예수의 삶에 바짝 다가간 인물이다. 또 다른 인물은 카라마조프 가의 둘째 아들 이반. 이반은 일반적으로 무신론자로 알려진 인물로 파격적인 종교관을 지니고 있다. 두 인물 중에서 도스토예프스키의 신은 이반의 신이라 보는 데에 무리가 없다. 만일 도스토예프스키가 조시마 장로의 종교관을 추종했다면 이 소설은 권선징악의 평범한 소설에 불과했을 것이다.

　이반의 입을 통해 들려주는 도스토예프스키의 종교관은 제1권의 마지막 부분 '대신문관'이란 부분에 집약되어 있다. 사람들은 이반의 종교관을 무신론이라고 한마디로 재단하지만, 내가 보기에는 그렇지 않다. 정확히 말하면 그는 유신론적 무신론자이다. 그것을 함축적으로 볼 수 있는 것이 '대신문관' 바로 앞부분에 나오는 말이다.

비록 신이 존재하는 것을 알고 있다 하더라도 절대로 그것을 인정할 수 없어. 신을 받아들이지 않는다는 것이 아니라, 이 점을 알아둬. 그가 창조한 세계를, 신의 세계를 받아들이지 않는다는 것, 받아들이는 것에 동의할 수 없다는 거야.(표도르 도스토예프스키, 『카라마조프 가의 형제들 1』, 김연경 옮김, 민음사, 2007년, 494쪽)

이반은 신을 인정한다. 다만 신이 만든 이 세상을 부정하는 것이다. 신이 만든 세상이란 무엇일까? 모순에 가득 찬 세상이다. 불의가 판을 치는 세상이다. 불의가 판을 쳐도 공의는 끝내 오지 않는 세상이다. '대신문관'은 이반이 만들어 낸 서사시이다. 15세기 종교 재판이 횡행하던 스페인 세비야에 예수가 나타나 이적을 행하다가 붙잡혀, 감옥에서 추기경인 대신문관의 신문을 받는다는 내용이다. 여기에서 나를 사로잡은 대목을 그대로 옮겨 본다.

마침내 그들은 자유라는 것과 누구에게나 넘쳐날 만큼의 지상의 빵이란 서로 양립할 수 없다는 점을 스스로 깨닫게 될 것인데, 왜냐하면 자기네들끼리 그것을 분배할 능력이 없는 족속이니까! 또한 결코 자유로워질 수 없다는 점도 확신하게 될 텐데, 왜냐하면 그들은 나약하고 하찮은 반역자들뿐이니까. 너는 그들에게 천상의 빵을 약속했지만, 다시금 반복하건대, 그것이 약하고 영원히 악덕하고 영원히 배은망덕한 인간 종족의 눈에 과연 지상의 빵에 비길 수 있을까? 그리고 만약 천상의 빵의 이름으로 수천, 수만 명의 인간들이 너의 뒤를 따른다고 해도, 천상의 빵을 위해 지상의 빵을 멸시할 만한 힘이 없는 수백만 명, 수억 명의 인간들은 어떻게 될까? 너에게는 고작해야 수만 명에 불과한 위대하고 강한 자들이 더 소중하고, 나머지 수백만 명, 약하지만 너를 사랑하는, 바다의 모래알 같은 수많은 인간들은 그저 위대하고 강한 사람들을 위한 재료가 되어야 한단 말이냐? 천만에, 우리에게는 약한 자들도 소중해…. 그들은 우리가 그들의 선두에 서서 그들의 자유를 대신 견뎌 줌으로써 그들 위에 군림하는 것에 동의했기 때문에 우리에게 경외심을 가질 것이며 우리를 신으로 간주할 것이니.(앞의 책, 533~553쪽)

우리는 예수가 우리에게 자유를 주었다고 이야기한다. 그러나 대신문관은 그것을 부정한다. 인간은 그런 자유를 누릴 수 있는 존재가 아니다. 오히려 인간에겐 그런 자유보다는 눈에 보이는 지상의 빵(물질)이 중요하다. 인간은 그것을 위해 자신의 자유를 포기했고, 하느님의 자유를 가장하는 지상의 권력(교회, 교권 등)을 만들었다. 그리고 스스로 그 권력의 노예가 되었다. 이런 노예인 인간에게 죄를 물을 수 있겠는가. 하느님의 나라가 불가능한데 거기에서 어떤 죄가 성립할 수 있겠는가. 그것이 바로 인간의 실상이자 한계라는 것이다. 이것이 바로 이반이 설파하는 무신론의 실체다.

이렇게 해서 짤막하나마 『카라마조프 가의 형제들』에 대해 일단의 생각을 정리해 보았다. 그러나 생각하면 생각할수록 머리가 복잡하다. 잠이 들면 이반이 보일는지, 시베리아로 유형을 떠나는 드미트리가 보일는지, 아니면 해맑은 미소를 짓는 알로샤가 나타날지 모른다. 오랫동안 묵혀 놓은 숙제 하나를 풀었다고 생각하는 순간, 또 다른 숙제가 나를 기다리고 있다. 책상 위에 쌓여 있는 책더미 속에서 나의 손길을 간절히 기다리는 책이 얼마나 더 기다려야 하냐고 항의를 하는 것 같다. 나는 그 책을 펼친다. 고통이자 환희의 시간이 다시 시작되는 순간이다.

내 영혼이 이끄는 대로 사는 삶

나는 내 영혼을 믿고, 그것이 이끄는 대로 살 것이고, 어떤 진리도 맹신하지 않을 것이며,
무엇보다 사람을 중심에 놓고, 사랑하는 삶을 살 것이다.

　　우리나라에서 해방 이후 가장 성장세가 두드러진 사회
영역은 어디일까. 두말할 것도 없이 종교다. 그중에서 기독교(개신
교 및 천주교)의 성장은 세계 어디에서도 찾아 볼 수 없는 현상이다.
어둠이 내린 후 남산에 올라 십자가 불빛을 세어 보라. 거의 한 집
건너 하나씩 십자가가 나타날 것이다. 대한민국은 이미 동방의 예
루살렘이 된 지 오래다.

　　길거리에 지나가는 사람들에게 종교를 가지고 있느냐고 물어 보

면 둘 중 하나는 그렇다고 할 것이다. 기독교 국가도 아니고, 불교 국가도 아닌 나라에서 이 정도로 종교인이 많다는 게 놀랍다. 종교를 갖고 있는 사람 다섯 명 중 세 명은 기독교(개신교 및 천주교)를, 나머지는 불교를 믿는다.

내 경험으로 우리나라 종교인들의 특징을 거칠게 말하면—여기에 동의하지 않는 분들이 있더라도 그저 너그럽게 이해해 주길 바란다—먼저 기독교인은 지나칠 정도로 교조적이다. 주일성수(일요일 교회에 나가는 것)를 유난히 강조하고, 생활상의 금기도 많다(개신교인들은 술과 담배를 하는 것도 비신앙적 행위라고 함). 이런 모습은 기독교의 본고장인 서구 사회에서도 발견하기 힘든 현상이다.

그러나 한 사회인으로서 그 태도를 본받고 싶은 사람은 기독교인 중에 별로 없다. 오히려 그들의 삶을 보면 기독교에 대해 회의만 들 뿐이다. 1970~1980년대 대한민국의 민주주의가 위기에 처했을 때, 천주교의 정의구현사제단이나 개신교의 한국기독교교회협의회가 민주화를 위해 투쟁한 것은 기독교 역사에서 길이 남을 업적이었다. 그럼에도 대부분 기독교인들의 삶은 그런 역사와는 무관한 것이었다.

대한민국을 대표한다는 대형교회에서 일어나는 그 수많은 불미스런 사건들을 생각하면, 그런 교회에서 무슨 구원을 바라겠다고, 배웠다는 사람들이 물욕에 쩌든 목사의 설교에 아멘을 외치는지 도통 알다가도 모를 일이다.

이것은 불자라고 해서 예외가 아니다. 불자는 그가 불심을 지니고 있는지를 알 수 없을 정도로 조용히 지내는 게 특징이다. 일상사에서는 비불자와 조금도 다를 바가 없다(신실한 불자에겐 죄송한 말이지만). 가끔 보신탕 먹으러 갈 때 자신이 불자임을 밝히며 안 먹는다고 하는 사람을 제외하곤, 불자의 존재감을 나타내는 사람은 드물다.

내가 종교에 관심을 갖게 된 좀 더 실질적인 이유는 젊은 시절의 좌절, 불안 그리고 방황 때문이었다. 이런 것들에서 해방되기 위해서는 무엇인가 강력한 존재를 나의 구세주로 받아들이지 않으면 안 되었다. 그래서 자연스럽게 절대적인 존재인 하느님을 찾았고, 그분을 만나기 위해 교회를 다니기 시작했다. 포이어바흐가 종교의 본질을 말하면서, 인간의 공포심과 절대자에 대한 종속감에서 종교의 기원을 발견한 것을 뒤늦게 알았지만, 내 경우를 보니 그리 틀린 말은 아니었다.

종교의 가장 적합하고 포괄적인 심리적 해명 근거를 우리는 종속감 또는 종속의식 이외의 것들에서는 발견할 수 없다. 고대의 무신론자들은 물론 고대와 현대의 많은 유신론자까지도 종속감의 가장 통속적이고 가장 현저한 현상에 불과한 공포를 종교의 근원으로

선언했다.(루트비히 포이어바흐, 『종교의 본질에 대하여』, 강대석 옮김, 한길사, 2006년, 73쪽)

나는 오랜 세월 교회를 다녔다. 고등학교 이후 적어도 30여 년 이상은 다녔을 것이다. 물론 이 기간 동안 언제나 열심히 다닌 것은 아니다. 하지만 오랜 기간 매일같이 기도를 하면서 하느님께 간절히 무엇인가를 구했다. "주여, 나의 주여, 당신은 지금 어디에 계시나이까." 나는 이렇게 절대자를 찾았고, 진리를 찾아 헤맸다. 어떤 때는 희망 속에서 환희의 눈물도 흘렸지만, 어떤 때는 좌절 속에 비탄의 눈물도 흘렸다.

나는 나름대로 진리를 추구하며 살아왔다. 유한한 삶 속에서 거짓에 속지 않고 참된 것에 내 인생을 바치고 싶었다. 나타나는 현상의 이면에 숨어 있는 진실을 알고 싶었다. 진리는 진짜 지식이고 절대적인 것이며, 절대적인 진리야말로 종교의 본질이라고 생각했기 때문이다. 그러나 수년 전 30년 동안 고민하던 종교 문제에 종지부를 찍고, 다니던 교회를 그만두었다. 왜 그랬을까?

마음이 불안할 때 교회는 내게 안위를 주었지만, 시간이 가면서 그 안위라는 게 반드시 교회라는 공동체를 통해서만 오는 게 아니라고 생각했다. 무한한 힘을 가진 절대자를 찾았지만, 내가 그 절대자를 발견하는 순간 그것은 더 이상 무한한 존재일 수 없다는 것도 깨달았다. 무한한 절대자를 현재의 종교에서 찾는다는 것, 그것은 부질없는 환상이었다.

또한 세상의 모든 기성종교가 역사 속에서 인간이 만들어 낸 문화적 창조물에 불과하다는 생각까지 하게 되었다. 리처드 도킨스의 『만들어진 신』은 기독교에서는 신성모독이라고 길길이 뛸 만한 책이지만, 기독교 밖에서 이 책을 읽으면 당연한 것을 길게 이야기한 책이라고밖에 말할 수 없다. 도킨스는 신이 인간이 만든 유해한 망상(delusion)이라고까지 단언한다. 수많은 전쟁의 이면에 종교가 있다는 말이다.

이런 생각을 하니 점점 우리 대한민국에서 만들어진 교회 공동체에 정이 떨어졌다. 수많은 십자가가 서울의 밤하늘을 수놓고 있지만 하느님의 나라는 오지 않을 것이라는 믿음도 점점 강해졌다. 도대체 이 나라의 교회라는 게 무엇일까. 그저 십자가를 팔아 이성이 마비된 사람들의 주머니를 노리는 것은 아닐까.

버트런드 러셀의 책 『나는 왜 기독교인이 아닌가』는 나의 종교관에도 적지 않은 영향을 주었다. 러셀의 글은 기독교 집안에서 태어난 그가 어떻게 해서 불가지론자 혹은 자유주의자가 되었는지를 알기 쉽게 설명해 주었다.

"이제는 더 이상 가상의 후원을 찾아 두리번거리지 말고, 하늘에 있는 후원자를 만들어 내지 말고, 여기 땅에서 자신의 힘에 의지해, 이 세상을, 지난날 오랜 세월 교회가 만들어 온 그런 곳이 아니라 우리가 살기 적합한 곳으로 만들자고 말이다.”

　세상을 있는 그대로 보되 두려워하지 말자. 세상에서 오는 공포감에 비굴하게 굴복하고 말 것이 아니라 지성으로 세상을 정복하자. (…) 우리는 굳건히 서서 이 세계를 진솔하게 직시해야 한다. 있는 힘을 다해 세상을 최선의 것으로 만들어야 한다.(버트런드 러셀, 『나는 왜 기독교인이 아닌가』, 송은경 옮김, 사회평론, 2005년, 40~41쪽)

　그러나 내가 아무리 기독교에 회의적이라 해도 인간에게 어떤 영성이 존재함을 부인할 순 없다. 이것은 어떤 합리주의로도, 어떤 과학으로도 설명할 수 없는 문제다. 인간이란 그저 물질로 이루어진 살덩어리가 아니다. 그 살덩어리엔 영혼이란 정신이 깃들어 있다! 그것이 인간 실존의 모습이다. 이런 사실이 움직일 수 없는 진리로 내게 다가왔다. 이것만이 지금 이 순간 고백할 수 있는 나의 종교적 영성의 최소한이다.

　나는 언젠가부터 내 영혼이 이끄는 대로 사는 게 훌륭한 삶이라 생각했다. 이런 삶을 사는 사람이 바로 자유주의자로 사는 것이다. 무엇이 자유인가, 어떻게 살아야 자유주의자라고 말할 수 있을까. 러셀은 그가 만든 ‘자유주의자로서의 10계명’에서 이렇게 말했다.

1. 어떤 것을 절대적으로 확신하지 말라.

    …

4. 반대에 부딪힐 경우, 설사 반대자가 당신의 아내나 자식이라 하더라도, 권위가 아닌 논쟁을 통해 극복하도록 노력하라. 권위에 의존한 승리는 비현실적이고 실체가 없기 때문이다.

5. 다른 사람의 권위를 존중하지 마라. 그 반대의 권위들이 항상 발견되기 마련이니까.

    …

7. 견해가 유별나다고 해서 두려워하지 마라. 지금 인정하고 있는 모든 견해들이 한때는 유별나다는 취급을 받았으니까.

    …

9. 비록 진실 때문에 불편할지라도 철저하게 진실을 추구하라.

10. 바보의 낙원에 사는 사람들의 행복을 절대로 부러워하지 말라. 오직 바보만이 그것을 행복으로 생각할 테니.(버트런드 러셀, 『러셀 자서전(하)』, 송은경 옮김, 사회평론, 2003년, 286~287쪽)

몇 년 전, 내 나이 50줄에 접어들면서 이 책을 읽고 나서 나의 종교관을 한 번 스스로 점검해 보았다. 도대체 나는 무엇을 믿는지, 노트를 꺼내 정리했다. 그중에서 일부를 뽑아 나의 6계명으로 선정하여 오늘 이곳에 옮겨 본다.

1. 나는 모든 것을 회의한다. 나는 기본적으로 과학적 합리주의를 신봉한다.

2. 나는 과학의 한계를 인정한다. 인간이 결코 다가갈 수 없는 것이 있으며, 그것을 부정하는 순간 교만의 늪에 빠질 수밖에 없다.

3. 나는 최초 원인자로서의 신을 인정한다. 만물에 대해 아무리 회의하고 과학을 적용한다 해도 결코 풀 수 없는 것은 '최초의 원인'이다. 그 원인은 과학이 풀 수 있는 것이 아니다. 그것은 신만이 해결할 수 있다. 이런 이유로 인간은 종교적 존재일 수밖에 없다.

4. 나는 기성종교가 말하는 교리를 그대로 받아들일 수 없다. 기성종교의 교리는 사람이 만든 것으로 오류와 독선이 존재하고 때로는 인간을 부조리하게 만든다.

5. 나는 기성종교가 가지고 있는 보편적 속성을 받아들인다. 그것은 인간에 대한 존엄성이다.

6. 나는 기성종교의 종교생활을 부정하지 않는다. 다만, 그것은 위와 같은 한계 속에서만 받아들일 수밖에 없다.

이런 생각을 한 지 이제 몇 년이 지났다. 지금도 같은 생각인가? 그렇다! 나는 언젠가 다시 과거의 종교생활로 돌아갈지 모른다. 그러나 돌아간다고 해도 나의 종교생활은 그저 무조건적으로 '예수천당 불신지옥'을 외치는 신자들과는 많이 다를 것이다. 목사의 말을 쫓아 저 강북에서 강남으로, 강남에서 강북으로 헤매는 신자도 되지 않을 것이다. 목사가 이상한 소리를 하는데도, 아멘을 외치는 신자는 더더욱 안 될 것이다.

나는 내 영혼을 믿고, 그것이 이끄는 대로 살 것이고, 어떤 진리도 맹신하지 않을 것이며, 무엇보다 사람을 중심에 놓고, 사랑하는 삶을 살 것이다. 이것이 바로 러셀이 말한 "사랑으로 고무되고, 지식으로 인도되는 삶"이다. 나는 이런 삶이 훌륭한 삶이라 믿는다.

즐거움의 원천,
독서는 취미가 아니라 습관이다

지적인 의문을 품고 그것을 푸는 것에서 즐거움을 느껴야 한다. 그게 나의 독서 비법이자 즐거움의 원천이다.

나이 쉰이 넘어서부터 뭔가 절실히 깨닫는 게 있다. 바로 독서의 중요성이다. 살아가는 데 이만큼 중요한 게 있을까. 젊어서 아무리 공부를 잘했어도 결국 독서를 제대로 하지 못한 사람은 인생을 풍요롭게 살 수 없다. 그것밖에는 길이 없다. 책을 열심히, 꾸준히 읽어야 한다. 하루라도 독서를 하지 않고서는 찜찜해서 잠이 오지 않을 정도가 되어야 한다. 하지만 독서는 그리 만만한 게 아니다.

"당신의 취미가 무엇입니까?"라는 질문에 "예, 제 취미는 독서입니다"라고 당당히 답하는 사람들이 있다면, 그는 대단한 사람이다. 아니, 그는 고통을 즐기는 사람이다. 정신적으로는 마조히스트다. 물론 독서를 하다 보면 즐길 수 있는 책들도 많다. 어떤 책은 말 그대로 시간 가는 줄 모르게 읽을 수 있다. 그러나 내겐 독서가 고통이다. 책 속에서 지식을 구하는 것도 고통이고, 처음부터 끝까지 읽는 것도 고통이다.

나는 젊은 시절 고시공부를 했다. 두꺼운 법서를 여러 번 읽었다. 나는 지금도 그 당시 읽었던 법서 몇 권을 보관하고 있는데, 그중 한 권을 여기에 공개한다. 민사소송법 교과서인데, 열한 번 읽었다고 표시되어 있다. 이렇게 같은 책을 여러 번 읽은 이유는 그 속에 있는 내용을 거의 암기하기 위함이었다. 과연 그 독서에서 즐거움이 있었을까? 물론 모르는 것을 알고 나면 짜릿한 기분이 든다. 그러나 대부분의 경우 그것은 고통이었다.

내겐 법률서적뿐만 아니라 문학, 예술, 과학 등등 이제껏 손을 댄 어떤 책도 쉬운 것은 없었다. 내가 특별히 좋아하는 분야는 역사다. 그래서 평소 역사책을 많이 읽는다. 최근에 세계역사와 관련하여 주요한 책이 몇 권 나왔다. 에드워드 기번의 『로마제국 쇠망사』 여섯 권이 완역되었는데, 대충 계산해 보아도 3,500쪽 정도다. 이런 책을 다 읽을 사람이 몇이나 될 것이며, 그것을 읽으면서 즐거웠다고 할 사람이 도대체 몇 명이나 될까? 내가 좋아하는 또 다른 작

내가 1980년대 초 고시공부를 하면서 읽은 민사소송법 책이다. 책 표지 뒷장에 일독할 때마다 날짜를 써 놓았다.

가 월 듀란트의 대작 『문명이야기』 열 권도 최근 완역되었다. 이건 무려 6,500쪽 분량이다. 읽고 나서 뿌듯한 기분이야 이루 말할 수 없지만, 그렇다고 해서 감히 독서가 즐거웠다고, 독서가 취미라고 말할 자신은 없다.

내게 독서는 삶이다. 일과 중엔 일이 있으니 어렵지만 자투리 시간(지하철 출퇴근, 화장실)과 퇴근 후, 그리고 주말의 여유 있는 시간은 대부분 독서로 시간을 보낸다. 학이시습지 불역열호(學而時習之不逆說呼)하는 마음으로 책을 대하지만, 고통으로 시간을 보낸다고 해도 과언이 아니다. 그래서 얻은 지병이 과민성 대장질환이다. 책을 읽다가 막히는 대목이 나오면 아랫배가 더부룩해지는 증상이다.

독서가 아무리 어렵다 해도 그것을 고통이라고만 한다면 결코 오래 할 수 없다. 독서는 고통스럽지만 한편으로는 즐거워야 한다. 그런데 이 즐거움은 하루아침에 터득되는 즐거움이 아니다. 독서의 즐거움은 다른 즐거움과 달리 일정한 훈련 과정이 필요하다. 그 과정을 거치지 않은 사람들은 영원히 이 즐거움을 맛보지 못한다. 책 한 권 제대로 읽지 못하고 세상을 떠난다는 말이다. 독서의 즐거움을 알려면 어린 시절부터 버릇을 들여야 한다. 많은 분들에게 혹시 상처가 될 말일지 모르지만 자식의 공부 버릇, 독서 버릇은 부모의 책임이 크다. 자식으로서는 부모를 잘 만나야 한다는 말이다. 돈 많은 부모를 만나기보다 독서의 중요성을 아는 부모, 독서의 즐거움을 아는 부모를 만나야 한다.

『자유론』을 쓴 존 스튜어트 밀은 내가 무척이나 존경하는 인물이다. 우리가 아는 세계적인 석학 존 스튜어트 밀의 탄생은 아버지 제임스 밀이 있었기에 가능했다. 제임스 밀은 바쁜 저술작업 중에도 자식 교육을 도맡아 영재교육을 시켰고, 그로 말미암아 후일 아버지를 능가하는 대사상가 존 스튜어트 밀이 탄생했다. 존 스튜어트 밀은 어린 시절 아버지를 통해서 우리가 아는 공리주의 철학가 제러미 벤담, 경제학자 리카도 등을 수시로 만나 교류했다.

또 한 인물이 생각난다. 국내외적으로 저명한 이론물리학자 장회익 선생이다. 서울대 물리학과 교수로 정년퇴직을 한 분인데, 자타가 공인하는 공부광이다. 본인은 그런 자신을 '공부도둑'이라 한다. 물리학 교수님이 동서양의 철학을 꿰뚫고 과학과 인문학을 자유자재로 넘나든다. 몇 년 전 자서전 격의 책을 한 권 냈는데 『공부의 즐거움』이라는 책이다. 그는 이 책을 통해 어떻게 공부의 즐거움을 갖게 되었는지 자신의 과거를 담담하게 회상한다.

장회익 선생은 결코 부잣집 도련님이 아니었다. 교육에 관심 없는 조부님 탓에 초등학교도 제대로 마치지 못한 채 어린 시절을 보냈다. 그런데도 어린 시절부터 끊임없는 호기심과 그것을 채우려는 앎에 대한 욕구가 누구보다 강했다. 어떻게 그럴 수 있었을까. 그는 그 이유 중 하나를 책 읽는 부모님에게로 돌렸다. 그의 부모님은 비록 고등교육을 받지는 못한 분들이었지만 언제나 책을 읽는 분들이었다고 한다. 그 틈에서 물리학자이자 공부도둑 장회익이 탄생한 것이다. 그렇다! 부모가 된 자로서 자식에게 돈을 물려주기보다는 이런 것을 물려주어야 하지 않겠는가. 나는 그것이 자식에게 줄 수 있는 최고의 유산이라고 생각한다.

그러면 책 읽지 않는 부모를 만난 사람들은 어떻게 해야 할까. 너무 서글프게 생각하지 말길 바란다. 내가 바로 그런 처지에서 자란 사람이니까. 부모님을 욕되게 하는 것 같아 죄송하지만 나는 어릴 때 부모님으로부터 책을 읽어야 한다느니, 책에서 지혜를 찾을 수 있다느니 하는 말씀을 들어 본 적이 없다. 집 안에 읽을 만한 책을 구경 한 번 못 해 본 채로 어린 시절을 보냈다. 초등학교 시절, 아니 중학교 이후에도 집에서 공부를 하는 동안에는 교과서 이외의 책을 제대로 읽어 본 기억이 없다. 그런 사람이 지금 대학교수가 되었다. 그것도 누구보다 독서를 중시하는 사람이 되었다.

어떻게 이것이 가능했을까. 곰곰이 생각하면 환경은 사람이 가지고 있는 본능을 자극하는 것이기는 하지만 결정적인 요소는 아니다. 특히 지식을 추구하는 것은 환경도 좋아야 하지만 본인의 의지가 더욱 중요하다. 지식 추구의 의지가 강한 사람이 좋은 환경을 만났다면 한마디로 금상첨화겠지만 어찌 세상에 그런 사람이 많을 수가 있겠는가. 환경이 좋으면 의지가 약하고, 의지가 강하면 환경이 좋지 않은 법이다. 이것이 인생사다. 그러니 어린 시절의 공부환경, 독서환경이 좋지 못한 사람이라도 결코 실망하지 말자. 의지만 있다면 환경을 충분히 극복하고 언젠가는 독서의 즐거움을 마음껏 맛볼 수 있으니 말이다.

나는 누구보다 호기심이 많았다. 모르는 것이 나오면 그것을 알지 않고서는 잠을 잘 수가 없었다. 그것은 지금도 마찬가지다. 그러니 스스로 인생을 살아갈 수 있을 때가 오니 자연스럽게 독서를 하게 되었다. 어린 시절에 하지 못한 것을 보상이라도 하듯이 더욱 열심히 했다. 대학 시절은 고시 공부 때문에 다양한 독서를 하기는 어려웠다. 하지만 이 기간이 지나고부터 독서에 탄력이 붙었다.

아이러니하게도 내가 20대에 가장 열심히 독서를 한 시기는 군복무 시절이었다. 3년간 정훈장교로 근무했는데 주 임무가 장교와 사병에게 이념교육을 시키는 일이었다. 1980년대 후반의 복잡한 정치상황 속에서 이 직책은 고역이었다. 하지만 전화위복이랄까? 이념교육 장교라는 특수한 신분 덕분에, 그 시절 나는 대학시절 읽지 못한 온갖 이념서적을 읽었다. 이른바 불온서적이라는 것까지도 제한 없이 읽을 수 있었다. 지금 생각하면 나는 대한민국 군대에 큰 혜택을 입은 사람이다. 여한 없이 독서를 할 수 있게 해 주었고, 그것이 어쩌면 내가 오늘 이 같은 글을 쓰게 된 계기가 되었으니 말이다.

지난 30년간 전문영역에서 일을 하다 보니 사람들의 지적 정도를 판단하는 일에 능하게 되었다. 내 경험으로 지적으로 가장 닮고 싶은 사람은 전문영역의 전문가이면서도 교양이 풍부한 사람이다. 요즘 세상에 전문가는 웬만하면 될 수 있지만, 여기에 교양까지 풍부한 사람은 매우 드물다. 그러나 지적인 즐거움을 큰 즐거움으로 아는 사람이라면, 그것을 인생의 중요한 가치관으로 삼는 사람이라면, 무릇 그런 정도의 포부를 가져야 한다.

전문영역에 종사하면서 독서의 즐거움을 갖고 사는 것은 생각보다 쉽지 않다. 절대적으로 시간이 부족하다. 그러나 독서하는 습관만 가질 수 있다면 가능하다. 제일 중요한 것이 몸에 밴 습관이다. 독서하는 습관이 몸에 배면 의외로 시간은 많다. 출퇴근길 전철 안에서, 용변 보는 화장실 내에서도 독서는 가능하다(물론 의사들은 화장실에서 독서하는 것은 좋지 못한 용변 습관이라 할 것이지만). 그러니 문제는 독서하는 습관이다. 그것을 갖기 위해서는 지적인 의문을 품어야 한다. 지적인 의문을 품고 그것을 푸는 것에서 즐거움을 느껴야 한다. 그게 바로 내가 지난 30년간 터득한 독서의 비법이고 즐거움의 원천이다.

5장

우리 사회의 자화상,

무엇을 할 것인가

불평등의 시대,
언제까지 보고만 있어야 할까

그들도 열심히 살았다. 그럼에도 가난의 늪에서 헤어나진 못했다.

내 고향은 충청도 어느 벽촌이다. 1973년 충청도에서 서울로 올라온 우리 가족이 거처를 정한 곳은 청계천 판자촌이 있는 마을이었다. 수많은 판잣집이 뚝방 양쪽에 진을 치고 있었다. 방 한 칸에 여섯 식구가 함께 잠을 잤다. 밤에 모로 누웠다가 돌아누우면 내 자리는 이미 없었다. 그래서 지금도 잠버릇만큼은 기가 막히게 좋다. 자는 동안에는 미동도 하지 않는다. 아침마다 몇 가구가 함께 쓰는 공동화장실을 사용할 때의 어려움은 지금 생각해도 아찔하다.

학교에 가니 친구들 대부분이 판자촌에서 사는 아이들이었다. 자연스레 동네 친구들과 함께 초등학교를 다녔다. 나나 동네 아이들이나 사정은 오십보 백보였다. 어느 날 판자촌에서 불이 나서 가 보니 순식간에 100여 채의 집이 타 버렸다. 판자촌 지붕이 모두 콜타르를 발라 놓은 것이라, 불만 나면 그보다 더 좋은 불쏘시개가 없었던 것이다.

청계천 판자촌. 내가 서울에 이사 왔을 때는 청계천과 중랑천에 판자촌이 즐비했다. 수만 명이 그곳의 비좁고 비위생적인 환경에서 살았다. 그런데 남북 간의 경쟁이 심화되면서 박정희 대통령은 이 판자촌이 영 불편했던 모양이다. 1975년 무렵 일시에 이 판자촌은 철거되었다. 그리고 그곳에 살던 사람들은 대부분 성남으로 이주했다.

어린 시절 경험했던 가난에 대한 기억은 시간이 아무리 가도 지워지지 않고 살아오는 동안 순간순간 영화처럼 재생되곤 한다. 10여 년 전, 사무실에 앉아 있다가 갑자기 초등학교 시절이 생각나서 쓴 시 아닌 시의 일부분이다.

...
셋방살이 좁은 방
밤 10시 일일 연속극이 끝나면

가족들은 일찍 잠이 들었다
집안의 희망 그때서야 책장을 넘겼다

소년의 눈가에는
항상 우수가 넘쳤다
80명이 넘는 동급생들
그중에는 소년보다 훨씬 우울한
친구도 있었다

어느 날 동급생들과
쌀 한 말, 라면 두 박스 어깨에 메고
청계천변 사람 살 곳 아닌 곳에
살고 있는 친구를 찾았다
돌아오는 길 우리 모두는 울었다

내가 어른이 되면, 우리가 어른이 되면
어떤 사람이 되어 있을까
생일날 케이크 한 쪽 먹어 볼 신세는 될 수 있을까
...

이런 과거 때문인지 세상의 이치를 이해하려고 했던 10대 이후 오늘에 이르기까지, 내 머리를 지배한 것은 가난이라는 문제였다. 나는 여기에서 인간사의 모순을 보았고, 그것을 불평등의 최대 원인으로 이해했다. 물론 이런 생각은 수많은 선인들의 머릿속에도 있었다. 루소도 20대에 이미 『인간 불평등 기원론(Discours sur l'origine et les fondements de l'inegalite parmi les hommes)』(1755)에서 이것을 발견하지 않았던가. 이렇게 해서 자연스레 내 삶의 철학 하나가 정립되었다. 그것은 인간에게 최소한의 물질이 확보되지 않고서는 행복을 바랄 수 없다는 것이다.

정신적 행복을 중시하는 사람에게는 나 같은 사람이 그저 유물론적 인간으로 비칠지 모른다. 이런 사람들은 행복은 마음먹기에 달린 것이니, 행복을 원한다면 무엇보다 정신수양을 해야 한다고 말할 것이다. 그러나 내게는 이런 말이 한마디로 개떡 같은 말이다!

나는 행복이란 것도 인간사의 상부구조로 이해해야 한다고 믿는다. 따라서 행복의 기초는 하부구조의 단단함에서 온다. 그 하부구조가 바로 물질이고 돈이다. 행복하기 위해서는—물론 그것이 전부는 아니다—우리의 주머니가 어느 정도 채워져야 한다. 빈 주머니의 행복을 이야기하는 사회는 위선이다. 그 위선에 속아서는 안 된다.

1970~1980년대는 성장의 시대였다. 성장은 우리 사회에 물질적 발전을 가져왔지만 빈부격차라는 부산물을 안겨 주었다. 성장의 과실을 따서 마음껏 향유하는 계층과 아무리 노동해도 남는 것은 가난밖에 없는 사람들로 급속히 나누어지기 시작한 것이다. 작가 조세희는 대표작 『난장이가 쏘아올린 작은 공』(이하 『난·쏘·공』으로

표기)에서 이 사회 빈곤층의 삶을 이렇게 절절히 표현했다.

천국에 사는 사람들은 지옥을 생각할 필요가 없다. 그러나 우리 다섯 식구는 지옥에 살면서 천국을 생각했다. 단 하루라도 천국을 생각해 보지 않은 날이 없다. 하루하루의 생활이 지겨웠기 때문이다. 우리의 생활은 전쟁과 같았다.

여기에서 법이란 무엇이었을까. 만인에게 평등한 정의로운 것이었던가. 아니다, 그것은 부자의 곳간을 지켜 주는 문지기 역할을 했을 뿐이다. 사실 법이 없었다면 부자란 개념 자체가 성립하지 않는다. 부자는 빈자가 있음으로서 가능한 것이고, 그것을 제도화하고 보호하는 게 법이다. 쇼윈도 너머 빵집의 진열대에 쌓여 있는 빵이 온전할 수 있는 것도 따지고 보면 법의 존재 때문이 아닌가. 이러한 진실을 『난 · 쏘 · 공』의 한 대목에서 조세희는 이렇게 표현했다. 읽을수록 가슴을 치는 대목이다.

"어떤 놈이든 집을 헐러 오는 놈은 그냥 놔두지 않을 테야."
영호가 말했다.
"그만둬."
내가 말했다.
"그들 옆엔 법이 있다."

만일 이 가난을 벗어나지 못하면 그것은 당대의 고생으로만 끝나는 게 아니다. 그것은 자식으로, 자식의 자식으로, 대대로 이어진다. 이것은 아무리 생각해도 정의가 아니다. 그것이 고착된다면 그것은 새로운 신분제 사회로의 회귀다. 이런 가난 문제에 대하여 우리는 이제까지 한 가지 모범답안만 들어 왔다. 개인이 알아서 해결하라는 것이다. 어떻게? 공부를 열심히 하라는 것이었다.

『난·쏘·공』에 이런 대목이 있다.

"너도 공부를 열심히 하면 좋은 집에 살 수 있고, 고기도 날마다 먹을 수 있단다."

가난한 사람들은 이 말을 듣고 거기에 희망을 걸고 살아왔다. 그래서 자기는 굶는 한이 있어도 자식만큼은 그렇게 살게 할 수 없다며 모든 것을 희생하고 공부를 시켰던 것이다.

나도 그중 한 사람이다. 따지고 보면 『난·쏘·공』의 난쟁이 가족들과 내가 무엇이 다를까. 방 한 칸에 여섯 식구가 우글대고 살았던 우리 가족 아닌가. 일찌감치 철이 들자 나 역시 오로지 할 수 있는 길은 공부라고 생각했다. 그래서 공부하고 또 공부했다. 친구들이 세상의 부조리에 반기를 들며 거리를 누빌 때도, 나는 고시반 기숙사에서 입신양명의 꿈을 꾸고 고시공부를 했다. 다행(?)인지 나는 구제되었고, 그렇게 빈곤의 늪에서 빠져나올 수 있었다.

하지만 그것은 나 하나뿐이었다. 형제들은 빠져나오지 못했다.

일가친척도 마찬가지다. 그 이유는 무엇일까? 그들은 공부를 안 하고 게을렀던 것인가? 하지만 아무리 생각해도 그들이 인생을 낭비하면서 산 것은 아니다. 그들도 열심히 살았다. 그럼에도 가난의 늪에서 헤어나지 못했다. 가난이란 개인의 노력 하나로만 벗어나기에는 한계가 너무 컸기 때문이다.

나는 지난날의 삶을 통해 가난으로 인해 한 인간이 배움의 기회를 포기하는 것은 정의로운 사회가 아님을 믿게 되었다. 현대사회에서 배움이란 부를 형성할 수 있는 최소한의 출발점이요, 행복의 필요조건이다. 그런데 이 배움의 비용이 개인에게 부과되는 사회란 게 문제다. 이런 사회에서는 불가피하게 그 비용을 부담할 수 있는 사람들만이 그 사회의 주인이 된다. 그 비용을 부담하지 못하는 가정에서 태어난 자는 결국 그 사회의 그늘에서 살 수밖에 없다. 그리고 그것은 대를 이어 자식에게로 이어지는 바, 이것이 바로 빈곤의 악순환이다.

우리 사회의 부의 세습은 고도 성장기를 지나면서 더욱 공고해졌다. 성장기에는 배움의 정도에 따라 노동소득 간의 격차가 크긴 했지만 그래도 기회는 많았다. 그래서 노력하면 잘살게 된다는 말이 어느 정도는 사실이었다고 할 수 있다. 하지만 1990년대 후반 IMF 금융위기 이후 저성장 체제로 돌아서면서, 노동소득보다는 자본소득이 중요해졌다. 부의 대물림이 격화되면서 잘난 부모 없이는 인생을 역전시키기가 어렵게 된 것이다.

2014년, 프랑스 경제학자 피케티의 『21세기 자본』이라는 책이 대한민국 서점가를 강타했다. 그가 주장하는 바는 전 세계가 고도성장기를 지나 저성장기로 들어가면서 불평등 구조로 가고 있다는 것이다. 그는 최근 들어 세계적으로 자본수익률(돈, 공장, 기계 등으로 얻는 수익비율)이 경제성장률(모든 국민의 평균 소득 증가율)을 능가하기 시작했다고 한다. 지금 세계는 프랑스 혁명기처럼 자본/소득 비율이 700퍼센트에 가까이 가고 있다. 한국은 어디에 해당할까? 많은 전문가들이 한국은 이미 700퍼센트를 훨씬 넘겨 자본/소득 비율에서 세계 1등 수준이라고 한다.*

얼마 전 동국대 김낙년 교수가 피케티의 분석을 바탕으로 우리나라의 소득상황을 분석했다. 전체 개인소득자 3천여 만 명 중 연소득이 1천만 원도 채 안 되는 사람이 절반에 이르는 것으로 나타났다. 이것은 우리나라 소득자를 돈을 잘 버는 순으로 일렬로 세웠을 때, 하위 절반에 가까운 사람들이 1년에 1천만 원도 벌지 못한다는 것이다. 거기에다 상위 10퍼센트의 사람들이 전체 소득의 50퍼센트에 가까운 소득과 전체 가계 자산의 60퍼센트를 차지하는 것이 우리 사회다. 이러한 소득 및 자산 불평등은 사실상 세계 최고의 불평등 사회인 미국에 이어 두 번째 수준이다.

우리 사회는 이제 감내하기 어려울 정도로 불평등 구조가 심화되었다. 나는 이것을 고치지 않는 한 우리의 장래는 없다고 생각한다. 이런 사회에서 우리 자식들에게 공부만 잘하라고 하는 것은 로또 당첨을 바라면서 살라는 것과 다르지 않다. 많은 사람들에게는 경쟁 자체가 의미가 없다. 그럼에도 사람들은 자신은 예외가 될 것이라는 요행을 믿고, 바늘구멍 같은 경쟁사회로 뛰어든다. 조금이라도 자신의 경쟁력을 높이기 위해 온갖 스펙을 마련하지만, 그것들이 사회를 위해서나 자신을 위해서나 쓸모 있는 것도 아니다.

우리는 언제까지 이런 사회에 젊은이들을 내몰 것인가. 이제는 결단을 내릴 때가 되었다고 생각하지 않는가?

---

* 자본/소득 비율이란 한 사회의 총자본규모가 국민소득의 몇 배인가를 나타내는 비율이다. 따라서 자본/소득 비율이 비율이 700퍼센트라면, 국민소득을 7년 모아야 전체 자산을 구매할 수 있다는 의미이다. 개인 입장에서 보면, 이 비율이 크면 클수록 연소득으로 부동산과 같은 자산을 취득하기 어렵다는 뜻이기도 하다.
저성장기에는 자본수익률이 경제성장률을 능가하고, 자본/소득 비율이 높아진다. 이렇게 되면 소득에서 자본소득이 차지하는 비율은 점점 높아지게 된다. 이것은 사람들이 노동을 통해 버는 것보다는 자산을 통해 버는 돈이 많아진다는 것을 의미한다. 즉 소득불평등이 심화된다는 뜻이다.

우리가 살아온 격정의 시대

오늘날의 젊은이들은 본격적으로 저성장 시대에 돌입한 이 사회의 불행한 세대가 되었다.

　　사람들은 모두가 자기가 살아온 시대를 특별하게 생각하는 경향이 있다. 자신은 격동의 시대, 격정의 시대, 혹은 낭만의 시대를 살았다고 말한다. 그러면서 지금과는 시대가 달랐다는 말을 잊지 않는다. 우리는 이런 말을 들을 때 조금 동의하기 어려운 부분이 있어도 존중할 필요가 있다. 아니, 신뢰해야 한다. 우리도 늙을 것이고, 분명히 그런 말을 할 가능성이 크기 때문이다.

　　곰곰이 생각해 보자. 나의 부모님 세대는 어린 시절에는 일제 강점기를, 청년기에는 전쟁을, 30대와 40대에는 4 · 19혁명과 5 · 16

군사 정변을 겪었다. 그들은 절대적인 빈곤을 경험한 세대였다. 밥이 없어 밤마다 배불리 먹는 꿈을 꾸었다고 하지 않았는가. 해마다 보릿고개를 넘지 않으면 안 되었던 세대다. 그렇다면 교육을 제대로 받았겠는가? 나의 조부모 세대는 무학세대이고, 부모님도 가까스로 중등교육을 받았을 뿐이다. 그것도 어머니는 전쟁통에 다니시던 학교를 중퇴하지 않으면 안 되었다.

우리 아버지는 내가 초등학교에 다니던 시절(1970년대 초) 시골 면장을 지내셨는데, 월급이 3만 원을 넘지 못했다. 어머니는 날이면 날마다 돈 걱정을 하셨다. 그런 이유로 일찌감치 내게는 꿈이 하나 생겼다. 그게 뭔지 알겠는가. 아버지 월급의 세 배 이상을 받는 직업을 갖는 것이었다. 월급 10만 원! 그게 내가 어린 시절 꾼 꿈 중 가장 알짜배기 꿈이었다. 이런 시대를 살아오신 나의 부모님 세대를 무엇이라 표현해야 할까? 그래, 격동의 시대라 말하자. 시대는 극적으로 요동치면서 민초의 삶을 괴롭혔다.

그렇다고 해서 나의 부모님 세대가 아무런 낭만도 없었다고 생각하는 것은 그들을 무시하는 것이다. 그들도 오늘날 사람들이 모를 세계가 있었고, 나름 인간으로서 풋풋한 낭만이 없지 않았다. 식민지의 엄혹한 하늘 아래에서도, 전쟁의 포화 속에서도 사랑은 꽃 피었고, 문학은 익어 갔다.

박인환은 시 「목마와 숙녀」(1955)에 이런 구절을 남겼다.

한 잔의 술을 마시고
우리는 버지니아 울프의 생애와
목마를 타고 떠난 숙녀의 옷자락을 이야기한다
목마는 주인을 버리고 거저 방울 소리만 울리며
가을 속으로 떠났다. 술병에 별이 떨어진다

호주머니 속엔 아무것도 없는 빈털터리라도 가슴 한가운데에는 낭만의 강물이 흐른 세대, 그것이 나의 부모님 세대였다. 그러나 한 가지는 염두에 두자. 낭만이란 것도 돈푼이나 있고 배운 사람들에게나 해당된 것이었지, 가진 게 없고 배우지 못한 사람들에겐 그저 사치스런 일에 불과했다는 사실을.

나는 지금 50대다. 이름하여 베이비부머 세대다. 5 · 16 군사정변(1961) 즈음에 태어나 개발독재의 한가운데를 살아왔다. 초등학교 시절에는 나보다 한 살 많은 이승복 어린이가 "나는 공산당이 싫어요"라고 하면서 무장공비에 의해 죽음을 당했다는 사건(1968)을 들으며 자연스레 반공투사가 되었다. 나는 곧잘 반공 웅변대회에 나가 목청을 높이면서 북한의 만행을 고발했다.

초중등학교 시절은 서슬 퍼런 권력이 비판의 싹을 죽이던 시절이었다. 10월 유신(1972)이라는 초헌법적 조치가 발표되었고, 이 나라는 사실상 종신통령의 수중으로 들어갔다. 독재의 명분은 배불리 먹여 준다는 것이었으니 새마을 운동(1970년 시작)이라는 마취제는 국민들의 저항을 잠재웠다. 아침저녁으로 "새벽종이 울렸네, 새 아침이 밝았네" 하는 노랫소리가 전국 어디서나 들렸다. 그 시절 우리는 "1천 불 국민소득, 100억 불 수출"이라는 표어가 여기저기에 붙어 있는 것을 보았고, 국산 모델 제1호 자동차 포니가 출시(1976)되는 것을 흑백 텔레비전을 통해 보면서 환호했다.

고등학교 때에는 10 · 26 사태(1979)라는 변고에 의해 마치 국부처럼 여겨지던 박정희 대통령이 시해되었다는 뉴스를 접하고, 한순간 망연자실했다. 절대적 지도자를 무조건적으로 존경하도록 훈련받았던 나는 박정희 없는 대한민국을 감히 생각하지 못했다. 그 뒤 12 · 12 군사정변(1979), 광주민주화운동(1980), 6월 민주항쟁과 직선제 개헌(1987)을 거치면서 20대 청년기를 보냈다. 그 사이 나는 결혼을 하고 아이를 낳았다.

30대 중반엔 IMF 금융위기(1997)를 겪었다. 그런 중에서도 대한민국의 민주주의는 성장하여 정권교체를 경험했다. 헌정사에서 이질적인 인물이라 할 노무현은 대통령 임기를 마치고 몸을 던져 유명을 달리했다(2009). 다시 세상은 거꾸로 돌아가 이명박 정권은 삼천리 금수강산을 4대강 사업으로 뒤집어 놓고, 자원외교를 한다면서 천문학적 규모의 국고를 탕진했다. 그리고 급기야 이 글을 쓰고 있는 지금, 우리는 영원히 간 줄 알았던 독재자의 딸이 대통령이 된 나라에서 살고 있다.

비록 식민지 시대의 엄혹한 시련도 아니고, 전쟁의 참화 속에서 생명의 안위를 절대적으로 걱정하는 시대는 아니었지만, 결코 만만한 시대는 아니었다. 그 정도면 또 다른 질풍의 시대요, 남다른 시대였다고 말할 수 있지 않을까. 시대의 부침 속에 살아온 우리들은 한편으로 울고, 또 한편으로는 환희의 날을 살았으니, 그것을 격정의 시대라고 표현한들 누가 이의를 제기할 수 있으랴.

그런데 격정의 시대에 살았던 우리들의 자화상은 그리 떳떳한 것만은 아니었다. 누군가는 민주화를 위해 앞장서 감옥도 갔지만, 다른 이는 그와 관계없이 양지만을 쫓았다. 절대적 빈곤보다는 상대적 빈곤이 심화되는 사회가 될 때, 우리는 상대적으로 잘살고, 상대적으로 높은 대우를 받기를 원했다. 마음 한가운데는 정의가 불타고 있었지만, 많은 경우 그것은 불의와 혼동되었고, 정의의 편에 선다고 하면서도 불의는 소리 없이 찾아와 화합이라는 미명 아래 시대를 왜곡했다.

그 시절 우리들은 이상과 허무 사이를 오가면서 고뇌했다. 나와 동시대의 작가 최영미는 대표작 「서른, 잔치는 끝났다」에서 격정의 세월을 보낸 뒤의 허전함을 이렇게 표현함으로써 그 시대를 살아온 우리들의 자화상을 그렸다.

물론 나는 알고 있다
내가 운동보다도 운동가를
술보다도 술 마시는 분위기를 더 좋아했다는 걸
그리고 외로울 땐 동지여!로 시작하는 투쟁가가 아니라
낮은 목소리로 사랑노래를 즐겼다는 걸
그러나 대체 무슨 상관이란 말인가
…

우리는 그랬다. 한편으로는 민주화를 위해 몸을 불사르는 것 같으면서도, 기실 그것은 친구 따라 강남 가는 정도의 멋이었을 뿐이었다. 남들이 민주화 운동을 하니 후일 보험 든다는 생각으로 그저 장단이나 맞추었던 것이다. 운동장에서는 대의를 위해 목청을 높였지만, 불 꺼진 카페의 음침한 칸막이 안에서는 달콤한 키스로 불타는 청춘을 달랬다. 그러나 최영미의 말대로 그게 대체 무슨 상관이란 말인가.

이런 시대에 민주화를 외치면서, 한편으로는 달콤한 키스라도 하면서 살아온 사람은 그래도 그 시대의 행운아였다. 많은 이들이 이런 경험조차 하지 못하고 어쩌다 나이만 먹었다. 지금은 고교 졸업생의 8할이 대학에 가지만, 나의 시대는 4할이 채 못 가는 시대였다. 많은 친구들이 대학 간 친구들을 부러워하면서, 차디찬 삶의 현장을 벗어나지 못했다. 그들은 자신과 가족의 생존을 위해 노동을 하고, 돈을 벌지 않으면 안 되었다. 그들에게 낭만은 먼 나라의 이야기였다. 이들은 시대의 아픔에 동참하고 싶어도 동참하지 못했다. 그런 것 자체가 이들에겐 사치스러운 것이었기에….

원래 시대의 의미를 찾고, 그 시대의 본질을 캐는 사람들은 지식인들이다. 그들은 아픔을 이야기하면서도 한편으로는 낭만을 찾는다. 행복의 조건은 여기서 나온다. 사람이 비록 어려워도 그 의미를 이해한다면 그는 언젠가 그 삶을 극복할 수 있다. 아니, 극복하지 못하면 어쩌랴. 그는 최소한의 행복을 누릴 조건은 되는 사람이었다. 그 대열에도 끼지 못하고 살아온 수많은 사람들, 시대의 민초들은 그저 어둠 속에서 하루하루를 사는 수밖에 없었다. 우리 주변에는 그런 사람들이 수없이 많다. 나의 형제들이 그렇고, 일가친척이 그랬다. 우리가 어찌 이들을 잊을 수 있을까.

생각하면, 격정의 시대를 살아온 사람들은 성장의 마지막 과실을 따먹은 행운아였다. 그때도 경쟁이야 없지 않았지만, 배운 사람들은 대부분 학교를 졸업한 뒤 직장을 구할 수 있었다. 배우지 못한 사람들도 노동의 기회는 많았다. 나와 친구들은 학교를 졸업한 뒤 곧 직업을 가졌고, 결혼을 하였으며, 아이를 낳았고, 차를 샀으며, 집을 장만했다.

우리 세대의 사람들은 한창 직장을 다니던 1990년대 중반, 이제 막 대학에 들어가는 후배들을 오렌지족이라 불렀다. 부유한 환경에서 자라 마음껏 자유를 누리며 사는 젊은이들을 볼 때 부럽기도 했다. 하지만 지금 우리는 그들을 부러워하지 않는다. 1990년대 후반 찾아온 IMF 금융위기 이후 그들의 삶은 빛을 잃었다.

오늘날 20, 30대의 젊은이들은 풍요 속에서도 빈곤을 느끼며 산다. 부모 세대는 어렵게 성장했더라도 그 결실을 맛보았건만, 자신들의 미래는 그런 성장 가능성이 없다며 한탄한다. 이것이 바로 대한민국의 그늘이다. 20, 30대들은 본격적으로 저성장 시대에 돌입한 이 사회의 불행한 세대가 되었다. 내 두 딸이 성장하여 사회에 진입하면서 자신들의 미래가 없다고 탄식할 줄이야…. 나는 정말 예상하지 못했다.

제발, 이젠 더 이상 죽이지 말라!

대한민국은 반드시 복지국가로 나아가야 한다. 그렇지 않으면 희망이 없다.

서울의 어느 달동네에 사는 A모녀가 방 안에 연탄불을 피워 놓고 자살했다. A는 남편과 이혼하고 중학교에 다니는 딸을 혼자 키웠다. 그녀는 어느 빌딩의 청소원으로 어렵게 생계를 유지해 왔으나 최근 그것마저 할 수 없게 되었다. 청소용역회사에서 비정규직이었던 그녀에게 해고를 통보했던 것이다. 빚은 나날이 늘어가고, 채무 독촉은 밤낮으로 계속되었다. 어제 그녀는 딸과 함께 자살함으로써 한 많은 세상을 마감했다.

위의 이야기는 우리 사회에서 하루가 멀다 하고 일어나는 자살

사건을 빗대 쓴 것이다. 현실로 일어나는 사건은 이 이야기보다 더 비극적이다. 오늘도 저런 사건이 우리 사회 어딘가에서 일어날지도 모른다.

이런 사건이 일어날 때 사람들의 태도는 둘로 나누어진다.

한 사람은 이렇게 말한다. "어렵더라도 살아야지, 죽기는 왜 죽어. 조금만 노력하면 살지, 왜 못 살아. 사람이 어려움을 극복해야지. 죽기 아니면 살기로 노력하면 왜 못 사나. 애는 왜 죽여. 죽으려면 혼자 죽지."

또 한 사람은 이렇게 말한다. "그래, 나라도 그런 상황에선 죽었을 거야. 돈이 원수, 세상이 원수다. 어떻게 홀로 사는 여자가 그 어려움을 감당하겠나. 도와줄 가족이 있나, 나라가 도와주나. 애? 이런 세상에서 애만 남기고 어떻게 가나. 같이 가는 게 그래도 낫지."

당신은 전자에 속하는가? 아니면 후자에 속하는가? 지금의 내가 아닌 30년 전의 나에게 묻는다면, 전자에 속했을 것이다. 그때는 모든 불행은 자기 자신의 무능 때문에 일어나는 것이라 생각했으니…. 나는 그렇게 교육받았고, 그게 당연한 것이라 생각했다. 그러나 지금은 생각이 달라졌다. 나는 후자에 속한다.

A에게 돌을 던질 수 없다.

돌은 우리 사회, 이 나라에 던져야 한다.

지난 2013년 스스로 목숨을 끊은 사람이 하루 평균 약 40명에 달했다. 통계청의 사망원인 통계에 따르면, 2013년 자살로 사망한 사람은 모두 14,427명으로 1년 전보다 267명(1.9퍼센트)이 늘었다.

우리나라의 자살률은 1980년대 초(1983년 인구 10만 명당 8.7명)와 비교하면 400퍼센트 가까이 증가했다. 2003년에는 자살률이 10만 명당 22.6명으로 '자살률 세계 1위'에 처음 오르면서, 2008년 금융위기 이후 2009년 31명, 2010년 31.2명, 2011년 31.7명으로 급속히 오르다가 2012년 28.1명으로 감소했으나, 2013년 28.5명으로 다시 상승했다. 특히 이런 자살률은 OECD 국가 중 어느 나라와도 비교할 수 없는 압도적인 1위다. 최근 OECD 평균 자살률은 연간 12명이 조금 넘는다.

우리나라 자살의 특징 중 하나는 중년 이후 자살률이 급격히 늘어난다는 것이다. 2013년 통계로 보면 40대의 자살률은 34명, 50대 41.3명, 60대 50.5명, 70대 86.3명, 80대 116.9명이다. 그 원인이 무엇일까. 한마디로 살기 어려워서이다. 노인 자살의 대부분은 경제적 빈곤에서 비롯된다. 중년 이후 자살의 직접적 원인이 우울증 혹은 스트레스라고 하지만, 그 병의 원인도 따지고 보면 경제적 빈곤과 관련이 깊다. 경제적 빈곤에 빠진 사람들에 대해 사회 안전망이 없다 보니, 이들의 정신적 불안을 치유할 방법이 없는 것이 근본적 문제로 지적되고 있다.

글로벌 시대에서 세계 1등을 하려면 다른 것으로 해야지 자살률로 1등을 한다? 그것도 지난 10년간 부동의 1등을 차지한다? 이 사회는 분명 병들었고, 죽어 가는 사회라고 진단해도 그것을 누가 오진이라 말할 수 있을까. 과연 대한민국에 희망이 있는가?

근대 사회학의 선구자 중 한 사람인 에밀 뒤르켐은 자살에서 사회의 영향에 특별히 주목했다. 그가 쓴 『자살론』은 바로 사회적 자살률에 관한 연구서이다. 뒤르켐의 관심은 자살률에 영향을 주는 것이 무엇이냐에 있었다. 뒤르켐은 우선 비사회적 요인이라고 할 수 있는 정신질환, 인종, 유전, 풍토 등과 같은 요인이 자살률에 영향을 미치는가를 조사했다. 그는 통계학적 분석을 한 다음에 이런 요인들이 예상과는 달리 자살률과 큰 관련이 없다고 결론을 내렸다.

그렇다면 자살률에 영향을 미치는 것은 무엇인가. 그것은 바로 '사회'라고 하는 실체에서 비롯되는 사회적 요인이었다. 뒤르켐이 각종 자살 관련 통계에서 발견한, 자살과 관련이 깊은 사회적 요인은 '사회의 응집력' 혹은 '연대력'이었다. 자살률이 사회의 응집력 정도에 따라 달라질 수 있다는 말이다. 사회의 응집력이 강한 곳은 약한 곳보다 자살률이 더 낮았다. 뒤르켐은 사회적 자살을 이기적, 이타적, 아노미적 자살로 나누어 설명하고 있다. 이 중에서 우리가 주목해야 하는 것은 이기적 자살과 아노미적 자살이다.

이기적 자살은 한 사회나 집단의 응집력이 대단히 약화되어 과도한 개인주의가 판을 칠 때 나타난다. 개인이 사회와 어떤 연대감도 느끼지 못하기 때문에 나타나는 자살현상이다. 한편 아노미적 자살은 사회의 규제와 억압이 존재하지 않거나 모호한 상태, 즉 무규범 상태나 아노미 상태에서 발생할 수 있는 자살을 말한다. 경제적 위기에 사회적 규율이 혼란한 상태에서 발생하는 자살 등이 그런 류에 속한다.

뒤르켐의 자살론에서 우리가 얻을 수 있는 교훈은 무엇인가? 자살의 사회적 측면을 직시하여 그 원인을 탐구하고 대책을 세우는 것이다. 경제적 빈곤은 개인에게도 책임이 있지만, 더 큰 원인은 사회 그 자체에 있다. 낮은 임금, 비정규직, 고용불안 등의 문제는 한 개인이 해결할 수 없는 사회적 문제이다. 여기에서 사회의 응집력과 연대력에 결정적으로 문제가 생겼다. 세상이 약육강식의 사회가 된 것이다. 약한 자가 죽을 수밖에 없는 처지로 내몰릴 때, 자살은 자연스런 사회적 현상이 되어 막을 수가 없다.

그러므로 자살을 막으려면 이 사회의 응집력 혹은 연대력을 높여야 한다. 무슨 방법으로? 그것이야 이미 답이 나오지 않았는가? 사회안전망 혹은 복지제도를 확충하는 일이다. 적어도 인간의 가장 기본적인 문제, 사람이 먹고사는 문제는 사회가 보장해야 한다. 이것 없이는 비극을 막을 수가 없다.

얼마 전에 매우 흥미로운 다큐멘터리 프로그램 하나를 보았다.

EBS 〈다큐프라임〉에서 본 것인데, 그리스와 아이슬란드의 자살에 관한 내용이었다. 이들 나라는 2008년 금융위기 때 경제가 거덜 났다. 원래 그리스는 지중해 민족의 낙천성과 자살을 금지하는 정교회 규율 덕분에 유럽 국가 중에서도 자살률이 가장 낮았다. 그러나 금융위기로 국가부도 사태에 직면하자 자살률이 평소의 두 배가량 치솟았다.

반면 아이슬란드는 지중해 민족의 낙천성과는 거리가 먼 북구의 섬나라다. 그런데 이 나라는 국가부도를 겪으면서도 자살률이 늘지 않았을 뿐더러 최근 조사에서 156개 나라 중 국민행복지수 9위를 기록했다. 같은 경제위기를 겪으면서도 한 나라는 자살률이 치솟고, 다른 한 나라는 자살률에 변화가 없는 이유는 무엇이었을까?

바로 사회안전망, 곧 복지제도의 문제였다. 그리스는 국가부도 위기에서 복지예산을 대폭 줄였다. 연금 생활자는 연금이 반 토막 났고 실업자들은 거리로 내몰렸다. 이들의 상실감은 상상 이상이 되었다. 연일 데모가 일어났고 경제는 더 추락했다. 이에 비해 아이슬란드는 복지정책을 더욱 강화했다. 늘어난 복지예산은 부자들로부터 세금을 더 거두고 다른 예산을 줄이는 것으로 해결했다. 정부는 적극적으로 노동시장에 개입하여 실업자들에게 직업훈련을 시키고 새 직장을 알선했다. 그렇게 해서 경제는 안정되고 실업률은 낮아졌다. 경제가 살아난 것이다.

아이슬란드의 예는 우리에게 많은 것을 시사한다. 우리와 비교할 수 없을 정도로 자살률이 낮고 행복지수가 높은 북구 복지국가에서 배워야 한다. 자살률을 낮추고 국민들의 행복지수를 높일 수 있는 방법은 있다. 다만 우리가 그것을 하지 않을 뿐이다.

대한민국에 외친다. 이제는 더 이상 죽이지 말라! 나는 앞으로 기회가 있을 때마다 쓸 글에서 여러 차례 '사회안전망', '복지제도' 등을 강조할 것이다. 대한민국은 반드시 복지국가로 나아가야 한다. 그렇지 않으면 희망이 없다.

우리 경제는 복지국가라는 목표를 향해 재정립되어야 한다. 부자는 세금을 더 내야 한다. 국가는 새는 돈을 막아야 한다. 남북의 긴장을 완화시켜 국방비를 대폭 감축해야 한다. 그렇게 해서 만들어진 돈으로 복지제도를 확충하는 그랜드 디자인을 만들어야 한다. 그게 우리가 가야 할 길이다.

학벌 카스트 사회 대한민국

대한민국 사회에서 학벌은 모든 종류의 권력을 불평등하게 배치하는 기제인 동시에 경제적 불평등을 결정하는 배치 기제이기도 하다.

"제 머리가 심장을 갉아먹는 것 같아요. 더 이상 못 버티겠어요. 안녕히 계세요. 죄송해요."

몇 년 전, 한 아파트에서 투신하여 스스로 목숨을 끊은 고등학생이 죽기 전에 어머니에게 보낸 마지막 메시지라고 한다. 국민일보에 따르면 그 학생은 자율형 사립고에서도 전교 1, 2등을 하던 우등생이었다고 한다(국민일보, 2013. 4. 13.). 그럼에도 학업으로 인한 극심한 스트레스로 스스로 목숨을 끊었던 것이다.

10대의 자살이 사회적 문제다. 통계청 자료에 의하면 15~19세 청소년 사망 중 자살이 차지하는 비율이 2000년 13.6퍼센트에서 2011년 36.9퍼센트로 급증했다. 2008년부터 2014년까지 1천여 명의 청소년들이 스스로 목숨을 끊었다. 그 이유를 살펴보니 성적 비관과 입시 스트레스가 주된 이유다. 자살을 생각한 10대의 절반 이상이 성적, 진학 문제로 자살충동을 느껴 보았다고 한다.

이런 현상은 우리 사회가 청소년들을 입시경쟁으로 내몰기에 일어나는 것이니, 이들의 자살은 그야말로 사회적 타살이다. 이런 입시경쟁의 이면에는 대학의 서열과 그에 따른 학벌주의가 도사리고 있다는 데에는 긴 말이 필요 없다. "대한민국에서 사람답게 사는 방법은 일류대학에 들어가야 한다. 그렇지 않고서는 자존심을 가지고 살 수가 없다." 한국인들은 이런 강박관념 속에 사는 것이다.

학벌(學閥)의 사전적 의미는 '출신 학교나 학파에 따라 이루어지는 파벌'이란 뜻이다. 세상사가 유유상종으로 이루어지니, 사람들이 살아가면서 고향을 찾고 혈연을 찾는 것은 어쩌면 당연하다. 거기에다 특정 학교를 나온 사람들끼리 특별한 연대감을 느끼는 것도 이상하게 볼 것은 아니다. 이런 정도의 학벌의식은 동서고금의 보편적 현상이다.

그런데 이런 보편적 현상이 왜 유독 대한민국에서는 큰 문제가 될까? 그것은 학벌이 이미 한 세기 전에 공식적으로 폐지된 신분제의 역할을 대신하기 때문이다. 특정 학벌을 갖지 못하면 공직의 상층부에 진입하기 어렵고, 민간영역에서도 최고의 자리를 넘볼 수 없다는 인식이 팽배하다. 이것은 각 언론사가 정부 개각 이후 대학별 장관 수나 100대 혹은 500대 기업의 CEO 중 출신대학별 수를 보도할 때마다 확인된다.

학벌 문제를 철학적으로 인식하면서 그 폐해와 대안을 집요하게 천착한 철학자 김상봉은 대한민국을 학벌사회로 규정하면서 그 실체를 이렇게 정리한 바 있다.

> 서울대는 한국의 지배계급이다. 한마디로 말해 서울대는 권력이다. 한국 사회는 서울대 학벌을 정점으로 하여 그 아래 연·고대를 비롯하여 다수의 차상위 학벌집단, 그리고 다시 그 아래 중위권, 하위권, 이런 식으로 학벌에 따라 권력이 차등 분배되고 그에 따라 사회적 차별과 불평등이 발생하는 사회이다. (…) 학벌은 모든 종류의 권력을 불평등하게 배치하는 기제인 동시에 경제적 불평등을 결정하는 배치 기제이기도 한 것이다.(김상봉, 『학벌사회』, 한길사, 2004년 84쪽)

그렇다. 김상봉의 말대로 학벌은 권력의 문제다. 특정 학벌이 정계·관계·재계 등 모든 권력을 독점하니 자라나는 청소년들, 그중에서도 공부깨나 하는 친구들은 이 특정 학벌에 진입하기 위해 기를 쓰는 게 현실이다. 사람들은 이런 현상을 매우 문제 있는 것으로 받아들이면서도, 젊은 시절 자신이 해 왔던 방식대로 나이가 들면 자식들에게 그것을 강요한다.

학벌이란 권력의 문제이면서 개인의 인격 형성에도 큰 영향을 끼친다. 대한민국 사회에서 한 개인의 자신감은 대학 서열 구조에 연동된다고 해도 과언이 아니다. 이른바 서울대 출신들은 비서울대 출신에 비해 인생을 자신감 있게 살 수 있을 가능성이 높다.(물론 그 반대로 서울대 출신이 일반적으로 기대되는 사회적 지위를 얻지 못한 경우에는 비서울대 출신과 크게 다를 바가 없으며, 오히려 열패감은 더할 수도 있다.) 내 주변에서도 평소 소심했던 아이가 서울대에 들어간 이후 자신감을 갖게 되었다는 이야기, 혹은 그 반대의 이야기가 심심치 않게 들려온다.

반면에 비서울대 출신은 이른바 학벌 콤플렉스라는 심리적 위축감에서 헤어나오지 못하는 경우가 많다. 어떤 사람은 대학을 나오고, 박사 학위를 갖고, 교수가 되었어도 어쩐지 자신감이 없다. 내 주변을 살펴보아도 비서울대 출신 교수들은 서울대 출신 교수들이 자신들을 인정해 주지 않는다고 생각하는 경향이 강하다. 어쩌면 교수 사회의 파벌의식은 이런 분위기에서 자연스럽게 싹트는지도 모른다.

학벌 콤플렉스는 비서울대 출신 중에서 유난히 열심히 살아가는 사람 중에서도 발견된다. 비서울대 출신이기 때문에 더욱 열심히 일해서 능력을 보여 주어야 한다는 생각이 지나쳐서 매사가 과유불급인 사람이 있다는 것이다. 아차! 말하고 보니 혹시 이게 나를 두고 하는 말은 아닐까? 사람들은 나를 두고 당신은 학벌 문제에서 해방된 사람 같다고들 말한다. 나로서는 고마운 평가다. 내가 표정관리를 잘해서 그런가? 나의 이력만 보면 그렇게 생각할지도 모른다. 비서울대 출신으로 젊은 나이에 사법시험에 합격했고, 외국 유학을 했으며, 박사 학위를 취득했고, 다년간 변호사 생활을 하다가 공직을 거쳐 대학교수를 하고 있으니 말이다. 이 정도면 학벌사회에서 완전히 해방된 사람이 아닐까?

그런데 곰곰이 생각하면 나도 학벌 문제에서 자유로운 사람이 아니다. 아니, 자유롭기는커녕 매일같이 이 문제가 어떤 식으로든지 내 삶에 영향을 끼쳤다고 고백하는 게 맞다. 조금 다른 점이 있다면 일찌감치 학벌 콤플렉스를 내 자신의 발전의 원동력으로 삼았다는 점일 것이다. 그래서 언젠가부터 사람들로 하여금 저 사람은 학벌사회와는 관계없이 잘 사는 사람이라는 인상을 주었을 것이다.

내가 사회생활을 하면서 사귀게 된 친구 중 상당수가 서울대 출신이었다. 그도 그럴 것이 법조계에는 유난히 서울대 출신이 많지 않은가. 내가 사법시험에 합격할 때는 전체 합격생 중 반수가 서울대 출신이었다. 지금 생각하면 별것도 아니지만, 이런 상황에서 나역시 초년 시절에는 마음 상하는 일이 많았다. 처음 만나는 법조계선배가 대뜸 "박 변호사, 법대 몇 학번이야?"라고 물을 때는 어떤대답을 해야 할지 몰랐다. 간단한 질문 같지만, 비서울대 출신들에게는 여러 가지 뉘앙스로 들렸기 때문이다. 비서울대 출신인 내게이 질문은 '당신도 나와 같이 서울대를 나온 것이 분명하니 몇 년 후배인지 알고 싶다'라는 의미로 받아들여졌다. 또한 이 질문은 나로하여금 '대한민국의 법조계가 다 서울 법대 세상이라는 말인가'라는반감을 주기 충분한 것이었다.

나의 경험을 통해 말할 수 있는 것은 대한민국에서 비서울대 출신이 자신감을 갖고 사는 것은 보통 노력을 해서는 안 된다는 사실이다. 적어도 두 단계를 거쳐야 이러한 콤플렉스를 극복할 수 있다고 본다.

첫째, 그들은 자신이 매우 유능한 사람임을 눈으로 보여 주어야한다. 그들은 서울대 출신보다 몇 배의 노력을 해야 한다. 그들에겐무능력 추정 원칙이 적용되므로 노력과 결과로서 자신의 능력이 서울대 출신과 비교하여 다르지 않음을 증명해야 한다.

둘째, 능력만 보여 주어서는 안 되고 이제 마음 수양단계를 거쳐야 한다. 차별을 경험하면서 그것을 스스로 극복하고, 인간사에서무슨 출신 운운하는 게 별것 아니라는 것도 스스로 깨달아야 한다.

그럴 때까지 끊임없이 마음 수양을 해야 한다.

만일 이 두 단계를 성공적으로 거치면 비서울대 출신이 서울대 출신을 능가할 뿐 아니라 오히려 성공의 동력으로 삼을 수도 있다. 이런 인물 중에서, 가뭄에 콩 나듯 하긴 하지만, 소수자 우대정책의 혜택을 받아 대법관에 발탁되기도 하고 총리, 장관이 되기도 한다. 다만 이런 사람이라도 개성이 세면 곤란하다. 그런 사람은 우리 사회의 기존 질서를 깰 수 있으니 결코 발탁의 주인공이 되기는 어렵다.

학벌 문제를 비판적으로 보는 사람들은 학벌이 학연으로 작용해 능력 본위의 사회를 만드는 데 장애요인이 된다고 비판한다. 한마디로 불공정하다는 것인데, 내 생각은 조금 다르다. 비명문대 출신이란 이유로 제대로 인정받지 못하는 불공정함이 없는 것은 아니지만, 진짜 주목해야 할 것은 유능한 명문대 출신이 사회 전 분야를 독식할 수밖에 없는 구조적 문제다.

서울대(조금 넓히면 연·고대)는 현재와 같은 구조에서는 어떤 상황에서도 가장 우수한 인재를 독점적으로 공급받을 수 있다. 대학 서열 체제에서는 불가피하게 학생 능력도 차등화된다. 시간이 가면 갈수록 유능한 학생이 서울대를 중심으로 몇 개 대학으로 집중되는 현상이 심화되기 때문이다. 그렇게 되면 아래 서열에 속하는 대학에는 우수한 학생이 거의 들어오지 않음으로써 '서열=능력'의 구조화가 공고하게 이루어진다.

이런 현상은 지난 30년 동안 악화일로(惡化一路)를 걸어왔다. 생각하면, 과거에는 우수한 인재가 서울대와 특정 대학으로만 간 것이 아니고, 어느 정도는 지방 국립대 등을 포함해 상당수 대학에 나누어 들어갔다. 지금 지방대나 비명문 사립대의 자교 출신 교수들은 그런 우수 학생들로서 그 대학을 졸업하고 외국에서 학위를 받고 돌아온 사람들이다. 하지만 지난 30년간 그와 같은 현상은 현격히 줄어들었다. 지방의 우수한 학생들이 죄다 서울로 몰려오니 지방대 출신이 그 학교에서 교수가 되기 어렵게 되었다. 옛날 같으면 지방대 출신들이 갈 수 있는 자리를 이제는 서울대와 몇몇 명문대 출신들이 차지해 버리고 말기 때문이다.

따라서 학벌 폐해를 막는 최선의 방법이자 목표는 인재의 분산이다. 서울대와 몇몇 명문대학에 우수한 인재가 상대적으로 많이 들어가는 것을 막을 순 없지만(이것은 세계 어느 나라에도 있는 현상이다), 그들 대학이 우수 인재 전체를 독점하는 것은 용납할 수 없다. 이들이 우수 인재를 독점하면 그들 학교 출신만으로 한국 사회의 모든 노른자위가 채워질 수 있다. 따라서 이들 학교의 정원을 통제해서라도 인재 집중을 막고 인재가 분산될 수 있도록 하지 않으면 안 된다.

이 짧은 지면에서 학벌 폐해를 막을 수 있는 구체적인 방법론을 제시하기는 어렵다. 다만 이 문제를 연구한 김상봉 교수의 해법 리스트만 열거해 보고자 한다.

　서울대 학부의 한시적 폐지, 서울대의 대학원 중심 대학으로의 전환, 공직자 지역할당제, 고시제도의 개혁, 준 공직영역의 독점 제한, 입사원서 학력란 폐지, 국·공립대 사이의 상호개방, 수능 폐지와 자격고사의 도입, 실업계 및 전문교육기관의 육성….

　만시지탄이지만 학벌 문제를 본격적으로 논의하지 않으면 안 된다. 이 문제를 방치하면 대한민국은 학벌 카스트라는 신분제에 질식할지도 모른다. 더 이상 우리의 사랑스런 자식들이 미래를 비관하면서 하나둘 부모의 품을 떠나게 할 수는 없지 않은가.

주주자본주의의 포로가 된 나라

주식회사가 주주만을 위해 존재한다고 생각하는 것은,
주식회사 제도를 면밀히 고찰할 때, 절대적인 명제가 될 수 없다.

내가 법률을 공부한 지 어언 35년이다. 꽤 오랜 시간이
지났다. 하지만 아직도 법률은 어렵다. 특히 사회가 빠른 속도로 변
하고 복잡해짐에 따라 새로 만들어지는 온갖 특별한 법률들은 그
분야의 전문가가 아니면 도저히 알 수가 없다. 다만 시간이 가면서
조금씩 발전하는 것은 이른바 리걸 마인드(Legal Mind)라는 것이다.
내게는 이것이 하나의 법적 직관이다. 어떤 사회현상을 보면 직관
적으로 저것은 법적으로 문제라고 느끼고, 이러저러한 법적 절차를

통해 해결해야겠다는 생각이 들 때가 있다. 그게 바로 내가 말하는 리걸 마인드인데, 이런 안목은 세월이 가면 갈수록 좋아진다. 젊은 시절이라면 그저 지나칠 것도 지금은 다른 눈으로 보게 된다. 그래서 나이를 허투루 먹는 건 아닌 모양이다.

내 리걸 마인드로 오늘날 한국의 문제를 관찰할 때 정말로 이상하게 보이는 게 재벌의 행태다. 대한항공 조현아 부사장의 땅콩회항 사건으로 불거진 재벌의 '슈퍼 갑질'이 심심찮게 언론을 장식하고 있다. 물론 재벌이 일반 사람보다 돈도 많고 권력도 있을 수밖에 없다는 것은 어느 정도 당연한 결과일 수도 있겠지만, 이렇게까지 사회 전반에서 폭군처럼 군림하는 것은 세계 어느 나라에서도 볼 수 없는, 지극히 한국적 상황이다.

롯데 가의 재산 싸움이 어떻게 결말을 맺을지도 국민적 관심사다. 신동빈이 대세를 장악한 것 같더니만 형 신동주의 반격도 만만치 않다. 창업주 신격호가 작은아들을 맹비난하고 큰아들에게 경영권을 넘기겠다고 한다. 남의 집 상속 문제라면 관심 끄고 싶지만, 이게 잘못되면 롯데그룹 전체가 흔들려 거기에서 일하는 수만 명의 종업원, 관련 회사, 은행이 직격탄을 맞을 수 있다. 그렇게 되면 소비자인 국민, 나아가 국가 전체가 흔들릴 테니 관심을 갖지 않을 수가 없다.

법률가의 입장에서 이들 재벌들의 사고를 분석하건대, 그들은 대체로 이런 식의 사고를 하는 듯하다.

"회사는 내 것(소유)이니 마음대로 관리하고, 마음대로 처분하며, 마음대로 폐기할 수 있다. 회사는 마치 내 호주머니 속에 있는 땅콩이나 마찬가지다. 땅콩을 먹든 버리든 발로 짓밟든, 그것은 주인인 내가 마음대로 결정한다."

아마 이 글을 읽는 독자들도 공감하겠지만, 나는 이런 재벌의 사고를 이해하지 못한다, 아니 이해해 줄 수가 없다. 내가 아는 지식으로는 재벌이 그들 기업에 대해, 또 그들 기업에서 일하는 노동자들에 대해 이런 식의 안하무인의 태도를 취할 아무런 근거가 없다. 그들이 보유한 그 쥐꼬리만 한 주식으로는 그러한 후안무치의 권력을 행사할 수 있는 아무런 근거가 되지 못하기 때문이다.

주주자본주의는 합당한가

대한민국의 회사는 대부분 주식회사 형태로 존재한다. 주식회사란 주주가 출자하여 만든 조직체이며, 주주는 주식이란 유가증권을 소유함으로써 회사에 대한 일정한 권리를 갖는다. 일반적으로 주주는 회사의 주인이며, 회사는 주주의 이익을 위해 주주 중심의 경영을 해야 한다고 말한다. 이것을 일컬어 '주주자본주의(shareholder capitalism)'라고도 한다.

많은 사람들이 이 주주자본주의를 무비판적으로 따르며, 주주자본주의야말로 우리의 경제체제인 시장자본주의의 근본이며, 우리가 반드시 따라야 하는 우리 사회의 기본 이념이라고 말한다. 이러한 주주자본주의는 재벌 입장에서 보면 참으로 고마운 이념도구다. 그들은 이런 이념에 힘입어 회사는 자신의 것이고, 회사는 자신을 위해 존재하는 것이며, 그렇기에 회사는 자신에 의해 운영되어야 한다고 생각하는 것이다.

이 주주자본주의는 근대의 소유권 개념을 주식회사에 그대로 적용한 것이다. 소유권이란 소유자가 그 소유물에 대해서 절대적이고도 배타적인 권리를 행사할 수 있다는 것을 전제로 한다. 소유자는 소유물을 관리하고 처분하며 폐기할 수 있다. 주주자본주의는 바로 이러한 소유권을 주주에게 주어야 한다고 한다. 그런데 과연 주식회사는 주주만의 소유물일까?

주식회사는 원래 대규모 자본이 필요한 사업에서 많은 사람으로부터 자본을 끌어모으기 위해 고안되었다. 영국이나 네덜란드의 동인도회사가 바로 그 시초다. 큰 사업을 위해서는 막대한 자본금이 필요하다. 그러려면 수많은 사람들이 돈을 내야 하는데, 이를 위해서는 회사 운영에서 발생하는 책임이 제한될 필요가 있다. 회사 운영에서 생긴 막대한 부채 등을 전부 회사 참여자에게 무한책임을 지우면 누구도 자본을 내면서 참여하려 들지 않기 때문이다. 따라서 주식회사란 처음부터 유한책임 형태로 시작되었다.

그런데 주식회사에는 주주 외에도 많은 이해관계자들이 포진해 있다. 노동자, 원자재 공급자, 소비자, 채권자, 국가 등이 바로 그들이다. 이런 이해관계자들이 회사를 위해 일하지 않으면 그 회사는 하루도 존재할 수 없다. 따지고 보면 주주도 주식회사를 둘러싼 이해당사자 중 하나라고 볼 수도 있다. 그는 회사를 만드는 과정에서 자본금이라는 것을 낸 이해당사자인 것이다. 이렇게 생각하면 주식회사가 주주만을 위해 존재한다는 생각을 버려야 한다. 주식회사는 모든 이해관계자들을 위해 존재하는 것이지, 어느 한 주체만을 위해 존재하는 게 아니다.

따라서 주식회사 제도를 면밀히 고찰할 때, 주식회사가 주주만을 위해 존재한다고 생각하는 것은 절대적인 명제가 될 수 없다. 법률적으로도 주식회사 제도를 인정하면서도 이해관계자들을 고려해 지금과 다른 제도를 얼마든지 만들어 낼 수 있다. 예를 들면 주주의 회사 소유권과 경영권을 제도적으로 분리시킬 수도 있다. 우리처럼 대주주가 회사의 오너라는 이름으로 모든 경영권을 행사하는 게 아니라 경영은 철저히 전문경영인에게 맡기는 것을 제도화할 수도 있다는 것이다.

또한 회사의 경영은 주주 대표자와 노동자 대표자가 공동으로 운영할 수도 있다. 세계적으로 이런 식의 주식회사 제도가 얼마든지 있다. 대표적인 것이 독일의 공동결정제도다. 그곳에서는 주식회사 내에 우리와 같은 경영이사회가 있지만 그것을 통제하는 감독이사회가 따로 있다. 감독이사회는 경영이사회를 감독하고 감시한다. 이 감독이사회는 노동자와 주주가 이사로 함께 참여해서 의사결정을 한다.

한국의 재벌은 회사의 주인 노릇을 할 자격이 있는가

현대의 주식회사는 사실상 주주들이 주식 거래에서 내는 돈으로 움직이는 것이 아니다. 대기업 혹은 글로벌 기업이라는 세계 굴지의 기업도 대부분의 주주는 회사의 자본금과는 거의 관계가 없다. 주주가 회사 자본금을 댄다는 것은 회사 설립 때 잠깐 하는 일이지, 큰 기업이 되고 난 뒤 주식을 갖게 된 주주는 그저 투자자(투기자)일 뿐이다. 그들은 사실 주식회사의 주인 노릇을 하기에는 좀처럼 면이 서지 않는 자들이다.

이러한 이야기는 대한민국의 주식시장에서도 예외가 아니다. 이 글을 읽고 있는 독자들 중 어떤 사람이 삼성전자 주식 10주를 샀다고 해서 그 돈이 삼성전자로 들어가는 것은 아니지 않는가. 사실 주식 거래의 자금이 회사의 자본이 되기 위해서는 신주를 발행해야 하는데, 회사는 좀처럼 신주를 발행해서 자본금을 확충하지 않는다. 신주를 많이 발행하면 기존 대주주의 회사 지배가 어려워지기 때문이다. 그래서 빚을 얻을지언정 주주를 늘리지 않으려는 경향이 있다.

이런 상황에서 주식시장이란 유가증권으로서의 주식을 거래하는 시장 이상의 의미가 없다. 그러니 주식에 돈을 투자한다고 해서 어느 회사의 주인 행세를 한다는 것은 어쩌면 낯간지러운 일이다.

현재의 주식시장은 그저 돈을 벌기 위한 투기의 장이고, 거기에서 주식을 좀 샀다고 어느 회사의 주인이라고 보기는 어렵다. 그 돈이 회사의 자본이 되지 않기 때문이다.

그렇다면 회사의 오너로 통하는 우리나라의 재벌 회장들은 어떤가. 그들은 창업주든지, 아니면 창업주의 2세, 3세가 되니 자신들이 내놓은 돈은 모두 회사의 자본금이 되었다고 하면서 다른 주주와는 본질적으로 다르다고 할지도 모른다.

그렇다. 그들은 일반적인 주식 투자자와는 다른 게 사실이다. 창업자로서의 아이디어와 그들의 의지와 창조적 역량이 회사 발전의 밑거름이 되었다면, 일반 주주에 비해 좀 다른 대우를 받는다고 해도 불공평하다고만은 할 수 없다. 평등을 아무리 좋아해도 모든 사람이 다 산술적으로 평등해야 한다는 것은 아니지 않는가. 어디까지나 평등이란 같은 것은 같게, 다른 것은 다르게 취급되는 것을 전제로 하지 않을 수 없다.

그렇다고 해도 우리 재벌 회장(가문)들의 회사에서 역할과 존재감은 과도하다. 한국의 재벌이 누리는 권력은 세계 어느 나라에서도 누리지 못하는 이상의 권력이다. 노무현 대통령이 재임기간 중

"권력은 이제 시장으로 넘어갔다"라고 한 것은 사실 이것을 빗댄 것이다. 권력이 재벌에 넘어갔다는 것이다. 그들은 임기도 없다. 어느 누구도 그들을 견제할 수 없다. 그들이야말로 무소불위의 권력을 누리면서 필요하면 떠난 비행기도 돌릴 수 있는 힘을 발휘한다. 이것이 대한민국 주주자본주의의 실제 모습이다.

사실 법률적으로 보면 우리 재벌들이 누리는 권력은 그들이 보유한 주식 지분에서 나오는데, 실상을 보면 그들이 왜 그리도 큰 권력을 누리는지 이해가 가지 않는다. 그들은 극히 일부의 주식만을 가지고 있기 때문이다. 잠시 최근의 통계를 보자.

한국 최대의 재벌인 삼성의 경우, 총수와 그 일가들이 소유한 지분이 1.3퍼센트에 불과하다. 현대중공업그룹은 1.2퍼센트이다. SK그룹은 고작 0.5퍼센트다. 삼성의 이건희 회장이 오너로 알려진 삼성전자의 경우만 보면 이회장이 소유한 지분은 3.4퍼센트, 아들 이재용 0.6퍼센트, 부인 홍라희 0.7퍼센트로 가족 지분은 모두 합해도 4.7퍼센트에 불과하다. 이런 정도의 주식만을 가지고서도 수십 개의 기업을 완전히 자신의 소유물로 만들 수 있는 것은 묘한 출자 구조에 있다.

한국의 주요 재벌그룹의 출자구조는 미로와 같다. 여러 겹의 순환출자 구조가 얽히고설켜서 어느 회사가 어느 회사의 주인인지를 알아내기는 웬만한 고차방정식으로도 알 수 없을 정도다. 이런 소유구조 때문에 한 줌도 안 되는 주식으로 수십 개의 거대기업을 꾸려 나가는 것이다. 세계 어느 나라에서도 보기 힘든 마술과 같은 경영이다. 이런 구조 속에서는 기업 운영이 불투명할 수밖에 없다. 거기에서 온갖 비리가 터지는 것이고 노동자, 소비자, 채권자 혹은 국가 등의 이해관계자에게 무책임한 행위를 하는 것이다.

민주주의밖에는 방법이 없다

우리나라는 지난 반세기 동안 공룡 같은 재벌을 만들어 냈고, 그것에 의해 우리 경제를 완전히 볼모로 잡힌 상황이 되어 버렸다. 이런 게 가능했던 것은 주식회사라는 제도를 통해서였다. 법률을 공부하는 사람들도 이 제도가 어떻게 우리나라에서 유린되고 있는지를 제대로 모르고, 그저 재벌 편에서 그들을 옹호해 주기 바빴다. 참으로 반성할 일이다.

주주가 회사를 마음대로 할 수 있고, 그 주주 중 대주주라고 할 수 있는 일부가 재벌 회장이란 이름으로―이것은 법에도 없는 직함이다―대한민국의 실제적인 주인이 된 현실, 그것을 주주자본주의란 미명 아래 그대로 두어야 할까. 만일 이것에 반기를 든다면 그게 좌파이고 종북이 되는 것일까.

아니다, 정말 아니다. 대한민국이 제대로 된 나라가 되기 위해서는 이런 말도 안 되는 현상을 깨야 한다. 어떻게? 혁명을 원치 않는다면 법률로 깨야 한다. 재벌의 횡포를 막기 위해 소유구조를 바꾸고 책임경영을 위한 제도적 장치를 정비해야 한다. 세습경영을 막기 위해 세금제도를 바꾸어야 한다.

그렇다면 법률은 어떻게 바꿀 수 있을까? 아무리 생각해도 방법은 민주주의뿐이다. 국민 하나하나가 깨어 있어 한 표로 심판하는 정치를 통해 제대로 된 국회를 구성하고, 제대로 된 대통령을 뽑아야 그게 비로소 가능하다. 사실 재벌이 힘을 가질 수 있는 것도 법이 있기에 가능했다. 그러니 그 힘을 빼는 것은 결국 법밖에는 없다.

장하성 교수는 한국 자본주의의 구조와 작동방식, 그리고 그 한계에 대해 총체적인 분석을 한 다음에 이렇게 역설한다. 그의 말을 옮기면서 이 글을 맺는다.

한국에 함께 잘사는 '정의로운 자본주의'가 현실이 될 희망은 민주주의에 달려 있다. 자본과 노동의 이해가 충돌할 때, 불평등을 만드는 자본주의는 자본의 편이다. 그러나 평등을 만드는 민주주의는 노동의 편이다. 자본주의는 기득권 세력, 부유층, 그리고 재벌의 편이다. 그러나 민주주의는 중산층과 서민, 소외층, 그리고 중소기업의 편이다.

자본주의는 '돈'이라는 무기가 있지만, 민주주의는 '1인 1표의 투표'라는 무기가 있다. 국민의 절대다수는 자본이 아닌 노동의 삶을 영위한다. 그러기에 민주주의 정치체제에서 자본주의가 민주주의와 충돌할 때, 민주주의가 가진 '투표'의 무기가 작동되면 자본주의의 '돈'이라는 무기를 이길 수 있거나 적어도 제어할 수 있다.(장하성, 『한국자본주의』, 헤이북스, 2014년, 602~603쪽.)

지식인의 책무

행동하지 않는 양심은 악의 편이다.

지식인이라고 스스로 생각하는 사람 중에서 젊은 시절 세상에 조금이라도 이로운 사람이 되겠다고 생각하지 않은 사람은 없을 것이다. 하지만 나이가 들어 가면 대체로 이런 마음은 균열이 가고, 자주 잊기 일쑤다. 일상은 나태로 시들고, 하지 않던 실수마저 하나둘 늘어 가는 법이다. 그게 인생인 걸 어찌하리.

따지고 보면 지식인이라고 해서 특별히 한 사회가 희생을 강요할 수는 없다. 그도 개인적으로는 행복해야 하고, 즐거운 인생을 살아야 한다. 지식인에게 아무리 애국을 강조한다고 해서, 부부싸움을 하는 중에 (애국가가 들려온다고) 국기에 대한 경례를 요구할 수는 없지 않은가. 또한 지식인들에게 과도한 도덕을 강조할 수도 없다. 이 다원적 세계에서 과연 무엇이 도덕인가. 도덕 운운하면서 세상사를 논할 때도 지났다.

그럼에도 한국 사회에서 지식인의 역할을 이야기하지 않을 수 없다. 나를 포함한 이 지식인들은 스스로의 행복만을 위해 살 수는 없다. 사회에 일정한 책임이 있다는 말이다. 지식인은 그게 운이든 자신의 부단한 노력의 결과든 좋은 교육을 받았고, 사회로부터 특별한 혜택을 받고 살아가는 사람들이다. 반면 이 사회에는 상대적으로 교육도 사회적 혜택도 제대로 못 받고 살아가는 수많은 이들이 있다. 이런 사회에서 지식인의 책무를 말하는 것은 그것이 공평함이고, 그것이 정의이기 때문이다. 지식인이라면 배운 만큼 크든 작든, 적극적이든 소극적이든, 무언가를 해야 한다.

사실 대한민국에서 지식인으로 산다는 것이 편한 것만은 아니었다. 지난 한 세기를 상기해 보자. 나라를 빼앗기고, 전쟁의 참화를 딛고, 혹독한 독재를 경험한 이 땅에서 지식인들은 살아왔다. 이런 상황에서 조금이라도 양심을 지키며 살고자 한 지식인들은 세상의 존경을 받았을지는 모르지만, 적지 않은 고통을 대가로 치르지 않으면 안 되었다.

그랬기에, 평범한 의식과 일상의 나태를 견디지 못한 지식인들은—그들은 그저 공부만 했지 무슨 뚜렷한 역사관을 갖춘 지식인은 아니었다—그에게 요구되는 사회적 책무를 일부러 잊으려 했고, 자신의 안일을 위해 살았다. 그들은 순간의 이익에 탐닉했고 권력의 단맛에서 헤어나오지 못했다.

지금으로부터 70여 년 전으로 거슬러 올라가 보자. 해방공간에서 지식인 대부분은 일제 강점기의 식민지 교육을 받은 사람들로, 평생 출세라는 무지개를 잡기 위해 살아온 사람들이었다. 그들이 한창 공부할 때 이 조선 땅에는 식민통치 아래 혹독한 압제가 감행되고 있었다. 그들에게 조국의 독립이나 해방, 이런 것은 상상할 수도 없는 일이었고, 사실 관심권 밖의 일이었다. 정의롭지 않은 세상에서 그들이 배운 것은 돈 잘 벌고 권력을 잡으면 그게 최고라는 가치관이었을 뿐이었다.

일본이 물러나고 그 권력이 미국으로 넘어갔을 때, 이들은 재빨리 미국행 배로 갈아탔다. 미국으로 유학을 갔고, 돌아와선 알량한 영어를 무기로 이 사회의 노른자위를 차지했다. 전광용의 소설 『꺼삐딴 리』의 주인공 이인국은 바로 그 시대 우리 사회의 전형적인 지식인의 초상이었다.

이들 지식인은 5·16 군사정변이 일어난 후에는 군부정권의 참모로 등용되어 출셋길을 걸었다. 그중에서도 법대 출신의 법조인들은 권력을 유지하고 연장하는 최선봉에 섰다. '육법당(陸法黨)'이란 말은 이렇게 해서 탄생했는데, 지금도 그 맥은 면면히 유지되고 있다. 경제발전이란 달콤한 최면을 위해서는 미국에서 경제학을 배운 지식인들이 동원되었는데, 그들은 통치자들에겐 더없이 필요한 기술자들이었다.

지식인 사이에선 대학교수만 한 직업도 없을 것이다. 물론 최근 들어 대학 사회가 경쟁력 강화라는 구호 아래 학문 본연의 길에서 벗어나 진리 추구의 사명에서 점점 멀어지는 것도 사실이다. 마치 정부와 기업의 하청업체 수준으로 전락해 가는 모습이라고나 할까. 그럼에도 이 세계는 아직도 그 어떤 직업세계와도 다른 곳이다.

대학교수들 중 이름깨나 알려진 사람들은 권력욕에 물든 사람들을 가리켜 폴리페서(polifessor, 정치교수)라 한다. 물론 교수들이 정치권이나 관계로 진출하는 것이 무조건 나쁘다고만 볼 수는 없다. 능력 있고 소신 있는 사람이라면 얼마든지 그럴 수 있고, 특히 학문 분야에 따라서는 그렇게 하는 것이 개인이나 사회의 발전에 도움이 될 수도 있다. 과거 조선의 사대부들도 평소에는 학문을 하다가도 '출사'라는 것을 하지 않았는가. 어쩌면 지식인이 정치에 참여하고 관계에 진출하는 것은 우리의 오랜 전통일지도 모른다. 문제는 학문적으로 능력을 발휘하고 소신을 지킨 교수들이 정치권이나 관계로 들어가 제대로 일하는 것을 거의 본 적이 없다는 것이다. 대부분의 폴리페서는 평상시의 학문적 업적도 보잘것없고, 소신이나 비전에서도 볼 것이 없는 그런 사람들이다. 그렇기에 이런 인물들이 국정에 참여했을 때 성공하기란 애당초 기대하기 어렵다.

이들은 대학 졸업 후 한 번도 남의 밑에 가서 돈을 벌어 본 적이 없고, 조직을 관리해 본 적도 없다. 그리고 자신의 지식이 얼마나 현실에 적합한지 실험해 본 적이 없다. 이들이 한 나라의 최고위 관직에 진출해 무언가를 이루어 내기를 바라는 것은 요행 중 요행이다. 그럼에도 오늘도 많은 교수들이 이제나저제나 푸른 기와집의 부름을 받으려는 바람을 갖고 연구실의 전화통을 바라보고 있다는 것은, 누구 말대로 너무나 '문제적 상황'이다. 아무리 생각해 보아도, 지식인의 책무가 벼슬을 하고 권력의 길로 나서는 것이 될 수는 없다. 지식인은 그보다 다른 데에 관심을 가져야 한다.

나는 지식인의 책무를 이야기할 때마다 한 사람을 떠올린다. 미국의 현존하는 지성이자 석학인 노암 촘스키다. 여든이 훨씬 넘은 나이에도 세계 곳곳에서—요즘은 우리나라의 문제에 이르기까지—일어나는 부조리와 부정의에 대해 할 말을 하는 인물이다. 그 대부분이 미국의 책임과 관련된 문제인데도, 그는 아랑곳하지 않고 진실을 이야기한다. 이것은 미국이라는 자유주의 국가에서도 대단히 어려운 일이다.

촘스키는 지식인의 책무가 무엇인가라는 질문에 대해 이렇게 단호히 말한다. "지식인의 책무는 진실을 말하는 것이다!" 그는 이어서 이렇게 부연한다. "도덕적 행위자로서 지식인이 갖는 책무는 '인간사에 중대한 의미를 갖는 문제에 대한 진실'을 '그 문제에 대해 뭔가를 해낼 수 있는 대중'에게 알리려고 노력하는 것이다."

그렇다. 지식인의 기본적 책무는 '진실을 이야기하는 것'이다. 그것을 위해 말하고, 글을 써야 한다. 만일 말할 수 있는 용기가 없다면 적어도 곡학아세는 하지 말아야 한다.(소심한 사람도 있다는 것을 인정하자. 모두가 거리에 나가 소리를 지르지 않는다고 해서 그를 비난할 수는 없다. 그렇게 사람을 쉽게 비난하는 것이 바로 전체주의 사회다.) 최상의 방법은 진실을 위해 행동하는 것이고, 차선의 방법은 거짓을 말하지 않고 불의에 협력하지 않는 것이다.

이명박 정권 시절 4대강 사업을 보라. 머리가 있는 사람이라면 누구나 나라 망치는 일이라는 것을 알 수 있는, 전대미문의 사기적 국가사업이었음에도 거기에 학자들이 동원되어 그들 입으로 그 사업의 정당성을 이야기했다. 무릇 자신을 지식인이라 생각하면 적어도 이런 일들은 하지 말아야 한다. 그것은 역사에 죄를 짓는 일이고, 이 나라의 국민과 자연에 대한 범죄행위와 다를 바 없다.

촘스키를 생각할 때마다 우리에게도 떠오르는 인물이 있다. 바로 수년 전에 타계한 리영희 선생이다. 선생이야말로 한국의 촘스키다. 아니, 그 이상이다. 그는 지식인의 현실 참여를 피하지 않았으며, 전 생애를 통해 펜이 칼보다 강하다는 것을 보여 주었다. 『전환시대의 논리』, 『우상과 이성』, 『8억인과의 대화』 등 여러 문제작을 통해 냉전과 분단으로 만들어진 우리 사회의 일그러진 우상을 깨고 이성으로 전환할 것을 촉구했다. 이 과정에서 그는 아홉 번의 연행, 다섯 번의 기소 또는 기소유예, 세 번의 징역을 겪었다. 정권은 그를 불온한 인물로 낙인찍었으나 수많은 젊은이들은 그에게 '사상의 은사'라는 영광스런 훈장을 헌정하였다.

리영희 선생은 여러 번 지식인의 책무에 대해 이야기했다. 그것은, 지식인은 언제나 우리 앞에 던져진 현실 상황을 묵인하거나 회피하지 않고 행동해야 한다는 것이었다. 적어도 그는 그 요구를 자신에겐 철저히 적용했다. 작가 임헌영과의 대화를 통해 저술한 마지막 저서 『대화』(2006)에서 그가 한 말을 잠깐 들어 보자.

나의 삶을 이끌어 준 근본이념은 자유와 책임이었다. 인간은 누구나, 더욱이 진정한 '지식인'은 본질적으로 '자유인'인 까닭에 자기의 삶을 스스로 선택하고, 그 결정에 대해서 '책임'이 있을 뿐만 아니라 자신이 존재하는 '사회'에 대해서 책임이 있다는 믿음이었다. 이 이념에 따라, 나는 언제나 내 앞에 던져진 현실 상황을 묵인하거나 회피하거나 또는 상황과의 관계설정을 기권으로 얼버무리는 태도를 '지식인'의 배신으로 경멸하고 경계했다."(리영희, 『대화-한 지식인의 삶과 사상』, 한길사, 2005년, 서문)

사실 대부분의 지식인이 그가 말하는 대로 살긴 힘들 것이다. 지식인은 원래 머리에 든 것이 많아 항상 계산적이다. 그 계산에 따라 이익이 되면 움직이지만, 이익이 되지 않는다고 생각하면 움직이지 않는 게 약삭빠른 지식인의 심리다. 그렇기에 지식을 쌓되 올바른 방향성을 갖춘 지식인은 드물다. 거기에다 용기까지 갖추어 행동하는 양심이 되는 것은 더욱 어렵다. 그래서 우리는 리영희 선생의 책을 읽을 때마다 부끄러움을 느낀다. 그 부끄러움은 우리도 무언가를 하지 않으면 안 된다는 일말의 책임감으로 다가온다.

이야기가 나온 김에 한 분의 이야기를 더 해 보겠다. 김대중 전 대통령이다. 솔직히 고백하건대, 나는 정치인의 말을 내 글에 옮기는 것을 꺼리는 편이다. 하지만 DJ의 말은 다르다. 아무리 그에 대해 반감을 갖는 사람이라도 그가 말한 '행동하는 양심', 이것만은 거부할 수 없을 것이다. 그의 말은 그 말대로 살지 못하는 우리를 부끄럽게 한다. 그의 피맺힌 음성 한 대목을 들어 보자.

여러분께 간곡히 피맺힌 마음으로 말씀드립니다. '행동하는 양심'이 됩시다. 행동하지 않는 양심은 악의 편입니다. 독재정권이 과거에 얼마나 많은 사람들을 죽였습니까? 그분들의 죽음에 보답하기 위해, 우리 국민이 피땀으로 이룬 민주주의를 지키기 위해서, 우리가 할 일을 다해야 합니다. 자유로운 나라가 되려면 양심을 지키십

자화상,
무엇을
할 것인가

331

시오. 진정 평화롭고 정의롭게 사는 나라가 되려면 행동하는 양심이 되어야 합니다. 방관하는 것도 악의 편입니다. 독재자에게 고개 숙이고, 아부하고, 벼슬하고, 이런 것은 말할 필요도 없습니다."(김대중, 2009년 6 · 15 남북정상회담 9주년 기념사)

사실 이 말은 지식인들에게만 국한된 것은 아니다. 지위고하, 학식불문의 말이다. 하지만 지식인들이라면 이 말에 더욱 귀를 기울일 필요가 있다. 독재자에게 고개 숙이고 아부하고 벼슬을 하는 지식인이 있기에 우리 사회가 더욱 탁해졌으니 말이다.

이제 이야기를 맺자. 나는 한국 사회에서 지식인의 책무에 대해 말했다. 그것을 간단히 정리하면 이렇다. 이것은 나 자신에 대한 다짐이기도 하다.

1. 능력을 쌓자. 그것은 단지 기술적, 기능적 지식을 의미하지 않는다. 이 나라와 인류 사회의 미래에 도움이 되는 지식을 연마해야 한다.

2. 행동하자. 지금 살아 있는 현재에서 적극적으로 행동하자. 진실을 말하고, 글을 쓰자. 만일 그것을 도저히 할 수 없다면 적어도 돈과 권력에 양심은 팔지 말자.

3. 적재적소에서 활동하자. 학문의 세계에 있는 지식인들은 세상

을 위해 몸을 일으킬 수 있지만, 어디까지나 자신의 능력에 맞는 곳에 가서 능력을 발휘하자. 설혹 권력자가 높은 벼슬로 부른다 해도, 그것이 자신의 능력에 맞지 않는다면 일언지하에 거절할 수 있는 양심 정도는 갖고 살자.

자유롭고 독립적인 삶을 위하여
― 생각은 깊게, 생활은 단순하게

아이를 기르는 부모, 학생을 가르치는 선생들이 자식과 학생들에게 가장 강조해서 들려줘야 할 이야기는 무엇일까? 이것은 내가 50대에 들어서면서 부터 본격적으로 고민하고 깊이 생각해 온 주제이다. 나름대로 결론을 내렸던 그 주제에 대해 간단히 이야기해 보려 한다. 이것은 2015년 가을학기를 종강하면서 학생들에게 들려주었던 말이기도 하다.

운동해서 건강하자

몸은 정신의 물적 기초다. 몸과 정신은 분리되어 있지 않다. 몸이 부실하면 결국 정신도 부실하다. 그러니 강건한 정신을 유지하려면 몸 또한 부단히 강건하게 만들어야 한다. 꼭 몸짱이 될 필요는 없다. 그저 팔다리가 튼튼하면 된다. 허구한 날 잔병으로 병원 신세를 지는 것에서 해방될 수 있으면 된다.

그러나 그 정도의 건강도 노력하지 않으면 쉽게 얻을 수 있는 게 아니다.

음식은 절제하고 많이 걸어야 한다. 젊어서부터 팔 굽혀펴기, 윗몸 일으키기를 열심히 해서 몸에 근육을 붙여야 한다. 돈을 들일 필요도 없다. 이것은 순전히 습관이다. 아침에 일어나 간단히 스트레칭을 하고 근육운동을 하자. 출퇴근 시간과 점심시간을 이용해 걷자. 이것만 열심히 해도 제법 봐 줄 만한 탄탄한 몸을 만들 수 있다.

책을 읽자

독서는 정신을 기르는 데 필수적 양식이다. 이것이 없이는 어떤 정신도 기를 수 없다. 안중근 의사가 말했다고 회자되는 "하루라도 책을 읽지 않으면 입에서 가시가 돋는다(一日不讀書口中生荊棘)"라는 말을 항상 가슴에 품고 살자.

품격 있는 삶을 살고자 하면 반드시 책을 읽어야 한다. 책은 습관이기 때문에 나이 들어 갑자기 읽으려면 어렵다. 어릴 때부터 꾸준히 책을 읽어 버릇을 키워야 한다. 바로 이때 부모와 선생님의 역할이 중요하다. 영어, 수학을 아무리 잘해도 소용없다. 시간이 지나면 남는 것은 독서밖에는 없다.

수많은 책 중에서 어떤 책을 읽어야 할까? 되도록 오랫동안 머릿속에 남을 책을 선택해 읽는 게 현명하다. 올해가 가면 잊을 정도의 책은 굳이 읽지 않아도 좋다. 적어도 30년, 50년을 나와 함께 갈 수 있는 책을 골라 읽자. 그게 바로 고전이다.

어려운 고전만 읽으라는 게 아니다. 아무리 읽어도 알지 못할 말로 가득 찬 책은, 글쓴이와 번역자의 잘못이 크니 그저 던져 버려라. 그런 책을 읽는 데 젊음을 바칠 필요는 없다. 찾고 또 찾으면 내게 맞는 삶과 우주에 관한 지혜의 책들은 수두룩하게 널려 있다.

여행을 하자

독서는 앉아서 하는 여행이고, 여행은 서서 하는 독서다. 독서를 통해 머리로 입력된 것을 현실 속에서 내 눈으로, 내 가슴으로 직접 확인하는 작업이 필요하다. 여행을 하라는 것은 현실을 직시하라는 말이기도 하다. 독서가 아무리 중요해도 삶 그 자체를 놓치면 공허하다. 현실과 이상을 일치시키려는 노력이 바로 여행이라는 움직이는 독서다.

도시에 사는 사람이라면 우선 집을 나가 동네를 돌아다녀라. 도시 이곳저곳을 돌아보면 의외로 새롭게 발견하는 것이 많을 것이다. 국내여행을 떠나라. 대한민국이 비록 좁은 땅이지만 당신이 가 본 데가 도대체 몇 곳이나 되는가. 대한민국도 보면 볼수록, 가면 갈수록 새로운 곳이 많다. 또 기회가 되면 세계로 나가 보라. 넓은 세계로 나가 보편적 존재로서의 '나'를 경험하라. 나란 존재와 다른 세계에서 만나는 '그'는 결코 '남'이 아니다. 우리 모두는 지구라는 공간에 사는 형제요 자매다.

진리의 삶은 어쩌면 단순한 것이다. 그것은 운동을 해서 몸을 튼튼히 하고, 그것을 기초로 책을 읽어 지식을 쌓고 몸을 움직여 세상을 주유하는 삶이다. 그렇게 함으로써 우리는 좀 더 완성된 존재가 될 수 있다. 이것이 바로 우리가 평생 해야 할 공부의 과정이자, 바로 내가 누구에게나 권면하는 '생각은 깊게, 생활은 단순하게'의 삶을 실천하는 방법이다. 이 단순한 것을 우리 자신과 자식, 그리고 이 땅의 모든 이들이 익혀야 한다. 그래야만 우리는 자유롭고 독립적인 사람이 될 수 있다.